法学实验教学系列教程

总主编：肖永平　冯果

# 仲裁法实训教程

主　　编：郭玉军

编写人员：郭玉军　杜　立　马明飞　余　诚

WUHAN UNIVERSITY PRESS

武汉大学出版社

**图书在版编目(CIP)数据**

仲裁法实训教程/郭玉军主编. —武汉：武汉大学出版社，2010.8(2016.1 重印)
法学实验教学系列教程/肖永平　冯果
ISBN 978-7-307-07762-1

Ⅰ.仲…　Ⅱ.郭…　Ⅲ.仲裁法—中国—高等学校—教材　Ⅳ.D925.7

中国版本图书馆 CIP 数据核字(2010)第 084549 号

责任编辑:刘　阳　　责任校对:黄添生　　版式设计:马　佳

出版发行:**武汉大学出版社**　(430072　武昌　珞珈山)
(电子邮件:cbs22@whu.edu.cn　网址:www.wdp.com.cn)
印刷:湖北金海印务有限公司
开本:720×1000　1/16　印张:19.75　字数:348 千字　插页:1
版次:2010 年 8 月第 1 版　2016 年 1 月第 2 次印刷
ISBN 978-7-307-07762-1/D·1000　定价:28.00 元

# 总　序

法学是一门古老而年轻的社会科学，法学教育不仅要注重知识传授和学术培养的学历教育，还要承担着培养高素质法律职业者的重任。因此，法学教育不仅要着力培养学生的现实关怀，还要引导学生从万千生活表象中凝练法之要义，在实务操作中养成法律思维，训练并掌握法律技能，拓展创新能力和社会适应能力。我们在多年的法学实验教学中充分认识到：对法学专业而言，加强学生的法律职业技能的培养已成为关系到法学专业办学水平和提高学生专业素质的内在要求，法学实验教学是培养法科学生法律意识、立场、技能和职业素养的不可或缺的教学内容和教学环节，其重要性比肩理论教学，在整个法学教育体系中居于举足轻重的地位。同时，作为社会科学的法学实验教学，基于人才培养目标的特殊性，其实验方法、手段以及目的都迥然有别于传统的理工科实验，法学实验教学必须跳出狭隘的实验室实验之局限，走出一条符合法学人才培养模式的融实验、实训、实践于一体的“大实验”或曰“综合实践”模式。

重视实验教学和学生实务技能的培养，是武汉大学法学教育的传统特色。早在1979年武汉大学恢复法学教育之初就提出了“完善心性、夯实基础、强化实践、服务社会”的办学理念，在坚持培养法律人健全心性的品格的基础上，寻求理论教学与实验教学协调发展，将传授知识、培养能力和提高素质相结合，推动开门办学，提升实践能力，以形成学校与社会、理论与实践良性互动的机制，将实验教学作为培养法律职业技能和创新精神的关键环节。尤其是在2002年以后，武汉大学法学院在坚持“高起点、高水平、高标准”的原则基础上，整合已有的实验机构，组建了武汉大学法学实验教学中心，明确提出了“整合资源、完善体系、大胆创新、引领潮流”的大法学实验观，即根据现代法治对法律复合型人才培养目标的要求，将专业基础型实验、综合应用型实验及创新拓展型实验所对应的“实验、实训、实践”三个层次实验形式整体融入或渗透到法律教学的各个环节，实现实验、实训、实践等三类教学资源的有效整合和教育手段的多样化，突破当前法学实验教学中存在的体系构建上单纯注重实验室建设的实验教学职能单一、教学体系层级不明；教学内容上验证性、演示性的多，综合应用型、创新拓展型等能够激发学生创造性思维的少；基础型的多，探究性、与法律实务紧密联系的少；教学手段上机械、单一，讲授式多，参与式、交互式少的种种局限。

武汉大学法学实验教学中心成立后，我们将“构建一个平台，实现两个统一，突出三个特色，提升四大能力”作为法学实验教学的建设目标，积极探索全新的法学实验教学模式。所谓“构建一个平台”，就是以案例教学为主线，构建数字化实验教学平台；“实现两个统一”，就是以社会弱者保护中心、诊所教育等全真实践和案例研讨、模拟法庭、法庭论辩等模拟实践活动为手段，实现第一课堂与第二课堂教学两大模式的互动与统一，科学主义与人文主义精神的结合与统一；“突出三个特色”，就是突出人才培养目标的个性化、社会化和国际化特色；“提升四大能力”，即探寻法律事实、法律实务操作、综合表达以及创新思维能力。在上述教学理念和建设思路的指导下，武汉大学法学院不断加强实验教学中心的软硬件投入，不断加强实习基地建设，逐步建立起科学的、具有学科特色的实验教学创新体系。

实验教材建设是实验教学中心建设中一项十分重要的内容。在多年的实验教学改革探索过程中，武汉大学法学院一批富有实践教学经验的老师脱颖而出。为了适应现代法学教育转型的需要，进一步推动我国法学教学事业的发展，武汉大学法学院与武汉大学出版社经过协商，决定结合武汉大学法学院实验教学的优势和武汉大学出版社的出版力量，出版一套法学实验教学系列教材。该套教材的编写力求做到“全、新、深、实、特”。

所谓“全”，就是以法学职能训练为目的，尽可能涵盖法学实验教学教育的各个环节，包括法律职业伦理实训、法庭科学实训（含物证、刑侦、法医）、行政法律实训、刑事法律实训、民事法律实训、商事法律实训、法律诊所实训、涉外法律实训、仲裁与非诉实训等。

所谓“新”，即要反映法学教育的时代特征和法学实验教学的最新成就，选材要新，体现选材的权威性和时效性。

所谓“深”，即定位要深远。法学实验教学不是简单定位于工匠式的技能训练，而是以揭示法学实验教学规律为己任，融理论与实务于一体，在实训中提升动手能力和理论素养。

所谓“实”，就是选材不仅要实，训练手段和方法也要实，突出其实用性。

所谓“特”，乃指体系安排独具特色。目前，多数法律实践教材多囿于已有理论教材的知识体系，将实践或实验教材分编分章分节，或径直以章节组合编写，缺乏法学实验教材自身的体系特点，而在内容安排上，一般从介绍理论课章节的法学理论和法规知识开始，然后依次介绍案情、提出问题、法理提示与讨论、法理分析等，采取的是典型的"法学知识引导模式"，难以全面提升学生的创新思维。本套教材在对实验教学规律进行总结的基础上，以实验目的为出发点，以训练手段为元素，以实验项目为单元，尽可能体现法学实验教学的特点。

未来的社会是法治的社会，未来的竞争是人才的竞争。目前，中国的法学教育正处于一个新的历史转折点。长期以来，我国法学教育与法律相互脱节，法学教育的内容、方法等各个环节没能自觉地贯穿法律职业的基本要求，注重知识的传授，忽略法律职业技能的培养，法学实用性、职业性的学科特点遭到了抑制，在法学教材的编写上存在单一化、简单化等倾向，而法学实验教学又被简单地理解为是基于刑侦、物证等狭隘实验，法学实验教材支离破碎。正因为如此，我们这套教材的编写在某种意义上具有筚路蓝缕的探索性质。尽管我们在主观上尽了最大的努力，但受多种客观因素的制约，肯定存在着一些不足。因此，我们期望得到大家的批评、指正，使这套系列教材在教学实践中不断得到完善，共同推进我国法学教育事业的发展和繁荣。

是为序。

**武汉大学法学实验教学中心**

**肖永平　冯果**

2009年7月

# 前　言

在争议解决方式日益多元化的今天，仲裁作为一种非诉讼的纠纷解决方式，在解决国内、国际商事纠纷中发挥着越来越重要的作用。

本书的内容主要涉及仲裁法的立法、实践和相关理论，目的在于培养和提高仲裁法研习者熟悉、掌握仲裁程序与技巧，熟练运用仲裁解决有关国内、国际商事争议的能力，也可作为仲裁实务者的参考用书。

本书具有如下特色：内容全面系统，涵盖国内、国际商事仲裁实践中经常遇到的法律问题；注重实用性，每个知识点均配合相关内容，选取具有典型意义的实验案例，从实验目的、实验原理、实验要求、实验素材、实验过程等几个方面，区分仲裁程序中不同的角色如仲裁员、法官、申请人和被申请人等予以分析阐述；书后配有思考题，供读者进一步分析思考，拓展相关知识与能力。此外还在相关章节以及附录中选用了常用的国内立法、司法解释、国际条约和相关法律文书，方便读者参考使用。

本书作者写作分工如下：

郭玉军　第一章、第十五章第一至六节

马明飞　第二、四、五章

杜　立　第三、十、十一、十二、十三章

余　诚　第六、七、八、九、十四章、第十五章实验部分

由于水平和能力所限，错漏在所难免，欢迎读者批评指正！

作　者

2010 年 6 月

# 目 录

# 第一章　绪　论

## 第一节　多元争议解决方法概述

### 一、ADR 的含义与种类

（一）含义

ADR 是英文“Alternative Dispute Resolution”① 的缩写，在我国一般翻译为替代性争议解决方法或选择性争议解决方法。关于 ADR 的含义，学者们并未取得一致的意见，甚至连字母“A”的含义也有争议。一般 ADR 被理解为“Alternative Dispute Resolution”，但也有理解为“Appropriate Dispute Resolution”即“适宜的争议解决方法”的。而国际商会在其《国际商会 ADR 指南》中明确指出，基于国际商会 ADR 的本质是友好解决争议（amicable nature），所以该会选择 ADR 的含义为“Amicable Dispute Resolution”，而非“Alternative Dispute Resolution”。

与国际上对 ADR 含义的不同理解一样，目前在中国国内理论界也有两种不同的观点，广义的观点（通说）认为，ADR 指包括仲裁在内的各种非诉讼解决争议的各种方法。而狭义观点则认为 ADR 指不包括仲裁在内的各种非诉讼解决争议的各种方法。争议的焦点集中于 ADR 是否应该包括仲裁。笔者认为，虽然国际与国内学界对其含义的阐述有分歧，但至少有两个共同点：一是对其基本内涵认识大体是一致的，即指非诉讼解决争议的各种方法。二是 ADR 的范围不是一个静态的体系，而是一个处于不断发展变化中的动态的体系，人们在解决纠纷的过程中，在不断创新 ADR 的各种方法或技术，而一些

① 该词于 20 世纪 80 年代左右在北美文献中逐渐开始普遍使用。参见 Michael Palmer & Simon Roberts, Dispute Processes, ADR and the Primary Forms of Decision Making, Butterworths, 1998, p. 45.

方法因不合时宜也会逐渐消失，这客观上决定了ADR的范围只能是开放性的。笔者基于仲裁与其他替代性纠纷解决方法的一些共同性，更倾向于认为ADR方法应该包括仲裁，但同时认为狭义的观点基于仲裁与其他非诉讼解决争议方法的迥然区别，或者基于仲裁制度已非常的制度化而自成一体，将其排除在ADR方法范围外也是可以理解的。

（二）种类

ADR的具体种类在各国有所不同，按不同的标准可作不同的划分，主要有：调解、仲裁、调解/仲裁、小型审判、简易陪审团、早期中立评价、租赁法官等。如前所述，其种类随着实践的需要而在不断创新。

## 二、ADR的特点及其作用

一般而言，法院诉讼是解决纠纷、恢复被侵害的权利，实现正义的一个重要途径，但由于多方面的原因，诉讼制度的缺陷也日益凸现，如程序拖沓、费用昂贵，因此以非诉讼的方法解决纠纷逐渐盛行，并发展为现代法律发展的一大趋势。

ADR的各种方法具有一些共同的特点：

（1）非正式性。其非正式性主要表现为，ADR不是通过国家权力和法院的介入来解决争议的方法；从程序法的观点来看，ADR没有严格的证据规则，以及其他保证程序按一贯方式进行的规则，因而显得不够正式。

（2）合意性。当事人意思自治在ADR中占有重要地位，这种意思自治表现在：首先，是否选择ADR作为解决争议的方法，由当事人自行决定，即使有些法院有所谓的“强制ADR”，但最终是否采用这一方法，以及解决争议结果是否有约束力的决定权还在于当事人；其次，当事人可自行决定用ADR解决争议的程序规则，也可以决定适用有关提供ADR服务的机构所制定的规则；再次，当事人可自由赋予ADR程序结果是否有约束力（仲裁裁决除外）。

（3）共融性。在使用ADR解决争议的过程中，各种ADR机制相互融合，互为补充。如我国国际经济贸易仲裁委员会的仲裁规则，国际商会（ICC）的仲裁规则都有在仲裁中进行调解的规定，美国公众援助中心（Center of Public Sources，简称CPR）提供的ADR示范程序中的二步争议解决程序：调解/微型审判——仲裁/诉讼；三步争议解决程序：谈判——调解/微型审判——仲裁/诉讼，就表明了ADR各种机制的共融性。有学者指出，实际上，“包括律师在内，很多人根本不知道各种程序有何不同，而是把所有非诉方法与ADR混为一谈”。

（4）结果的非强制性。绝大多数 ADR 方法在本质上是由当事人合意决定，其结果不具有强制性。因此当 ADR 不能有效解决争议时，最终仍要通过诉讼解决。

应该指出的是，ADR 并不能替代法院解决所有的争议，正如美国的弗兰克·桑德教授（Frank. E. A. Sander）所言："我并不认为主张新的宪法权利（novel constitutional claims）的争议应该由仲裁或调解解决；恰好相反，ADR 的目的是为了使法院免予陷入那种不需他们参与也能解决的案子中，使法院能集中精力解决必须由他们解决的争议，因此有必要保留法院（诉讼）作为解决争议的最终机构（ultimate agency）。"

总之，与建立在双方当事人"对立"基础上的诉讼相比，ADR 充分尊重当事人在纠纷解决中的自主性，使得解决纠纷的程序灵活、快捷，费用比较低廉，节约了解决纠纷的成本，提高了解决纠纷的效率，并有利于当事人保持良好的关系，因而 ADR 方法被广泛地用于解决各种纠纷。另外，由于当事人通常是在友好协商自愿的基础上解决纠纷，达成共识，其解决纠纷的结果虽然一般不具有强制执行力，但通常也能得到当事人的自觉履行，因而通过 ADR 往往能得到比较令人满意的结果，更有效地解决问题。

### 三、ADR 的国内实践

ADR 实践的蓬勃发展当然不是偶然的，早在 1906 年，美国庞德就号召进行民事司法改革，英国民事司法制度自第二次世界大战后也一直或多或少地进行反思。直到 20 世纪 70 年代中期，有关司法制度改革讨论的重点是审判制度的改革，但其后注意力转向了检讨补充性或选择性或替代性解决争议方法的可行性。在普通法国家，从 20 世纪 80 年代早期开始，替代性争议解决方法开始采用制度化的形式（institutional forms），有许多完全不同的实验性的程序，但都冠以"选择性解决争议方法"的标签。要想对发展变化非常迅速的有关 ADR 的运动做一般性特点描述难免会失之过于简单化。但大体上这一运动具有三个比较显著的特点：首先，争议管理方式（modes of dispute management）而非律师谈判和审判正在成为发展的中心。双边谈判和各种形式的调解一直都是 ADR 中最常见的形式。ADR 所受到的大量的关注以及它们正在制度化的速度令人耳目一新。这一发展进程加剧了远离法律职业控制与监督、为当事人谈判提供方便的新职业阶层的出现。其次，律师对来自从事争议解决的新职业人员的竞争的反映。这导致在法律实践中增加创新的客户管理设计，发挥中立建议性的、协商的作用，进行调解等。再次，上述发展为政府建立解决争议的非司法机构做好了准备。正如一些评论员指出，至少在普通法国家，过去政府事实上将争议管理的所有资源都投入了法院，而现在这一情况正在发生变化，政府对“选择性的方法”如众所周知的调解的兴趣越来越浓厚。

当今世界各国ADR的发展并不是同步的，现代ADR的发展大致可以分为三种类型：重视型、轻视型、中间型。一般来说，由于法律传统不同，ADR的发展程度在各国也有所不同。比较而言，ADR在英美普通法国家发展得较为迅速，而在大陆法国家则相对缓慢。① 美国是现代ADR发展最快的国家，此外，英国、澳大利亚等普通法国家也是很具有代表性的国家，ADR的实践非常丰富。大陆法国家中的法国、德国、日本等也有相应的实践。

## 四、ADR的国际实践

国际商事争议解决方法在世界范围内呈多元化发展趋势。除诉讼和仲裁外，其他解决争议的方法，例如调解、谈判、微型审判、中立者评估等，在国际商业活动中日益被广泛地使用。

一些著名的解决国际商事争议的国际组织也热心致力于推广ADR解决争议的各种方法。其中在解决国际商事争议领域中素来享有盛誉的国际商会多年来积极倡导ADR，从事与ADR有关的研究，并热衷于ADR的实践。特别值得关注的是，国际商会已经于2001年6月公布了《国际商会ADR规则》(ICC ADR Rules) 以取代1988年1月1日生效的《国际商会选择性调解规则》(ICC Optional Conciliation Rules)。②

国际商会的ADR具有以下几个基本特点：

(1) 国际商会的ADR程序灵活，当事人享有最大限度的意思自治。

(2) 国际商会的ADR程序迅捷、费用低廉。可以使当事人花费最小的时间和财力以友好的方式解决他们之间的争议。

(3) 国际商会的ADR程序允许当事人选择最适合解决其特定争议的方法，在经验丰富的中立者协助下解决其争议。程序结束后，当事人可以达成解

---

① 其主要原因是由于其司法制度比普通法国家更官僚主义及等级分明，在诉讼中，传统上赋予了法官更积极的作用。如有观点认为，授权法官以外的人介入程序性步骤(procedural step) 解决争议是不适当的，甚至是令人厌恶的。当然大陆法国家审判员在处理案件时并不必然要赋予判决结案方式以优先地位，所以ADR的方式也有发展的余地。Michael Palmer & Simon Roberts, Dispute Processes, ADR and the Primary Forms of Decision Making, Butterworths, 1998, p. 4.

② http://www.iccwbo.org/court/adr/id4306/index.html, Visited on Nov. 2, 2009.

决争议的协议，该协议按照适用于该协议的法律（该协议的准据法）对当事人有约束力。当然国际商会 ADR 程序的结果也可以是无约束力的意见或中立者的评估（如果当事人所选择的解决争议的方法是中立者评估）。

（4）国际商会 ADR 程序保密。ADR 的规则为此提供了最大程度的保证。

由此可见，国际商会 ADR 不同于仲裁和诉讼。但实际上，国际商会 ADR 和仲裁是互为补充的。如果当事人不能通过国际商会 ADR 成功地解决其争议，他们可以将争议提交仲裁。再者，也可以在仲裁程序进行过程中启动国际商会 ADR 程序。

另外，当事人可以用书面形式自由选择他们是否将遵守中立者的建议或决定，尽管该建议或决定本身是不具有强制力的。在上述情形下，根据应适用于协议的法律（协议准据法），该协议对当事人有约束力。① 2004 年国际商会又公布了国际商会新争议解决委员会规则（ICC New Dispute Resolution Board Rules），主要适用于建筑领域争议的解决。

尽管 ADR 在发展过程中也遭遇了一些甚至是很多的质疑、非难，但通过上面这些国家的实践以及有关国际机构的实践，可以看到 ADR 的发展是极富生命力的，它的这种生命力不仅在于它在实践中受到的欢迎，更加深刻的原因在于，ADR 所提供的多元的解决争议的方式与我们这个时代的多元的文化理念、多元的社会需求相互吻合。

### 五、ADR 程序

在 ADR 的各种方法中，谈判是最基本的方法，应用广泛。而 ADR 的三方结构——调解作为选择争议解决方法，也在争议解决中得到广泛运用，并且与其他争议解决方法相互融合，形成了一些形式全新的调解形式。ADR 的创新程序——混合程序，主要是指综合运用主要的争议解决方法如谈判、调解、事实发现和裁判等，从而使得有关争议解决方法更加适宜解决特定类型的争议。例如，微型审判就是通过在谈判中引入无约束的裁判和调解因素从而使谈判更富有成效。调解/仲裁是将调解与仲裁加以结合解决争议的方法，法院附属仲裁则是仲裁与司法审判程序结合的产物。混合程序是确定特定争议的适宜解决方法的必然结果。下面介绍几种比较有特色的创新的 ADR 程序：

① http://www.iccwbo.org/court/adr/id4306/index.html # characteristics, Visited on Nov. 2, 2009.

（一）法院附属仲裁

在美国，法院附属仲裁主要根据成文法（statute）、联邦最高法院规则或本法院规则来进行，这些规则授权法院决定是否对特定管辖范围内的民事赔偿案件进行仲裁，并以之作为进入审判前的必经程序。通过仲裁作出的裁决具有法院判决的效力。如果当事人不服裁决，他可以上诉要求对本案重新作出审判，申请重新判决的一方要补偿法庭所支付的仲裁员费用。有的法院规则规定，在有些程序中，法院的费用与律师费用要由败诉的上诉人承担，以此防止当事人“滥诉”。

法院附属仲裁中，一般由一个或几个律师或退休法官作仲裁员，他们得到的报酬并不高，这些律师用于解决争议的时间也很有限。仲裁的听审是不公开的、非正式的。不记录程序的进行过程，证据规则也不严格，医疗或其他报告可代替证人作为证据得到充分使用。在有些程序中，在审理开始前还允许使用有限制的发现程序。在仲裁程序开始前，仲裁员会询问当事人是否希望得到帮助以和解结案，如果当事人希望则按当事人的意愿进行。一旦仲裁程序开始，就和审判程序一样进行：以简洁的方法提出争议的事实并进行听审，当事人要出庭并提供证据证明自己的主张，中立第三方在几天之内就可作出裁决。①

尽管法院附属仲裁和其他选择程序有很多共同点，但在以下几个方面也表现出自己的特点：首先，同商事仲裁相比，附属仲裁的开始是非自愿的，同时当事人可以自由决定是否赋予附属仲裁的裁决以约束力；其次，仲裁员的角色不同于传统的调解员，不以帮助当事人达成妥协为目的；再次，同司法和解会议相比，附属仲裁有审理过程，当事人都有参加审理的机会。

（二）微型审判

根据《国际商会 ADR 指南》，在这一程序中，应成立一个由中立者（作为协调人）和每一方当事人一名经理组成的小组。原则上，每一经理应该有权约束选择他的当事人并与争议没有直接的牵连。每一当事人向小组以准确和简洁的方式陈述其主张。其后，由小组根据具体情形提出能够为所有当事人接受的解决方案，或者对每方当事人的主张发表看法。

在美国，微型审判调解的程序因机构调解和临时调解而有所不同。机构调解中，调解服务提供者都有自己的调解规则，如美国仲裁协会。临时调解中，当事人可以自行设定程序规则，美国第一次使用微型审判解决的争议是有关专

① Lambros, The Summary Jury Trial and Other Alternative Methods of Dispute Resolution, 108 F. R. D. 1984, p. 461.

利侵权的争议，当时是由当事人自行设定的程序规则，较具代表性，这一程序的大致内容如下：

首先，当事人设定程序进行时间为6个星期。程序分两步：第一步发现程序（discovery），进行有关证据文件的交换；第二步是最后两天的“信息交流会”（也有的称“听证会”），参加程序的人员包括争议双方的有决定权的高级行政主管人员，以及由他们共同选择的中立者。① 信息交流会上，双方的律师应各自向自己的客户的主管人员陈述对争议的看法、主张，以及所依据的有关侵权案件的判例和这些判例可能被赋予的法律效力。管理者权衡各方面的情况后决定谈判与否，并达成妥协。当双方暂时不能达成一致，则由中立者对案件进行评估，以评估意见为基础各方主管可再次协商以达成妥协。

当事人在设计程序时，从以下几个方面对程序进行了规定。第一，对当事人要求证据开示的权利进行了必要限制，除非对“信息交流会”非常必要，不能延缓发现程序的进行；对由限制证据开示权利所引起的争议由中立者作出咨询意见。第二，争议当事人对中立者的各种费用的分担应达成协议，如未达成协议，且争议最终由诉讼解决，则由败诉方承担费用。第三，在信息交流会前基础资料要报告给中立者，双方准备在信息交流会上出示的资料和介绍性质的文件要进行交换。第四，信息交流会不适用证据规则，各方陈述材料的范围不受限制，中立者也不得限制当事人陈述，但可以提问以便对问题了解得更清楚。中立者还可以向双方技术专家书面提问并要求回答。第五，信息交流会的内容应保密。有关信息交流会的任何资料、当事人陈述、中立者的咨询意见，均不得在以后的仲裁、诉讼或其他程序中引为证据。第六，中立者应该是独立公正的，不能超越其权限，否则即为不适任（disqualification）。上述程序和机构的调解规则差别不大，因此可以说在调解上其程序规则趋向一致。

（三）私人审判（private judging）又称“租借法官”（rent-a-judge）

在美国和澳大利亚都存在这种ADR形式。在美国，私人审判又称“租借法官”，是当事人根据法律或法庭规则，经法庭决定在特定名单上挑选收取报酬的中立者裁判并解决争议的办法。通常中立者都是退休法官或律师，程序上类似微型审理，有时租借法官依事实和法律作出的裁决有约束力，当事人不服时只能通过上诉推翻它。在澳大利亚，它是指由争议当事人指定一名退休法官（或任何具有适当法律资格的人）作为中立者。当事人可以约定中立者作出的决定是否具有约束力。如果没有约定有约束力，则中立者作出的决定具有法律

---

① 有的Mini-trial中没有中立第三方，由双方自由决定，从而与和解类似。

专家咨询意见的性质。

（四）中立者评估

根据《国际商会 ADR 指南》，在这一程序中，当事人可以请求中立者就下列事项作出无约束力的意见或评估：事实问题、任何种类的技术问题、法律问题、对事实的法律适用问题、合同条款的解释问题、合同的修改问题。

（五）对 ADR 创新程序的评价

首先，ADR 的创新程序反映了一种先进的法律理念。它是以传统的解决争议的方式如诉讼、仲裁、调解等为基础创造出来以适应实际需要的，这决定了创新程序既是面向过去，又是面向未来的。一方面，这些方式是在充分认识传统方式的缺陷与弊端的基础上对他们的扬弃与自我完善。另一方面，这些方式也反映了对新时代新问题的新应对，这种应对，不仅表明了我们对传统解决争议方式的认识的深化，更表明了在不致过分偏离现存制度的范围内解决争议、消除对抗的努力，而且这种努力是成功有效的。

其次，ADR 的创新程序反映了一种先进的法律方法。它在方法上是对传统解决争议方式的要素的分解组合。法院附属仲裁就是把仲裁所具有的程序上的非正式性因此也是简捷的优点引入法院的解决争议的实践中，以减少拖延；简易陪审审判则是以减少正式诉讼所带来的昂贵费用为目的。

在法治发达的国家特别是美国，法院为了走出自己在解决争议方面所面临的困境，尝试将 ADR 作为救命稻草，取得了令人意想不到的成绩。中国在法治化的道路上正踯躅而行，而前行道路上困难正多，险阻正多，也是我们不难想象的，而美国以及其他西方国家的经验与教训正好能给我们以有益的启示。

## 六、ADR 在中国的现状与未来发展趋势

（一）ADR 在中国的现状

虽然一般认为，ADR 方法是自 20 世纪 70 年代开始在美国，以及随后在欧洲一些国家、日本、韩国及澳大利亚等国盛行的解决争议的机制，“ADR”这一术语本身也是近年才开始在中国流行的“舶来品”，但实际上，由于深受儒家文化传统的影响，以调解为主的非诉讼解决争议的实践在我国一直有着深厚而悠久的历史基础。我国从古代起就存在以调解解决争议的实践。① 今天的中国，除了调解外，其他的 ADR 如仲裁在解决争议中也发挥着重要的作用。

① 参见张晋藩主编：《中国古代民事诉讼制度史》，巴蜀书社 1999 年版，第 11 页，转引自王生长著：《仲裁与调解相结合的理论与实务》，法律出版社 2001 年版，第 102 页。

1. 调解

在中国纠纷解决机制中，调解以多种形式发挥着重要作用。下面仅就比较具有中国特色的调解来作介绍。

(1) 人民调解

人民调解被誉为“中国司法体制的最有特色的制度”。人民调解由国家法定的群众自治性组织——人民调解委员会来进行，这种调解既继承了以排忧解难为目标的民间调解的优秀传统，又改变了过去自发的风俗习惯式的传统民间调解。人民调解解决的纠纷主要是家庭成员、邻里、同事之间的人身权利纠纷、婚姻家庭纠纷、财产权益纠纷和损害赔偿纠纷等。其工作方针是“调防结合，以防为主”，注重预防纠纷的发生与矛盾激化。人民调解作为中国基层社会的一种权利保护机制，在我国纠纷解决机制中起着不可替代的作用。资料表明，1981 年至 1986 年人民调解委员会调解的民事纠纷数量大约是人民法院受案量的 10 倍，① 但进入 20 世纪 90 年代后期，人民调解处理纠纷的数量与作用有下降的趋势。② 从 1980 年至 1985 年这 6 年间，全国人民调解组织调解纠纷 4200 多万件，年均 700 多万件，与同期人民法院受理一审民事案件数之比约为 10∶1，但之后逐年下降。根据 2007 年 7 月召开的全国人民调解工作会议提供的数据，当年全国共有人民调解组织 84 万多个，人民调解员 498 万多人，近三年共调解各类矛盾纠纷 1580 万多件，即年均调解纠纷 520 多万件，与同期人民法院受理一审民事案件数之比约为 1.5∶1。以广西省为例，该省共有人民调解组织 1.8 万个，人民调解员约 14 万名，但近五年人年均解决纠纷不到 2 件，调解纠纷的总数与全区法院受理一审民事案件数之比也不断下降，2008 年仅为 1.92∶1。人民调解功能发挥不足，与其工作机制不健全、经费保障难落实等因素有关。③

出现这种现象的原因是多方面的，主要有：首先，法治主义的思潮导致了对诉讼的推崇和对调解的轻视。诉讼被作为实现权利的唯一正确的途径而受到重视，对诉讼的利用成为判断法律意识高低的标志，调解的作用遭到贬抑，调解被视为“和稀泥”，放弃权利，这在一定程度上导致了当事人对调解的轻

① 强世功编：《调解、法制与现代化：中国调解制度研究》，中国法制出版社 2001 年版，第 402 页。

② 范愉著：《非诉讼纠纷解决机制研究》，中国人民大学出版社 2000 年版，第 504～505 页。

③ 蒋浦：《多元纠纷解决机制：现状与路径选择》，http://www.pagx.cn/html/2009/9-2/20090902121525118.html，最后访问时间：2009 年 10 月 29 日。

视。其次，社会转型导致的社会结构的改变和社会价值观念的变迁改变了传统人民调解所赖以维系运作的社会基础和观念基础，人民调解赖以运作的社会基础不复存在，以旧的社会结构为依托的群众自治性组织村民委员会和居民委员会的作用得不到有效的发挥，特别是在城市。再次，人民调解较之于其他争议解决方式的局限性,① 也影响了争议当事人对人民调解的利用。

值得一提的是，最高人民法院于2002年9月16日、司法部于2002年9月11日依据我国法律分别出台了《关于审理涉及人民调解协议的民事案件的若干规定》和《人民调解工作若干规定》。2002年9月27日至28日最高人民法院和司法部联合在北京召开了全国人民调解工作会议，体现了我国对人民调解工作重新开始高度重视。

根据《最高人民法院关于审理涉及人民调解协议的民事案件的若干规定》第1、2条规定，经人民调解委员会调解达成的、有民事权利义务内容，并由双方当事人签字或者盖章的调解协议，具有民事合同性质。当事人应当按照约定履行自己的义务，不得擅自变更或者解除调解协议。当事人一方向人民法院起诉，请求对方当事人履行调解协议的，人民法院应当受理。当事人一方向人民法院起诉，请求变更或者撤销调解协议，或者请求确认调解协议无效的，人民法院应当受理。第10条还规定了具有债权内容的调解协议，经公证机关依法赋予强制执行效力的，债权人可以向被执行人住所地或者被执行人的财产所在地人民法院申请执行。上述规定解决了调解协议的法律效力问题，使人民调解制度和民事诉讼制度比较好地实现了衔接。

（2）法院调解

法院调解可以视为法院附属替代性纠纷解决方法的有代表性的形式。② 法院调解是指由人民法院所主持的调解，又称为诉讼调解。根据我国民事诉讼法的规定，法院调解是民事诉讼法的一项原则，法院调解要贯彻自愿合法，查明事实分清是非的原则。在法院主持下的调解达成的协议具有终局效力，并可依法强制执行。法院调解可以说是中国民事诉讼的一个特点。具有减少诉讼程序对抗性、降低诉讼经济成本、节约司法资源等显著优点，曾在我国民事与经济

① 如人民调解协议缺少强制性、权威性，往往不能使争议得到彻底的解决，反而被恶意的当事人利用以拖延争议解决；调解没有必要的程序规定；调解员自身的素质有待提高，既包括法律素养的提高也包括解决争议的技巧等。

② 对法院调解是否属于选择性争议解决方式，不同的学者因其对ADR所包括的范围理解不同，对此的理解也不一样。笔者认为作为区别于诉讼的争议解决方式，法院调解应该是属于法院附属ADR的。

审判工作中发挥了重要的作用，被誉为“东方经验”。不过近几年的统计资料表明，虽然全国民事、经济纠纷一审调解结案率仍保持在40%~50%之间，但呈大幅下降趋势。① 全国一审民商事案件的调解率由20世纪80年代70%左右下降到2003年的不足30%，之后才逐年有所回升，2008年达到58.86%。②

其中原因颇为复杂，涉及多个方面，如对法治观念理解的偏差，法院调解制度自身的不足，对调解的片面理解导致的重调轻判，久调不决等。特别是在民事诉讼制度改革中，人们对许多问题提出了质疑，如法官扮演调解者与判决者的角色冲突对法官中立性和自愿调解的影响；③ 调解的任意性与审判规范性的冲突④等。一些学者和法官提出了取消诉讼调解以和解替代调解或调审分离、调解前置等见仁见智的制度建议。⑤ 笔者赞同法院调解制度的发展方向应该是完善与改进，而不是淡化或取消。改革现行法院调解制度势在必行，改革的方向应该是仍将调解作为基本原则贯穿于诉讼中，并加强审前调解，法院调解与法院审判程序并非势不两立。我们有理由相信，经过改革后的法院调解必将会成为一种能更好地解决争议的方式。

2007年3月6日最高人民法院颁布了《关于进一步发挥诉讼调解在构建社会主义和谐社会中积极作用的若干意见》，该意见旨在指导全国各级人民法院进一步加强诉讼调解工作力度，充分发挥诉讼调解在化解矛盾、平息纷争中的积极作用。主要内容有：（1）确立了“能调则调，当判则判，调判结合，案结事了”的人民法院审判工作指导方针。（2）强调重点做好六类案件的诉讼调解工作，即“涉及群体利益，需要政府和相关部门配合的案件；人数众多的共同诉讼、集团诉讼案件；案情复杂，当事人之间情绪严重对立，且双方

---

① 范愉著：《非诉讼纠纷解决机制研究》，中国人民大学出版社2000年版，第581~582页。

② 蒋浦：《多元纠纷解决机制：现状与路径选择》，http：//www.pagx.cn/html/2009/9-2/20090902121525118.html，最后访问时间：2009年10月29日。

③ 参见李洁：《民事审判中的调审分离》，载《法学家》，1996年第4期，第62~63页。

④ 参见王建勋：《关于调解制度的思考》，载《法商研究》，1996年第6期，第77页。

⑤ 参见张灵、张毅：《法院调解的概念和地位辩正》，载《法学家》，1999年第4期，第60~61页；章武生、张其山：《论我国法院调解制度的改革》，载江平主编：《民事审判方式改革与发展》，中国法制出版社1998年版。

都难以形成证据优势的案件；相关法律法规没有规定或者规定不明确，在适用法律方面有一定困难的案件；敏感性强、社会关注程度大的案件；申诉复查案件和再审案件”等对社会稳定有重要影响的案件。(3) 按照民事案件诉讼调解的规定加大对刑事附带民事诉讼案件的调解力度。(4) 积极探索建立和完善刑事自诉案件、轻微刑事诉讼案件和行政诉讼案件和解工作机制。(5) 明确人民法院对调解协议的审查范围和内容，确保调解协议的合法自愿性。(6) 规定经人民法院审理确认生效的调解协议具有与生效调解书同等法律效力，可以作为人民法院强制执行的依据。(7) 强调完善立案阶段的调解制度，以及建立和完善引入社会力量进行调解的工作机制。

(3) 仲裁与调解相结合

在中国，广义的仲裁与调解相结合包括先调解后仲裁、仲裁中调解。狭义的仅指仲裁中的调解。

先调解后仲裁是指先由调解机构调解后由仲裁机构仲裁来解决争议。2000年《中国国际经济贸易仲裁委员会仲裁规则》第44条增加新规定，当事人在仲裁委员会之外通过调解达成和解协议的，当事人可以约定由独任仲裁员按和解协议内容作出裁决书。这种争议解决方法实际上是调解机构与仲裁机构联手为当事人提供具有终局效力的争议解决方法。其特点是：首先由调解机构进行调解，其次为了保障和解协议的强制执行，通过仲裁裁决书形式确认和解的结果。

仲裁中调解是在仲裁程序中进行的调解。在仲裁中进行调解是中国国际经济贸易仲裁委员会首创的。① 即将调解纳入仲裁程序，由仲裁庭主持，在仲裁审理开始前或开始后，仲裁庭可主动征得当事人的同意后进行调解，调解成功后即结案，调解不成时则继续仲裁。

我国《仲裁法》第51条规定以及《中国国际经济贸易仲裁委员会仲裁规则》第45~50条规定对仲裁中的调解作出了明确的规定。在中国国际经济贸易仲裁委员会的仲裁案件中，几乎有50%的案件经过仲裁员在仲裁程序过程中进行过调解，调解的成功率是40%~50%。至今尚未看到参加过仲裁与调解相结合程序的当事人和律师提出过异议和不满。②

---

① 王生长著：《仲裁与调解相结合的理论与实务》，法律出版社2001年版，第111页。

② 唐厚志：《正在扩展着的文化：仲裁与调解相结合或与解决争议替代办法（ADR）相结合》，载《中国仲裁》2002年第2期。

(4) 联合调解

联合调解是中国贸促会总会调解中心与美国仲裁协会及德国汉堡调解中心创造的一种新的调解方法。根据联合调解规则提出联合调解一方的当事人须向另一方当事人提出书面的联合调解邀请，其中应简明地阐明争议的主题。另一方当事人接受邀请时，联合调解程序开始。联合调解可以在中国进行也可以在对方国家进行，一般由两名调解员共同进行，当事人另有约定除外。两名调解员进行调解的，调解员必须从两个中心的调解员名单中指定。如果调解失败，调解员可以被指定为仲裁员，但违背仲裁协议或仲裁地国家法律的除外。目前贸促会总会调解中心与瑞典斯德哥尔摩商会调解院、伦敦国际仲裁院、阿根廷调解中心、美国仲裁协会纽约调解中心、德国汉堡调解中心分别签订有“调解合作协议”和“联合调解协议”。①

2. 仲裁

目前中国的仲裁可以分为：国内仲裁、涉外仲裁、劳动争议仲裁和农业承包合同仲裁。早在1933年11月通过的《中华苏维埃劳动法》就规定了以仲裁方式解决劳动争议。但现代仲裁制度的确立始于1995年9月1日起施行的《中华人民共和国仲裁法》。该法的实施使中国的仲裁制度发生了根本性变革。各地依法重新组建仲裁机构，到2008年，我国已设立202家仲裁委员会，这在一定程度上表明中国的仲裁制度在纠纷解决中的作用呈明显上升趋势。不过，虽然《仲裁法》的实施对规范和统一国内仲裁制度，促进我国国内仲裁制度与国际通行的仲裁制度的接轨起到了积极的作用，但也存在不足，为纠纷当事人或实务者利用仲裁机制解决纠纷带来困扰。主要表现为：一些规定对当事人意思自治、对仲裁庭的自主权限制较多，从而限制了仲裁程序的自主性与灵活性。因此，需要就仲裁协议的有效要件、仲裁协议效力的认定以及仲裁程序等几个方面作出修订。②

劳动争议仲裁是对因劳动关系发生争议而进行的仲裁。2007年颁布的《中华人民共和国劳动争议调解仲裁法》(2008年5月1日施行) 对利用调解和仲裁方式解决劳动争议作了比较详尽的规定。劳动仲裁无须仲裁协议，争议当事人一方请求仲裁，劳动仲裁委员会即可受理。对仲裁裁决不服的，除该法另

① 王生长著：《仲裁与调解相结合的理论与实务》，法律出版社2001年版，第37~39页。

② 宋连斌、赵健：《关于修改1994年中国〈仲裁法〉若干问题的探讨》，载陈安主编：《国际经济法论丛》，法律出版社2001年第4卷，第608~610页。

有规定外，当事人可以向人民法院起诉。仲裁是诉讼的必经程序，未经过仲裁的，法院一般不受理劳动争议案件。因此劳动争议仲裁实行的是强制仲裁与一裁两审制度。20世纪90年代以来，各种劳动争议发生的频率与数量持续增长，劳动争议仲裁在解决劳动纠纷中发挥着重要的作用。

此外，农业承包合同纠纷仲裁作为一种争议解决方法是普遍存在的，但对于农业承包合同仲裁目前没有全国统一的立法。①一些地区颁布了地方性规定，如北京市于2007年重新修订了《北京市农业承包合同纠纷仲裁办法》。

（二）对我国现状的评析

从表面上看，中国不乏解决纠纷的非诉讼方法，个别具体制度如仲裁也较为现代与发达，这些纠纷解决方法在纠纷解决的过程中发挥着比较重要的作用，但不容忽视的是传统的调解之类的纠纷解决方法正在开始走向衰弱。特别应注意的是，从总体上看，非诉讼纠纷解决争议机制，在纠纷解决中的重要性及其作用未得到恰当认识，部分具体方法的制度设计尚不完善。从理论上看，我国比较缺乏对ADR方法深入系统的理论研究。这种现状的形成有着复杂的背景，主要有两个方面的原因：

一是如前所述对法治观念的片面理解与错误认识。例如有观点认为，调解是我国传统的争议解决方法，源于中国传统的法文化，与诉讼的性质与原理差别甚大，甚至根本对立，而现阶段的中国社会的主要任务应该是高扬法的权威，树立民众对法的信仰，过多地强调调解，不利于法律制度的完善，不利于社会观念的转变，从根本上讲，不利于当代社会主义法治的健康发展。② 目前在我国不仅不应提倡发展ADR，而且应该限制已有的传统的ADR方法。这种观点用静止的眼光看问题，没有认识到调解与现代法治观念融合的可能性，本质上还是受把选择性争议解决方法和法治绝对对立观点的影响。还有学者认为，我国调解的本土资源非常丰富，在我国没有必要发展推广ADR。

二是实践中存在的问题。主要有：（1）在一些非诉讼纠纷解决机制中，意思自治原则贯彻不够，对非诉讼解决争议方法本身存在误解。如存在强迫调解、无原则地和稀泥、久调不决等情况。（2）ADR方法的组织机构不合理，使得ADR方法对当事人缺乏吸引力。（3）有些ADR方法的主持人员的素质比较低下，且缺乏比较规范的ADR程序，这使得ADR方法在人们心目中的地位不高，影响了对它的选择利用。（4）ADR解决争议的效力问题是实践中的

① 王生长著：《仲裁与调解相结合的理论与实务》，法律出版社2001年版，第34页。

② 胡旭晟著：《法学：理想与批判》，湖南人民出版社1999年版，第379页以下。

一个非常关键的问题。在我国除了法院调解所达成的调解协议经送达当事人后具有强制执行力，仲裁裁决可由法院审查后强制执行，其他的替代性纠纷解决方法的结果都不具有强制执行力，加上调解员所受的训练有限，从而使我国的替代性纠纷解决方法对当事人没有很强的吸引力。（5）在缺乏诚信的社会环境下，人们对没有强制执行力的 ADR 的结果是否能够得到当事人的遵守难免持怀疑态度。

上述观念的导向及现实中问题的存在，影响与制约着非诉讼纠纷机制在中国的发展，因此，限制 ADR 方法甚至根本否定 ADR 观点的存在也就不足为奇。所以从理论与实践上加强对非诉讼争议解决机制的研究，克服观念上的偏差，完善现有制度对于健全和完善我国多元化的纠纷解决机制有着十分重要的意义。

### （三）ADR 在中国的未来发展趋势

#### 1. ADR 在中国的前景

关于 ADR 在中国的未来发展趋势，可以说有消极或悲观论和积极或乐观论。笔者赞同积极论，认为 ADR 在未来中国解决纠纷的机制中应该会发挥更大的作用，特别是传统的 ADR 不会随着法制化的进程逐渐消亡或退出历史的舞台。理由如下：（1）中国有着悠久的以非诉讼方法解决争议的历史传统，也就是说具有发展 ADR 的良好基础。（2）发展 ADR 是建设法治国家的客观需要。法治国家的建设，需要一套健全合理的纠纷解决机制，诉讼机制与非诉讼机制并行不悖，两者的关系不是“我活你死”，两者均应是法制建设的重要内容，在非诉讼纠纷解决机制中虽然纠纷当事人享有意思自治，但也并不意味着纠纷的解决完全脱离法制的轨道。（3）实践中存在的问题并非是“病入膏肓”不可医治，通过改革完善，适当地引导，完全可以克服其弊端。（4）随着人们对非诉讼纠纷解决方法自身的优点及其价值认识的深入，在特定纠纷解决中选择非诉讼解决方法会得到重视。当然，ADR 要在中国获得发展，需要政府、法院、当事人、企业、理论界的长期地推动。

#### 2. 在中国发展 ADR 应注意的问题

（1）克服观念上的偏差，使理论的导向有利于营造发展替代性纠纷解决方法的环境。（2）坚持意思自治原则、效益等基本原则。这是使 ADR 维护其自身优点的基本原则，如在纠纷解决中不能加以贯彻，则 ADR 的优势将丧失殆尽。（3）具体制度建设应坚持借鉴外国先进的经验与中国实际相结合的原则。应在改革完善现有 ADR 方法的基础上，积极研究借鉴，选择发展适合我国的现代 ADR 方法，既不能简单地否定我国传统的 ADR 方法，也不可不管中国的实际，盲目仿效，求大求全。(4) 在ADR制度建设上，注重规范化、制度化的同时，务必防止另一种倾向，即程序“诉讼化”，使非诉讼解决纠纷机制成为诉讼的翻版，特别是在仲裁程序中应注意防止这种倾向。

3. 立法与实践的完善

(1) 制定《调解法》。虽然有关调解的规定已为数不少，但规定分散，立法层次不高，可以考虑制定一部统一的《调解法》。(2) 完善《仲裁法》。(3) 加强有关人员培训。特别是加强人民调解员队伍的教育培训，不断提高人民调解员的综合素质、法律水平、文化知识水平，以适应新的形势需要的高素质的人民调解队伍。(4) 开展ADR的法学研究与教育。

## 第二节 仲裁概述

### 一、仲裁的概念和特点

仲裁是指双方当事人在争议发生前或发生后达成协议，自愿将他们之间的争议交给他们共同选定的第三者居中评判是非，由该第三者依据法律或公平原则作出对双方当事人均有约束力的裁决的一种解决争议的方式。以仲裁的方式处理争议具有悠久的历史，仲裁的最初形态可追溯到远古时代。后来仲裁这种解决争议的方式被国家以法律的形式确定下来，逐渐形成了较为完备的仲裁制度。目前仲裁已成为各国普遍接受或采用的一种解决争议的方式。

仲裁同调解和司法诉讼虽然都属于有第三者介入解决争议的方法，但仲裁又有其自己的特点。

仲裁与调解相比，相同之处在于两者都是以双方当事人的协议或同意为基础进行的。不同之处在于：(1) 调解的进行，自始至终都需要双方当事人的同意，只要有一方不同意，调解就不能进行。而仲裁只要双方当事人合意达成仲裁协议，就产生法律约束力。争议发生后，即使一方当事人不同意仲裁，他方仍可以根据仲裁协议提起仲裁程序，仲裁庭也有权受理案件并进行仲裁。(2) 在调解程序中，调解人只能对当事人进行说服劝导，无权自己作出决定，经调解达成的协议完全基于双方当事人的合意；而在仲裁程序中，仲裁人以裁判者的身份出现，可以独立自主地对争议的问题作出裁决，裁决无须征得双方当事人的同意，并且对双方当事人具有约束力。

仲裁与诉讼相比，相同之处在于两者的处理决定都是由第三者独立自主地作出的，都对当事人具有约束力。不同之处在于：(1) 法院是国家机器的重要组成部分，具有法定的管辖权，当事人一方向法院起诉，一般无须依靠双方事先的同意，有管辖权的法院就有权发出传票，传唤对方出庭（双方订有仲裁协议的情况除外）；而仲裁机构尤其是国际商事仲裁机构一般都是民间组织，没有法定的管辖权，只能根据双方当事人事先的仲裁协议受理提交给它处理的案件，如果双方当事人之间没有仲裁协议，任何一方以及仲裁机构都不能迫使另一方进行仲裁。（2）法院受理案件的范围是由法律规定的，法院可以审判法定范围内的任何事项，而仲裁审理的事项与范围都是由双方当事人事先约定的，仲裁人不得对当事人约定范围以外的事项进行仲裁。（3）在诉讼程序中，负责审理案件的法官由法院任命，诉讼当事人没有任意指派或选择法官的权利。法院开庭的程序、时间、地点也都由法院规定，当事人无权变更。而仲裁人、仲裁的程序、时间、地点都可以由双方当事人协商选定。

## 二、仲裁的类型

1. 国际仲裁（international arbitration）

作为和平解决国家与国家之间的争端的一种方法，国际仲裁系指当国家之间发生争端时，当事国根据协议，把争端提交给它们自行选择的仲裁人处理，并相互约定遵守其裁决的争端解决方式。1900 年设立于荷兰海牙的常设仲裁院（Permanent Court of Arbitration），即属处理这类国际仲裁事务的国际机构。国际仲裁属于国际公法研究的范围。

2. 国内仲裁（domestic arbitration）

这是各国以仲裁方式解决纯国内民商事争议的一种仲裁。国内仲裁不含有国际因素或涉外因素，这是它不同于其他类型仲裁的主要之处。许多国家都通过国内立法对国内仲裁加以专门规定。例如，根据我国 1994 年仲裁法，我国已在直辖市和省、自治区政府所在地的市以及设区的市设立了大量的国内仲裁机构。国内仲裁属于国内法的研究范围。

3. 国际商事仲裁（international commercial arbitration）

国际商事仲裁属于国际私法的研究范围，也是本节的讨论对象。

## 三、国际商事仲裁的概念和特性

区分国内仲裁与国际商事仲裁的意义在于，两者在法律适用方面存在一定差异，如撤销裁决或执行裁决的条件有所不同，因此有必要厘清相关概念。

1. 国际商事仲裁的概念

国际商事仲裁是含有国际因素或涉外因素的仲裁，是解决国际、跨国或涉外商事争议的仲裁，有时也称为国际经济贸易仲裁、涉外仲裁、国际仲裁或跨国仲裁（transnational arbitration）。

在理论和实践中，国际上对何谓“国际”和何谓“商事”尚无普遍接受的概念，各国的规定也有所不同。不过，一般认为应该对“国际”和“商事”两词作广义解释。1985年《联合国国际贸易法委员会国际商事仲裁示范法》（2006年修订）第1条的规定及其解释对这两词作了广义的解释。

根据该示范法第1条第3款规定，国际仲裁包括：（1）其营业地在不同国家的当事人之间的争议的仲裁；（2）仲裁地和当事各方的营业地位于不同国家的仲裁；（3）主要义务履行地和当事各方的营业地位于不同国家的仲裁；（4）与争议标的关系最密切的地点和当事各方营业地位于不同国家的仲裁；（5）当事各方明确同意仲裁标的与一个以上国家有关的仲裁。该示范法的规定反映了国际商事仲裁实践对“国际”含义作广义解释的趋势，特别是显示出按照当事人的合意来确定什么是国际仲裁的倾向。

该示范法同时解释：对“商事”一词应作广义的解释，商事包括不论是契约或非契约性的一切商事性质的关系所引起的种种事情。商事性质的关系包括但不限于下列交易：供应或交换货物或服务的任何贸易交易；销售协议；商事代表或代理；代理；租赁；建造工厂；咨询；工程许可；投资；融资；银行；保险；开发协议或特许；合资经营和其他形式的工业或商业合作；客货的航空、海上、铁路或公路运输。

我国对何谓“涉外仲裁”并无明确的规定和解释。根据《最高人民法院关于贯彻〈中华人民共和国民法通则〉若干问题的意见（试行）》第178条第1段以及《最高人民法院关于适用〈中华人民共和国民事诉讼法〉若干问题的意见》第304条的规定，最高人民法院所理解的“涉外”为传统国际私法上所讲的“涉外”，即法律关系的三要素中至少有一个要素与外国联系。据此可以推定，在我国，凡仲裁协议的一方或双方当事人为外国人、无国籍人或外国企业或实体，或者仲裁协议订立时双方当事人的住所或营业地位于不同的国家，或者即使位于相同的国家，但仲裁地位于该国之外，或者仲裁协议中涉及的商事法律关系的设立、变更或终止的法律事实发生在国外，或者争议标的位于国外等，都应视为涉外仲裁。但在我国仲裁界，有人主张借鉴《联合国国际贸易法委员会国际商事仲裁示范法》中对“国际”的定义，扩大“涉外”的内涵。此外，在仲裁实践中，中国仲裁机构对涉及香港、澳门和台湾地区的仲裁案件，比照涉外案件处理。

至于“商事”的含义，我国《最高人民法院关于执行我国加入的〈承认与执行外国仲裁裁决公约〉的通知》第2条作了一个解释："根据我国加入该公约时所作的商事保留声明，我国仅对按照我国法律属于契约性和非契约性商事法律关系所引起的争议适用公约。所谓'契约性和非契约性商事法律关系'，具体的是指由于合同、侵权或者根据有关法律规定而产生的经济上的权利义务关系，例如货物买卖、财产租赁、工程承包、加工承揽、技术转让、合资经营、合作经营、勘探开发自然资源、保险、信贷、劳务、代理、咨询服务和海上、民用航空、铁路、公路的客货运输以及产品责任、环境污染、海上事故和所有权争议等，但不包括外国投资者与东道国政府之间的争端。"

2. 国际商事仲裁的特性

目前，国际商事仲裁已被广泛地用于解决各种国际民商事争议。之所以如此，是因为国际商事仲裁具有如下特点：（1）国际性或涉外性。这是它同国内仲裁的主要区别所在。其国际性决定了它比国内仲裁更加灵活，并受到国际协议规范。（2）自治性。国际商事仲裁是以当事人的自愿和协议为基础的，在国际商事仲裁中，当事人可以自由地选择仲裁事项、仲裁地点、仲裁机构、仲裁员、仲裁程序以及仲裁庭进行裁决时所适用的法律，等等。仲裁人处理仲裁案件的权利也来自当事人的同意。国际商事仲裁的这一特点是人们愿意采用其解决争议的重要原因。（3）民间性。国际商事仲裁的仲裁人，特别是仲裁机构，一般都是非国家机关或非官方机构，这种民间性对那些不信任官方机构的当事人来说，非常有吸引力。（4）中立性。在国际民商事交往中，不同国家的当事人都力图将其争议提交本国法院依照本国法律解决，因为他们互不信任对方国家法院的公正性。而在国际商事仲裁中，尽管仲裁人或仲裁机构是当事人选定的，但前者并不代表后者，而是居中评判是非，具有中立性。尤其是在国际上有一些仲裁机构本身不隶属于任何国家，仲裁案件可以中立于当事人所属国之外，不受任何一方当事人所属国司法制度和公共政策的影响。（5）专业性。国际商事争议有时会涉及一些专业性或技术性的问题，需要具备专业知识的人去解决。在国际商事仲裁中，当事人可以自主选择有关争议问题专家充当仲裁员，从而有利于仲裁案件准确和迅速的解决。（6）保密性。法院审理案件一般应公开进行，而仲裁案件的审理原则上是不公开，这有利于争议当事人双方不将其工商业秘密和分歧公布于众。（7）准司法性。国际商事仲裁虽然是以当事人的自愿和协议为基础的，但当事人一旦达成仲裁协议，即对当事人产生法律约束力，当事人必须将争议提交仲裁；同时，仲裁人作为裁判者有权无须当事人同意而作出对双方当事人有约束力的裁决；而且裁决作出后，一方当事人不履行裁决的，他方当事人可以向法院申请强制执行。仲裁的准司法性保证了仲裁的法律效力和严肃性。（8）终局性。仲裁一般是“一锤定音”，仲裁裁决是终局的，不像法院诉讼那样采用两审终审甚至三审终审，因而有利于迅速解决争议，为当事人节省时间和费用。

当然，与诉讼相比，仲裁也有一些局限性，主要是缺乏诉讼的强制性、严密性和统一性。比如由于仲裁以当事人的自愿和协议为基础，故缺少第三人程序，仲裁人无权强迫那些可以最终对裁决的执行承担全部或部分责任的第三人加入仲裁程序，从而影响争议最终有效的解决。

## 第三节　仲裁机构

仲裁机构根据其组织形式的不同，可分为临时仲裁庭和常设仲裁机构两种。通常，提交临时仲裁庭进行的仲裁称为临时仲裁（ad hoc arbitration），而提交常设仲裁机构进行的仲裁称为机构仲裁（institutional arbitration）。

### 一、临时仲裁庭

临时仲裁庭是根据争议双方当事人的协议，在法律规定或允许的范围内，由双方当事人选出的仲裁员自行组成的仲裁庭。临时仲裁庭一般无固定的组织、地点、人员和仲裁规则，它在审理争议并作出裁决后即行解散。临时仲裁曾经是仲裁的主要组织形式，现在仍被广泛使用。从立法上讲，有的国家仲裁法规定了临时仲裁，有的国家则对此未加规定。我国仲裁法对临时仲裁也未加规定。

### 二、常设仲裁机构

常设仲裁机构是依据国际公约或一国国内法成立的，有固定名称、地址、人员及办事机构设置、组织章程、行政管理制度及程序规则，解决国际民商事争议的仲裁组织。与临时仲裁相比，常设仲裁机构对于保障仲裁程序的顺利进行和仲裁裁决的质量具有重要的作用，所以现在当事人一般都是将争议提交常设仲裁机构并按其仲裁规则进行仲裁。常设仲裁机构已成为现代国际商事仲裁的主要组织形式。值得注意的是，根据我国仲裁法，尚无临时仲裁存在的余地，所以当事人如欲在我国进行仲裁就必须选定常设仲裁机构。常设仲裁机构主要有下述几类。

1. 国际的常设仲裁机构

它又可分为全球性的常设仲裁机构和区域性的常设仲裁机构。前者如

1923年成立并设在法国巴黎的“国际商会仲裁院”（ICCICA）和根据1965年《关于解决国家与他国国民之间的投资争端的公约》设立的“解决投资争端国际中心”（ICSID）。后者如1939年设立的“美洲国家间商事仲裁委员会”。

2. 国内的常设仲裁机构

它又分为全国性的常设仲裁机构和地区性的常设仲裁机构。前者如1892年在英国设立的“伦敦国际仲裁院”（LCIA），1911年在瑞士设立的“苏黎世商会仲裁院”，1917年在瑞典设立的“斯德哥尔摩商会仲裁院”（SCC），1922年成立的“美国仲裁协会”（AAA）等。上述机构都是蜚声国际的仲裁机构。后者如1985年成立的“香港国际仲裁中心”（HKIAC）。

3. 行业性的常设仲裁机构

这是设立在各行业协会中的各种专业仲裁机构。例如，英国伦敦谷物公会和伦敦橡胶交易所下面所设立的仲裁机构，荷兰咖啡贸易仲裁委员会等。

### 三、中国的常设仲裁机构

我国仲裁法对仲裁机构作了专门规定。应该指出的是，目前我国涉外仲裁机构与国内仲裁机构在受案范围上已没有什么区别，两者均既可受理国际或涉外案件，也可受理国内案件。但历史最长，且国际影响较大的是中国国际经济贸易仲裁委员会（中国国际商会仲裁院）和中国海事仲裁委员会，而北京仲裁委、武汉仲裁委和广州仲裁委在国内众多的仲裁机构中呈良好发展态势。

1. 中国国际经济贸易仲裁委员会

2000年10月1日以后，中国国际经济贸易仲裁委员会（China International Economic and Trade Arbitration Commission，简称CIETAC）同时使用“中国国际商会仲裁院”的名称，并开始受理国内争议。中国国际经济贸易仲裁委员会的前身是中国国际贸易促进委员会对外贸易仲裁委员会，该会成立于1954年，并于1956年正式开始工作。该会自成立以来，受案量逐年上升，特别是近几年受理的国际商事仲裁案件的数量已跃居世界各主要常设仲裁机构前列，其裁决的公正性也得到了国内外的一致公认。另外，该会还在上海和深圳设有分会，在大连、福州、成都、重庆和长沙等地设有办事处，并于2000年12月成立了“域名争议解决中心”。该会自成立以来曾数次修订其仲裁规则，现行规则为2005年5月1日起施行的规则。而且，该会有关金融争议的仲裁规则也于2003年5月8日施行。

2. 中国海事仲裁委员会

中国海事仲裁委员会（China Maritime Arbitration Commission，简称

CMAC）成立于1959年1月，当时名称为“中国国际贸易促进委员会海事仲裁委员会”。1988年改为现在的名称。该仲裁委员会专门解决海事争议。其仲裁规则几经修改，现行规则是2004年10月1日起施行的仲裁规则。

## 第四节　仲裁协议

在商事仲裁实践中，仲裁协议被认为是仲裁的基石。因为它既是任何一方当事人将争议提交仲裁的依据，又是仲裁机构和仲裁员受理争议案件的依据。

### 一、仲裁协议的概念

仲裁协议是指双方当事人愿意将他们之间将来可能发生的争议或者已经发生的争议交付仲裁解决的一种协议。

### 二、仲裁协议的类型

1. 仲裁条款（arbitration clause）

它是当事人双方在签订合同时，在合同中订立的约定将可能发生的合同争议提交仲裁解决的条款，是现代民商事合同中经常采用的解决合同争议的条款。目前是仲裁协议最重要的表现形式。

对于这种在主合同中订立的仲裁条款，各国一般承认其具有相对的独立性，即仲裁条款不因主合同的变更、解除、终止或无效而当然失去效力。这种主张被称为仲裁条款自治说。我国仲裁法第19条也明确承认了仲裁条款具有相对的独立性，规定：“仲裁协议独立存在，合同的变更、解除、终止或者无效，不影响仲裁协议的效力。”

2006年9月8日起施行的《最高人民法院关于适用〈中华人民共和国仲裁法〉若干问题的解释》（以下简称《仲裁法司法解释》）第8、9、10条进一步规定，当事人订立仲裁协议后合并、分立的，仲裁协议对其权利义务的继受人有效，当事人订立仲裁协议后死亡的，仲裁协议对承继其仲裁事项中的权利义务的继承人有效，当事人另有约定的除外；债权债务全部或者部分转让的，仲裁协议对受让人有效，但当事人另有约定、在受让债权债务时受让人明确反对或者不知有单独仲裁协议的除外；合同成立后未生效或者被撤销的，当事人在订立合同时就争议达成仲裁协议的，不影响仲裁协议的效力。

2. 仲裁协议书（submission to arbitration agreement）

它是争议当事人订立的将其争议提交仲裁解决的一种专门协议。这是一种传统的仲裁协议，现在在实践中当事人已较少采用这种形式的仲裁协议，因为大多数国际合同中已规定有仲裁条款。另外，在争议发生后，当事人往往因立场的不同和利益的冲突很难再达成一致的意见。

3. 其他类型的仲裁协议

它是指双方当事人在相互往来的函电包括信件、电报、电传、传真、电子数据交换和电子邮件等中，共同约定将他们之间已经发生或将来可能发生的争议提交仲裁而达成的协议。

### 三、仲裁协议的基本内容

仲裁协议的内容应尽可能明确和具体，以确保仲裁程序的顺利进行。一般应包括下述几个方面的内容：

1. 提交仲裁的争议事项

《仲裁法司法解释》第 2 条规定，当事人概括约定仲裁事项为合同争议的，基于合同成立、效力、变更、转让、履行、违约责任、解释、解除等产生的纠纷都可以认定为仲裁事项。

2. 仲裁地点

仲裁地点的选择对仲裁程序的进行至关重要。双方当事人选择在哪一个国家或地区仲裁就要受该国或地区法律的制约，特别是该国强制性法律的制约。我国当事人在涉外合同中订立仲裁条款时，在仲裁地点的选择上可考虑：(1) 在中国仲裁。对于中国当事人来说，这是最理想的仲裁地点。(2) 在第三国仲裁。如果当事人不愿意到对方所在国仲裁时，可以共同选择在第三国或地区的仲裁机构仲裁。另外，在以前的实践中也有些当事人喜欢采用在被诉人所在国仲裁的条款，即如果双方不能就在中国进行仲裁达成协议，仲裁条款规定在被诉人一方所在国的仲裁机构仲裁。但特别应注意的是，由于仲裁法颁布实施后，我国境内已设立了为数众多的地方仲裁委员会，且都可受理国际的或涉外的争议案件，如果再如此规定，事后如需在中国仲裁就很容易因仲裁地点或仲裁机构不明而发生争执，最后有可能导致根本无法执行原来的仲裁协议。如果双方当事人就仲裁机构达不成补充协议的，依据《仲裁法》第 18 条的规定，所涉仲裁协议将会被认定为无效，所以就目前我国的状况而言，不宜再作此种规定。

3. 仲裁庭的组成或仲裁机构

如双方同意由临时仲裁庭进行仲裁，应在仲裁协议中写明仲裁庭的组成；如同意提交某一常设仲裁机构进行仲裁，应写明仲裁机构的名称。

4. 仲裁程序规则

除上述内容外，当事人在仲裁协议中还可以约定其他与仲裁有关的事项，如仲裁裁决的效力、仲裁费用的分摊、放弃对裁决的上诉、仲裁适用的法律、仲裁使用的语言等内容。当然如果是选择在常设仲裁机构进行仲裁，这些内容可省略，因为常设仲裁机构的仲裁规则中对这些内容一般都有明确规定，当事人只需在合同中写明仲裁机构的名称与仲裁适用的规则就可以了。我国仲裁法第 16 条第 2 款规定："仲裁协议应当具有下列内容：（一）请求仲裁的意思表示；（二）仲裁事项；（三）选定的仲裁委员会。"

中国国际经济贸易仲裁委员会推荐的示范仲裁条款为："凡因本合同引起的或与本合同有关的任何争议，均应提交中国国际经济贸易仲裁委员会，按照申请仲裁时该会现行有效的仲裁规则进行仲裁。仲裁裁决是终局的，对双方均有拘束力。"

## 四、仲裁协议的法律效力

一项有效的仲裁协议具有下述几个方面的法律效力。

1. 对当事人的法律效力

仲裁协议一旦成立，就对当事人产生了法律效力。当事人不得就有关特定争议向法院起诉，即承担了不向法院起诉的义务。如果一方当事人违背该义务而向法院起诉，另一方当事人有权依据仲裁协议要求法院中止诉讼程序，把争议提交仲裁。

2. 对仲裁员和仲裁机构的法律效力

有效的仲裁协议是仲裁员和仲裁机构受理争议案件的依据。如当事人之间无仲裁协议或仲裁协议无效，则当事人不得将该争议提交仲裁，仲裁机构也无权受理该项争议。另一方面，仲裁员或仲裁机构的管辖权受到仲裁协议的严格限制，它只能受理仲裁协议约定进行仲裁的争议，并就此争议进行审理，作出裁决。如果有关裁决所处理的争议不在有关仲裁协议范围之内，有关国家的法院可基于一方当事人的申请撤销或拒绝承认与执行该裁决。

3. 对法院的法律效力

一个有效的仲裁协议具有排除法院管辖权的法律效力。这是仲裁协议最重要的法律效力之一。如果一方当事人拒不参加仲裁，而法院又不能强制当事人通过仲裁解决其争议的话，所订立的仲裁协议将形同虚设。所以世界上大多数国家的仲裁立法都承认有效的仲裁协议具有排除法院管辖权的效力。

4. 使仲裁裁决具有强制执行力的法律效力

一项有效的仲裁协议是强制执行仲裁裁决的依据。国际公约和许多国家的国内立法都规定，如果一方当事人拒不履行仲裁裁决，另一方当事人可凭有效的仲裁协议和仲裁裁决向有关法院申请强制执行该裁决。而无效的仲裁协议是构成有关国家拒绝承认与执行仲裁裁决的理由之一。

## 五、仲裁协议的有效性及其认定

一项仲裁协议欲产生法律上的效力，其本身必须有效。

1. 仲裁协议无效的情形

根据我国仲裁法第 17 条的规定，仲裁协议有下列情形之一的无效：（1）约定的仲裁事项超出法律规定的范围；（2）无民事行为能力人或限制民事行为能力人订立的仲裁协议；（3）一方采取胁迫手段，迫使对方订立的仲裁协议。

在我国，如果仲裁协议内容不明确，也可能导致仲裁协议无效。根据我国《仲裁法》第 18 条的规定，如果仲裁协议对仲裁事项和仲裁委员会的约定不明确，当事人可以补充协议，如果不能达成补充协议的，该仲裁协议也是无效的。《仲裁法司法解释》也重点规定了确定仲裁协议效力的判断标准。在确定仲裁协议效力的问题上，司法解释坚持尊重当事人意思自治原则。据其规定，凡当事人自愿达成的仲裁协议，且能够执行的，一般应当确认该仲裁协议的效力。其第 3、4、5、6、7 条针对实践中因仲裁协议约定不明确而经常发生争议的几种情形作了明确的规定：（1）仲裁协议约定的仲裁机构名称不准确，但能够确定具体的仲裁机构的，应当认定选定了仲裁机构。（2）仲裁协议仅约定纠纷适用的仲裁规则的，视为未约定仲裁机构，但当事人达成补充协议或者按照约定的仲裁规则能够确定仲裁机构的除外。（3）仲裁协议约定两个以上仲裁机构的，当事人可以协议选择其中的一个仲裁机构申请仲裁；当事人不能就仲裁机构选择达成一致的，仲裁协议无效。（4）仲裁协议约定由某地的仲裁机构仲裁且该地仅有一个仲裁机构的，该仲裁机构视为约定的仲裁机构。该地有两个以上仲裁机构的，当事人可以协议选择其中的一个仲裁机构申请仲裁；当事人不能就仲裁机构选择达成一致的，仲裁协议无效。（5）当事人约定争议可以向仲裁机构申请仲裁也可以向人民法院起诉的，仲裁协议无效。但一方向仲裁机构申请仲裁，另一方未在仲裁法第 20 条第 2 款规定期间内提出异议的除外。

此外，根据 1995 年 8 月 28 日《最高人民法院关于人民法院处理与涉外仲裁及外国仲裁事项有关问题的通知》，凡起诉到人民法院的涉外、涉港澳和涉台经济、海事海商纠纷案件，如果当事人在合同中订有仲裁条款或者事后达成仲裁协议，人民法院认为该仲裁条款或者仲裁协议无效、失效或者内容不明确无法执行的，在决定受理一方当事人起诉之前，必须报请本辖区所属高级人民法院进行审查；如果高级人民法院同意受理，应将其审查意见报最高人民法院。在最高人民法院未作答复前，可暂不予受理。

鉴于各国对仲裁协议的有效要件的规定尚存在一定差异，当事人在签订仲裁协议时，应当注意有关国家特别是仲裁地国和裁决执行地国法律对仲裁协议有效要件的规定，以避免因仲裁协议无效影响仲裁程序的进行或仲裁裁决的承认与执行。

2. 仲裁协议效力的认定机构

关于受理管辖异议的机构，根据我国仲裁法第 20 条的规定，当事人对仲裁协议的效力有异议的，可以请求仲裁委员会作出决定或者请求人民法院作出裁定。一方请求仲裁委员会作出决定，另一方请求人民法院作出裁定的，由人民法院裁定。另外，根据《仲裁法司法解释》第 13 条的规定，当事人在仲裁庭首次开庭前没有对仲裁协议的效力提出异议，而后向人民法院申请确认仲裁协议无效的，人民法院不予受理。仲裁机构对仲裁协议的效力作出决定后，当事人向人民法院申请确认仲裁协议效力或者申请撤销仲裁机构的决定的，人民法院也不予受理。

3. 仲裁协议的法律适用

决定一项国际性仲裁协议的效力，法律适用至关重要。对于这一问题，国际上通常都是按照普通合同的法律适用原则来决定仲裁协议的法律适用。我国仲裁法对这个问题未作明文规定。1999 年后，最高人民法院的实践是，国际商事仲裁协议的当事人可以选择适用于仲裁协议的法律，如当事人未作此项选择，适用仲裁地的法律。但是，如果当事人既没有选择适用于仲裁协议的法律，仲裁地也尚未确定，如何处理，过去一直无明文规定。在实践中，有些法院在这种情况下按照最密切联系原则来决定仲裁协议的法律适用。《仲裁法司法解释》第 16 条对此作了明确规定：对国际商事仲裁协议的效力审查，适用当事人约定的法律；当事人没有约定适用的法律但约定了仲裁地的，适用仲裁地法律；没有约定适用的法律也没有约定仲裁地或者仲裁地约定不明的，适用法院地法律。

4. 管辖法院

当事人请求人民法院裁定仲裁协议的效力，应由何地的哪一级法院管辖，仲裁法没有明文规定。《仲裁法司法解释》第12条对此作出了明确规定，即当事人向人民法院申请确认仲裁协议效力的案件，由仲裁协议约定的仲裁机构所在地的中级人民法院管辖；仲裁协议约定的仲裁机构不明确的，由仲裁协议签订地或者被申请人住所地的中级人民法院管辖。申请确认涉外仲裁协议效力的案件，由仲裁协议约定的仲裁机构所在地、仲裁协议签订地、申请人或者被申请人住所地的中级人民法院管辖。涉及海事海商纠纷仲裁协议效力的案件，由仲裁协议约定的仲裁机构所在地、仲裁协议签订地、申请人或者被申请人住所地的海事法院管辖；上述地点没有海事法院的，由就近的海事法院管辖。

## 第五节　仲裁程序

下面根据我国民事诉讼法（2007年修正）、仲裁法以及中国国际经济贸易仲裁委员会的仲裁规则介绍仲裁的程序。

### 一、仲裁的申请和受理

1. 仲裁的申请

当事人申请仲裁应当符合下列条件：（1）有仲裁协议；①（2）有具体的仲裁请求和事实、理由；（3）属于仲裁的受理范围。仲裁自仲裁委员会或其分会发出仲裁通知之日开始。申请人提出仲裁申请时应提交仲裁申请书，并附具申请人请求所依据的事实的证明文件。

2. 仲裁的受理

仲裁委员会收到申请人的仲裁申请书及其附件后，经过审查，认为申请仲裁的手续不完备的，可以要求申请人予以完备；认为申请仲裁的手续已完备的，应立即向被申请人发出仲裁通知，并将申请人的仲裁申请书及其附件，连同仲裁委员会的仲裁规则、仲裁员名册和仲裁费用表各一份，一并发送给被申请人，同时也将仲裁通知、仲裁规则、仲裁员名册和仲裁费用表发送给申请人。

3. 答辩

被申请人应在收到仲裁通知之日起45天（各仲裁委员会的仲裁规则对此

① 根据《仲裁法司法解释》第11条规定，合同约定解决争议适用其他合同、文件中的有效仲裁条款的，发生合同争议时，当事人应当按照该仲裁条款提请仲裁；涉外合同应当适用的有关国际条约中有仲裁规定的，发生合同争议时，当事人应当按照国际条约中的仲裁规定提请仲裁。

期限的规定有所不同）内向仲裁委员会秘书局提交答辩书和有关证明文件。被申请人未提交书面答辩的，不影响仲裁程序的进行。

4. 反请求

被申请人如有反请求，最迟应在收到仲裁通知之日起 60 天（各仲裁委员会的仲裁规则对此期限的规定有所不同）内以书面形式提交仲裁委员会。仲裁庭认为有正当理由的，可以适当延长此期限。

5. 请求与反请求的修改

申请人可以对其仲裁请求提出修改，被申请人也可以对其反请求提出修改；但是，仲裁庭认为其修改的提出过迟而影响仲裁程序正常进行的，可以拒绝其修改。

6. 仲裁代理

中国公民和外国公民均可接受委托担任仲裁代理人。

7. 财产保全和证据保全

仲裁委员会应当将当事人申请财产保全的请求提交被申请人住所地或其财产所在地的中级人民法院作出裁定。根据《最高人民法院关于适用〈中华人民共和国民事诉讼法〉若干问题的意见》第 317 条规定，依照《民事诉讼法》第 258 条的规定，我国涉外仲裁机构将当事人的财产保全申请提交人民法院裁定的，人民法院可以进行审查，决定是否进行保全。裁定采取保全的，应当责令申请人提供担保，申请人不提供担保的，裁定驳回申请。当事人申请证据保全的，仲裁委员会应当将当事人的申请提交证据所在地的中级人民法院作出裁定。

## 二、仲裁庭的组成

1. 仲裁员的选定或指定

在中国国际经济贸易仲裁委员会进行仲裁时，仲裁庭可以由 3 名或 1 名仲裁员组成。如果由 3 名仲裁员组成仲裁庭，则双方当事人应当各自在仲裁委员会仲裁员名册中选定 1 名仲裁员或者委托仲裁委员会主任指定。第三名仲裁员由双方当事人共同选定或者共同委托仲裁委员会主任指定。如果双方当事人在被申请人收到仲裁通知之日起 20 天内未能共同选定或者共同委托仲裁委员会主任指定第三名仲裁员，则由仲裁委员会主任指定。第三名仲裁员担任首席仲裁员。

双方当事人可以在仲裁委员会仲裁员名册中共同选定或者共同委托仲裁委员会主任指定 1 名仲裁员作为独任仲裁员，成立仲裁庭，单独审理案件。如果双方当事人约定由1名独任仲裁员审理案件，但在被申请人收到仲裁通知之日起20天内未能就独任仲裁员的人选达成一致意见，则由仲裁委员会主任指定。

仲裁案件有两个或者两个以上申请人或被申请人时，申请人之间或被申请人之间应当经过协商，在仲裁委员会仲裁员名册中各自共同选定或者各自共同委托仲裁委员会主任指定1名仲裁员。如果申请人之间或被申请人之间未能在收到仲裁通知之日起20天内各自共同选定或者各自共同委托仲裁委员会主任指定1名仲裁员，则由仲裁委员会主任指定。

2. 仲裁员的回避

被选定或者被指定的仲裁员，与案件有个人利害关系的，应当自行向仲裁委员会披露并请求回避。当事人对被选定或者被指定的仲裁员的公正性和独立性产生具有正当理由的怀疑时，可以书面向仲裁委员会提出要求该仲裁员回避的请求，但应说明提出回避请求所依据的具体事实和理由，并举证。对仲裁员的回避请求应在第一次开庭之前以书面形式提出；如果要求回避事由的发生和得知是在第一次开庭审理之后，则可以在最后一次开庭终结之前提出。仲裁员是否回避，由仲裁委员会主任作出决定。仲裁委员会主任担任仲裁员时，其回避由仲裁委员会集体决定。在仲裁委员会主任或仲裁委员会就仲裁员是否回避作出决定前，被请求回避的仲裁员应当继续履行职责。根据我国仲裁法第34条的规定，仲裁员有下列情形之一的，必须回避，当事人也有权提出回避申请：（1）是本案当事人或者当事人、代理人的近亲属；（2）与本案有利害关系；（3）与本案当事人或者代理人有其他关系，可能影响公正仲裁的；（4）私自会见当事人、代理人，或者接受当事人、代理人请客送礼的。

### 三、审理

在中国国际经济贸易仲裁委员会进行仲裁时，仲裁一般应当开庭审理，但经双方当事人申请或征得当事人同意，仲裁庭可以只依据书面文件审理并作出裁决。开庭审理案件一般不公开进行，双方当事人协议要求公开审理的，可以公开进行（涉及国家秘密的除外），但要由仲裁庭作出是否公开审理的决定。

至于举证责任，采取“谁主张谁证明”的原则。仲裁庭认为必要时，可自行调查事实，收集证据。

在仲裁过程中，当事人有权进行辩论。开庭审理时，一方当事人无正当理由不出庭的，仲裁庭有权缺席审理和作出缺席裁决。

如果当事人在庭外自行达成和解，可以请求仲裁庭根据其和解协议的内容作出裁决书结案，也可以申请撤销案件。如果双方当事人在仲裁过程中愿意调解，并经仲裁庭调解达成和解的，除非当事人另有约定，仲裁庭应当根据当事人的书面和解协议作出裁决书结案。

在审理过程中，一方当事人知道或理应知道《中国国际经济贸易仲裁委员会仲裁规则》或仲裁协议中的任何条款或情事未被遵守，但仍参加仲裁程序或继续进行仲裁程序，而且对此没有及时明示地提出书面异议的，视为放弃提出异议的权利。

### 四、裁决

对在中国国际经济贸易仲裁委员会进行的仲裁案件，仲裁庭应当在组庭之日起 9 个月内作出仲裁裁决书。在仲裁庭的要求下，仲裁委员会秘书长认为确有必要和确有正当理由的，可以延长该期限。仲裁庭应当根据事实，依照法律和合同规定，参考国际惯例，并遵循公平合理原则，独立公正地作出裁决。由 3 名仲裁员组成的仲裁庭审理的案件，仲裁裁决依全体仲裁员或多数仲裁员的意见决定，仲裁庭不能形成多数意见时，仲裁裁决依首席仲裁员的意见作出。仲裁裁决是终局的，对双方当事人均有约束力。任何一方当事人均不得向法院起诉，也不得向其他任何机构提出变更仲裁裁决的请求。作出仲裁裁决的日期即为仲裁裁决发生法律效力的日期。

### 五、法律适用

国际商事仲裁中的法律适用主要包括仲裁协议的法律适用、程序问题的法律适用和实体问题的法律适用。详见本书第十一、十三章的内容。

## 第六节　仲裁裁决的承认与执行

在仲裁裁决作出后，当事人最关心的是裁决的执行问题。一般情况下，败诉方能自动履行裁决。在败诉方不履行裁决的情况下，胜诉方可主要通过两种方法使裁决得到执行，一是从商事或其他方面对败诉方施加压力，使其认识到不履行裁决将对自己不利，迫使败诉方为了以后的利益而履行裁决。二是向法院提出强制执行仲裁裁决的申请。这是因为仲裁庭本身没有强制执行裁决的权力，胜诉方只能通过法院强制执行裁决。一般是在被执行人住所或财产所在地国申请承认与执行。

## 一、承认与执行外国仲裁裁决的国际公约

在国际联盟主持下制定于1923年的《仲裁条款议定书》、1927年的《关于执行外国仲裁裁决的公约》和在联合国主持下1958年于纽约签订的《承认及执行外国仲裁裁决公约》（又称《纽约公约》）是国际上有关国际商事仲裁的重要公约。其中1958年《纽约公约》实际上已取代了前两个公约，成为目前国际上关于承认与执行外国仲裁裁决的最主要的公约。我国于1986年加入了该公约，该公约已于1987年4月22日对我国生效。

1958年《纽约公约》主要有如下规定：

（1）缔约国相互承认仲裁裁决具有约束力，并应依照承认与执行地的程序规则予以执行，执行时不应在实质上比承认与执行本国的仲裁裁决规定更繁琐的条件或更高昂的费用。

（2）承认与执行外国仲裁裁决的条件。按照公约第5条第1款的规定，凡外国仲裁裁决有下列情形之一时，被请求承认与执行的国家的主管机关可依被执行人的申请，拒绝承认与执行：①签订仲裁协议的当事人，根据对他们适用的法律，当时是处于某种无行为能力的情况下；或者根据仲裁协议所选定的准据法，或在未选定准据法时依据裁决地法，该仲裁协议无效；②被执行人未接到关于指派仲裁员或关于仲裁程序的适当通知，或者由于其他情况未能在案件中进行申辩；③裁决所处理的事项不是当事人交付仲裁的事项，或者不包括在仲裁协议规定之内，或者超出了仲裁协议的范围；④仲裁庭的组成或仲裁程序与当事人之间的协议不符，或者当事人之间没有这种协议时，与仲裁地所在国法律不符；⑤裁决尚未发生法律效力，或者裁决已经由作出裁决的国家或根据其法律作出裁决的国家的主管机关撤销或停止执行。按照公约第5条第2款的规定，如果被请求承认与执行地国的主管机关依职权主动查明有下列情形之一时，也可以拒绝承认与执行：①依照执行地国的法律，争议事项不可以用仲裁的方式加以解决（例如，我国仲裁法第3条规定婚姻、收养、监护、扶养、继承纠纷以及依法应当由行政机关处理的行政争议不能用仲裁的方式加以解决）；②承认与执行该裁决违反承认与执行地国的公共政策。

## 二、中国关于承认与执行仲裁裁决的规定

1. 中国仲裁机构涉外仲裁裁决在我国的执行

根据《民事诉讼法》第257条、第258条、第259条，仲裁法第71条以及仲裁法司法解释的有关规定，凡被执行人不能自动履行裁决，胜诉方可以向

被执行人住所地或财产所在地的中级人民法院申请强制执行。当被执行人提出证据证明涉外仲裁裁决有下列情形之一的，人民法院组成合议庭审查核实后裁定不予执行：（1）当事人在合同中没有订有仲裁条款或者事后没有达成书面仲裁协议的；（2）被申请人没有得到指定仲裁员或者进行仲裁程序的通知，或者由于其他不属于被申请人负责的原因未能陈述意见的；（3）仲裁庭的组成或者仲裁程序与仲裁规则不符的；（4）裁决的事项不属于仲裁协议的范围或者仲裁机构无权仲裁的。另外，人民法院认定执行该裁决违背社会公共利益的，也得裁定不予执行。一方当事人申请执行裁决，另一方当事人申请撤销裁决，人民法院应当裁定中止执行。在这种情况下，被执行人应该提供财产担保。人民法院裁定撤销裁决的，应当裁定终止执行。人民法院驳回撤销裁决申请的，应当裁定恢复执行。如果人民法院裁定撤销或裁定不予执行的，当事人可以根据双方达成的书面协议重新申请仲裁，也可以向人民法院起诉。

2. 中国仲裁机构仲裁裁决在外国的承认与执行

我国仲裁机构的仲裁裁决需要在外国承认与执行的，可分为两种情况：（1）如果该国为1958年《纽约公约》成员国，则当事人应根据公约规定的程序和条件，直接向该国有管辖权的法院提出请求承认与执行的申请，然后由该国法院对裁决进行审查，作出是否承认与执行的裁定。截至2009年10月1日，《纽约公约》已有142个成员国，我国仲裁机构作出的涉外仲裁裁决在这些国家可依公约的规定比较方便地得到承认与执行。（2）如果该国为非《纽约公约》的成员国，根据《仲裁法》第72条的规定，则当事人应当直接向有管辖权的外国法院申请承认与执行，由该国法院根据有关司法协助条约或其本国法律裁定是否承认与执行。

3. 外国仲裁裁决在我国的承认与执行

根据《民事诉讼法》第269条的规定，外国仲裁机构作出的仲裁裁决需要我国法院承认与执行的，应当由当事人直接向被执行人住所地或者财产所在地的中级人民法院申请，人民法院应当依照中华人民共和国缔结或者参加的国际条约，或者按照互惠原则办理。

由于我国已加入1958年《纽约公约》，因此对于在另一缔约国领土内作出的仲裁裁决应适用公约的有关规定。在适用公约的规定时，应注意我国作了两项保留：（1）互惠保留，即我国只对在另一缔约国领土内作出的裁决适用该公约。我国民事诉讼法与公约有不同规定的，按公约的规定办理。（2）商事保留，即我国仅对那些按照我国法律属于契约性或非契约性商事法律关系所引起的争议所作的裁决适用公约的规定。对于符合上述两个条件的外国仲裁裁决，当事人可直接向我国有管辖权的法院申请承认与执行。对于非缔约国领土内作出的仲裁裁决，需要我国法院承认与执行的，按照互惠原则办理。我国有管辖权的法院收到当事人的申请后，应按照我国缔结或参加的国际条约或民事诉讼法的有关规定进行审查，裁定是否承认与执行该裁决，如果认为符合承认与执行的条件，应当裁定承认其效力，并按照民事诉讼法规定的程序执行。如果仲裁地所在国与我国既没有缔结也没有共同参加有关国际条约，当事人向我国法院提出承认与执行裁决的申请时，当事人应该以该裁决为依据向有管辖权的人民法院起诉，由法院作出判决，予以执行。

当事人依照1958年《纽约公约》规定的条件申请承认与执行外国仲裁裁决的，受理申请的人民法院决定予以承认与执行的，应在受理申请之日起2个月内作出裁定，如无特殊情况，应在裁定后6个月内执行完毕；决定不予承认和执行的，须按1995年8月28日《最高人民法院关于人民法院处理与涉外仲裁及外国仲裁事项有关问题的通知》的有关规定，在裁定不予执行或者拒绝承认和执行之前，必须报请本辖区所属高级人民法院进行审查；如果高级人民法院同意不予执行或者拒绝承认和执行，应将其审查意见报最高人民法院。待最高人民法院答复后，方可裁定不予执行或者拒绝承认和执行。该审查意见应在受理申请之日起2个月内上报最高人民法院。

当事人应当在民事诉讼法规定的申请执行的期限内提出申请，按照2007年修正的《民事诉讼法》第215条的规定，申请执行的期间为二年。申请执行时效的中止、中断，适用法律有关诉讼时效中止、中断的规定。前款规定的期间，从法律文书规定履行期间的最后一日起计算；法律文书规定分期履行的，从规定的每次履行期间的最后一日起计算；法律文书未规定履行期间的，从法律文书生效之日起计算。

### 三、申请撤销仲裁裁决

对于中国的涉外仲裁裁决，当事人可以按照仲裁法第59条，在收到裁决书之日起6个月内，向仲裁机构所在地的中级人民法院申请撤销。根据仲裁法第70条，当事人提出证据证明涉外仲裁裁决有下列情形之一的，经人民法院组成合议庭审查核实，裁定撤销：（1）当事人在合同中没有订有仲裁条款或者事后没有达成书面仲裁协议的；（2）被申请人没有得到指定仲裁员或者进行仲裁程序的通知，或者由于其他不属于被申请人负责的原因未能陈述意见的；（3）仲裁庭的组成或者仲裁程序与仲裁规则不符的；（4）裁决的事项不属于仲裁协议的范围或者仲裁机构无权仲裁的。换言之，如果当事人能够证明涉外仲裁裁决存在前述任何一种情况，法院应裁定撤销该裁决；反之，法院应驳回当事人的申请。《仲裁法司法解释》第18、19、20条还进一步规定，“没有仲裁协议”是指当事人没有达成仲裁协议。仲裁协议被认定无效或者被撤销的，视为没有仲裁协议。当事人以仲裁裁决事项超出仲裁协议范围为由申请撤销仲裁裁决，经审查属实的，人民法院应当撤销仲裁裁决中的超裁部分。但超裁部分与其他裁决事项不可分的，人民法院应当撤销仲裁裁决。“违反法定程序”，是指违反仲裁法规定的仲裁程序和当事人选择的仲裁规则可能影响案件正确裁决的情形。另根据《仲裁法司法解释》第24条的规定，对于当事人申请撤销仲裁裁决的案件，人民法院应当组成合议庭审理，并询问当事人。

值得注意的是：（1）中国法院只能撤销本国的仲裁裁决，不能撤销外国仲裁裁决。（2）申请撤销仲裁裁决，是胜诉方和败诉方都可行使的权利。这一点，和国际通行的实践是一致的。（3）在决定撤销涉外仲裁裁决之前，人民法院认为可以由仲裁庭重新裁决的，通知仲裁庭在一定期限内重新仲裁，并裁定中止撤销程序。如果仲裁庭拒绝重新仲裁，人民法院应当恢复撤销程序。（4）对于人民法院撤销仲裁裁决或驳回当事人申请的裁定，依照最高人民法院的有关司法解释，当事人无权提出上诉及申诉，人民检察院也不能提起抗诉。（5）人民法院受理当事人撤销仲裁裁决的申请后，另一方当事人申请执行同一仲裁裁决的，受理执行申请的人民法院应当在受理后裁定中止执行。（6）当事人在仲裁程序中未对仲裁协议的效力提出异议，在仲裁裁决作出后以仲裁协议无效为由主张撤销仲裁裁决或者提出不予执行抗辩的，人民法院不予支持。当事人在仲裁程序中对仲裁协议的效力提出异议，在仲裁裁决作出后又以此为由主张撤销仲裁裁决或者提出不予执行抗辩，经审查符合仲裁法第58条或者民事诉讼法第217条、第260条规定的，人民法院应予支持。

《最高人民法院关于人民法院撤销涉外仲裁裁决有关事项的通知》还规定，人民法院在裁定撤销涉外仲裁裁决或通知仲裁庭重新仲裁之前，须报本辖区所属高级人民法院进行审查。如果高级人民法院同意撤销裁决或通知仲裁庭重新仲裁，应将其审查意见报最高人民法院。待最高人民法院答复后，方可裁定撤销裁决或通知仲裁庭重新仲裁。另外，如果我国仲裁机构作出的涉外仲裁裁决，其裁决事项超出当事人仲裁协议约定的范围，或者不属当事人申请仲裁的事项，并且上述事项与仲裁机构作出裁决的其他事项是可分的，可以撤销该超裁部分。

一项涉外仲裁裁决被人民法院撤销后，当事人可以依据重新达成的仲裁协议申请仲裁，也可以直接向有管辖权的法院起诉。

# 第二章　仲裁管辖权

所谓仲裁管辖权①，是指仲裁庭依据当事人授权、法律授权（机构仲裁时还包括仲裁机构的仲裁规则）所享有的，对当事人间的争议进行审理并作出有约束力裁决的权力。其含义在于：1. 仲裁管辖权是经由当事人通过有效的仲裁协议进行授权以及法律明确授予仲裁庭对某些争议的管辖权（机构仲裁时还包括仲裁机构的仲裁规则）而取得。当事人授权及法律授权缺一不可。如仅有当事人的授权而无法律授权，仲裁庭就算行使了审理和作出裁决的权力，但仲裁裁决将因无法律上的约束力而不可强制执行，整个仲裁将无实际意义。如仅有法律授权而无当事人的授权，仲裁庭则失去了存在及进行审理与裁决的基础，其管辖权将可能被当事人提出异议，即使仲裁庭确定自己有管辖权而对当事人间的争议进行了审理并作出了裁决，裁决亦将面临被撤销或不予执行的后果。同时，机构仲裁中依据有关仲裁机构的仲裁规则组成的仲裁庭，其审理的争议应在仲裁规则确定的该仲裁机构的受案范围内，否则也将构成没有管辖权。2. 仲裁管辖权的内容在于对当事人间的争议进行审理并作出有约束力的裁决。仲裁管辖权针对的是当事人间的争议，一般而言，对于涉及当事人以外的第三人的争议，仲裁庭没有管辖权，因仲裁协议一般只能约束签订协议的当事人，而不能约束没有签订协议的人。仲裁管辖权一经有效取得，仲裁庭即有权对仲裁案件进行审理并作出有约束力的裁决。

仲裁管辖权在仲裁制度中具有重要意义。无论是仲裁案件还是诉讼案件，

---

① 在仲裁实务中，仲裁管辖权亦被称为仲裁庭管辖权、仲裁员管辖权或仲裁机构管辖权。我们认为，仲裁管辖权实质上即仲裁庭管辖权，将其称之为仲裁员管辖权或仲裁机构管辖权并不恰当。仲裁案件的审理和裁决虽然是由仲裁员进行，但仲裁员，无论是否为独任，都须以仲裁庭的名义对仲裁案件进行审理和裁决，而不能以仲裁员个人的名义进行。至于仲裁机构的管辖权，实际只是从形式上而言，如审查是否受理当事人的仲裁申请，仲裁裁决书由仲裁庭作出后只能以仲裁机构的名义发送给当事人，其并不能实际对仲裁案件进行审理和制定裁决书，亦即不能实际享有和行使仲裁权，更何况在临时仲裁的情况下，根本不存在仲裁机构。唯有仲裁庭才能对案件进行审理并作出有约束力的裁决。

管辖权都是审理程序启动的首要问题，是行使裁判权的先决条件。管辖权的适当确立是仲裁程序能够顺利进行的基础。没有管辖权，仲裁庭就不能进行仲裁活动。另一方面，有效的管辖权是仲裁裁决具有法律上的约束力和能被承认与执行的前提条件之一。因此，在仲裁的立法和实践中，仲裁管辖权是一个十分重要的问题。

通过本章实验教程，意图使学生了解、理解或掌握我国有关仲裁管辖权的规定及熟悉相关程序，并能进行相关的实务操作。本章的知识点主要为仲裁管辖权取得的条件、仲裁管辖权异议的提出、仲裁管辖权的确定等。

## 一、实验目的

通过本次实验，要求学生掌握以下问题：

（一）仲裁管辖权取得的条件

（二）仲裁管辖权异议的提出

（三）仲裁管辖权的确定

（四）运用有关法律法规和理论解决与仲裁管辖权异议相关的问题

## 二、实验原理

### （一）仲裁管辖权的取得

仲裁管辖权的取得是仲裁权得以行使的必要条件，对于特定的仲裁庭来说，对争议享有管辖权必须至少具备两个条件：一是当事人签订了有效的仲裁协议；二是提交仲裁解决的争议事项属于可仲裁事项及仲裁协议的范围（机构仲裁时还应属于仲裁机构的受案范围），这两个条件互为补充。

关于仲裁协议的效力的认定，详见本书第三章及第十一章，此处仅简单阐述。《仲裁法》及《仲裁法司法解释》对有效仲裁协议的要件作出了规定：

《仲裁法》第16条规定：“仲裁协议包括合同中订立的仲裁条款和以其他书面方式在纠纷发生前或者纠纷发生后达成的请求仲裁的协议。仲裁协议应当具有下列内容：（一）请求仲裁的意思表示；（二）仲裁事项；（三）选定的仲裁委员会。”

《仲裁法司法解释》第1条规定：仲裁法第16条规定的“其他书面形式”的仲裁协议，包括以合同书、信件和数据电文（包括电报、电传、传真、电子数据交换和电子邮件）等形式达成的请求仲裁的协议。

同时，《仲裁法》第2条、第3条对可仲裁事项的范围作出了规定：

第2条规定：“平等主体的公民、法人和其他组织之间发生的合同纠纷和其他财产权益纠纷，可以仲裁。”第3条规定：“下列纠纷不能仲裁：（一）婚姻、收养、监护、扶养、继承纠纷；（二）依法应当由行政机关处理的行政争议。”

结合上述立法，仲裁管辖权的取得必须具备以下三方面要素：

1. 仲裁意愿——当事人的意思表示

即请求仲裁的意思表示。仲裁是一种民间的纠纷解决方式，仲裁制度最大的特征就是尊重当事人的自由意思，它允许当事人通过自由意思的表达来排除法院的管辖权，授予仲裁管辖权，充分体现了意思自治原则。当事人的授权意思成为产生仲裁管辖权的最重要因素。具体来说，仲裁管辖权的产生要求当事人明确表达出通过仲裁方式解决纠纷的意愿，只有当事人明确表达出了仲裁意愿，授权仲裁庭对自己的争议进行解决，仲裁管辖权才有可能产生，否则即不具备仲裁管辖权产生的前提条件。当事人表达仲裁意愿的形式就是书面仲裁协议，即仲裁管辖权的确定要求当事人通过订立书面仲裁协议的方式，作出愿意通过仲裁方式解决纠纷的意思表示。

2. 选定的仲裁委员会

除明确的仲裁意愿之外，明确仲裁机构也是产生仲裁管辖权的必备要件。只表明了仲裁意愿的仲裁协议不但不能产生具体的仲裁管辖权，该仲裁协议也不具有执行性。在机构仲裁制度下，当事人应当通过约定仲裁机构的产生方式来明确仲裁主体。为了尽可能地避免双方当事人因对仲裁机构名称约定不准确而导致仲裁协议无效的情形，《仲裁法司法解释》第3条规定，仲裁协议约定的仲裁机构名称不准确，但能够确定具体的仲裁机构的，应当认定选定了仲裁机构。例如，在实践中很多当事人约定，如发生争议交如“北京市仲裁委员会”仲裁，而实际上正确的名称应为“北京仲裁委员会”，虽然当事人在仲裁协议中约定的仲裁机构名称不准确，但双方当事人希望通过仲裁来解决争议的意愿是确定的，而且能够根据这一约定来确定正确的仲裁机构，为了尽可能促成双方当事人以仲裁的方式来解决争议，《仲裁法司法解释》第3条对此作出了补充规定。《仲裁法司法解释》第5条规定，仲裁协议约定两个以上仲裁机构的，当事人可以协议选择其中的一个仲裁机构申请仲裁。第6条规定，仲裁协议约定由某地的仲裁机构仲裁且该地仅有一个仲裁机构的，该仲裁机构视为约定的仲裁机构。该地有两个以上仲裁机构的，当事人可以协议选择其中的一个仲裁机构申请仲裁。上述规定对于仲裁机构约定不明确时如何确定仲裁委员会提供了解决途径。另外还需注意的是，选定的仲裁委员会的受案范围应包括当事人意欲提交仲裁解决的争议。

关于是否允许临时仲裁，我国《仲裁法》无明确规定，一般认为，在我国进行的仲裁只能是机构仲裁，而不承认临时仲裁，但在法院司法实践中已有承认与执行在外国作出的临时仲裁裁决的例子。

3. 仲裁客体——仲裁事项

仲裁事项作为仲裁的客体，也是确定仲裁管辖权所不可缺少的因素。由于仲裁充分尊重当事人的意思自治，仲裁的事项也有赖于当事人的约定。仲裁管辖权是仲裁庭对仲裁事项的管辖权，没有仲裁事项，仲裁管辖权即不能完全确定。仲裁事项对于仲裁管辖权的意义在于，仲裁庭只能针对当事人约定的事项行使管辖权，当事人约定之外的事项仲裁庭无权管辖。同时，当事人对仲裁事项的约定不是完全任意的，而应当受到法律的规范，即有关事项符合可仲裁性的要求。任何国家的仲裁法以及相关的国际公约均对争议的可仲裁性问题作出了规定，对于法律赋予其可仲裁性的事项，当事人有权约定仲裁；对于法律规定不允许仲裁解决的事项，当事人不能约定仲裁，违背该原则的仲裁协议无效。《仲裁法》第 2 条规定，只有平等主体的公民、法人和其他组织之间发生的合同纠纷和其他财产权益纠纷可以仲裁，这里的其他财产权益纠纷，通常是指因侵权而产生的财产权益纠纷。同时第 3 条对不可仲裁的事项作出了规定，一类是婚姻、收养、监护、扶养、继承等因身份关系引起的纠纷；一类是应当由行政机关处理的行政争议。有关仲裁事项的阐述详见本书第四章。

（二）仲裁管辖权异议

仲裁管辖权异议是指争议的当事人一方在规定的时间内向仲裁机构（或仲裁庭）或法院主张仲裁庭对当事人之间的特定争议没有管辖权。从立法和实践来看，对仲裁管辖权的异议主要包括如下方面：（1）对仲裁协议及其效力的异议。（2）对争议事项是否在仲裁协议范围之内、是否在仲裁机构受案范围之内的异议。（3）对仲裁员的资格或仲裁庭的组成、仲裁员的选定方式的异议，等等。如上所述，管辖权问题是仲裁程序必须解决的首要问题，是否存在仲裁管辖权，对于仲裁庭和当事人都是十分关键的，更是仲裁程序顺利进行的基石和条件。如果受案的仲裁庭没有仲裁管辖权，即使作出了仲裁裁决，也可能被法院撤销或者拒绝执行。从理论上讲，仲裁管辖权异议是阻止仲裁庭进一步行使仲裁权的有效手段，是当事人用以维护自己诉权的有力武器。在仲裁实践中，仲裁管辖权异议发挥着重要的作用。当事人正是通过对仲裁管辖权提出异议，使纠纷是否通过仲裁解决处于一种不确定的状态，从而为以诉讼方式或其他方式解决纠纷提供了一种可能性。

在实践中，管辖权异议主要涉及两方面问题：提出管辖权异议的时限和确定管辖权异议的权力归属。

1. 提出管辖权异议的时限

当事人及时提出管辖权异议，一方面有助于保障当事人的合法权益，避免无谓地浪费当事人的时间、精力和金钱；另一方面也有助于仲裁庭及时确定自己的管辖权，保障仲裁程序能够顺利有效地开展。当然，管辖权异议也有拖延仲裁程序的消极后果，一旦当事人向法院提出管辖权异议，法院将通知仲裁庭中止仲裁程序，直到法院作出管辖权异议的裁定。实践中常有当事人以此来拖延仲裁程序的进行，从而达到损害对方当事人合法权益的目的。因此，有关仲裁的国内法、国际性规范和仲裁机构的仲裁规则通常都设定当事人提出管辖权异议的时限，从而使仲裁双方的利益都能够得到有效的保障。

根据《仲裁法》第20条第2款的规定，当事人对仲裁协议的效力有异议的，应当在仲裁庭首次开庭前提出。如前所述，关于仲裁管辖权的异议并不局限于对仲裁协议效力的异议，这一规定缺乏完整性。《中国国际经济贸易仲裁委员会仲裁规则》则有所改进，其第6条第3款规定：当事人对仲裁协议及/或仲裁案件管辖权的异议，应当在仲裁庭首次开庭前书面提出；书面审理案件，应当在第一次实体答辩前提出。

由上可见，我国关于仲裁管辖权异议的提出，必须在首次开庭之前。除了我国采取的这种时限模式外，还有其他两种模式：一是必须在第一次实体答辩前提出，有不少的国际商事仲裁公约和一些国家的仲裁立法及仲裁规则都规定，如果一方当事人对仲裁管辖权有异议，应当在其进行第一次实体答辩前提出。如1976年《联合国国际贸易法委员会仲裁规则》第21条第3款规定，对仲裁庭无管辖权的抗辩不得迟于在答辩书或有反诉的情况下在对反诉的答复中提出。该规则第19条规定了提交答辩书的时间，这说明如按该规则进行仲裁，管辖权异议必须在第一次实体答辩前提出。二是区别仲裁管辖权异议的不同类型，分别规定不同的时限，即把当事人提出仲裁管辖权异议的内容作为分类的标准，对不同种类的管辖权异议相应规定不同的抗辩时限。如《国际商事仲裁示范法》第16条第2款规定："有关仲裁庭无权管辖的抗辩不得在提出答辩书之后提出。当事人一方已指定或参与指定仲裁员的事实，不得阻止该当事人一方提出这种抗辩。有关仲裁庭超越其权利范围的抗辩，应在仲裁程序过程中提出越权的事情后立即提出。在这两种情况下，仲裁庭如认为推迟抗辩有正当理由，均可准许待后提出抗辩。"

应该说以上三种模式各有利弊，采用答辩前提出的模式较为注重仲裁程序的效率，仲裁庭都是在当事人实体答辩期限之后一段适当的时间才开庭审理案件，因为仲裁庭只有审阅了当事人双方提供的材料后，才能更有效率地、更有针对性地审理案件。要求当事人在答辩期限内提出管辖异议，也就同样可以让仲裁庭提前知晓当事人已提出管辖权异议一事。如果关于管辖权异议的决定能够在仲裁庭已定的开庭期前作出，将可以把仲裁庭和当事人受到的影响降到最低程度。采用区别仲裁管辖权异议类型的模式，可以根据各类管辖权的类型采取不同的时限，更为合理。目前，许多学者认为，我国采取必须在开庭前提出异议的模式，相对放宽了当事人提出仲裁管辖权异议的时限，忽略了仲裁程序效率的保证，有可能为当事人恶意拖延仲裁程序打开了方便之门。

2. 确定管辖权异议的权力归属

一旦管辖权发生异议，由谁来处理这一争议就成为确定管辖权的关键。是仲裁庭、仲裁机构，还是法院或者其他机构拥有对仲裁管辖权异议的决定权呢？

根据《仲裁法》第20条规定，当事人对仲裁协议的效力有异议的，可以请求仲裁委员会作出决定或者请求人民法院作出裁定。一方请求仲裁委员会作出决定，另一方请求人民法院作出裁定的，由人民法院裁定。可见，在我国，仲裁委员会及法院均有权确定仲裁管辖权，且在一方请求仲裁委员会作出决定，另一方请求人民法院作出裁定时，由法院确定仲裁管辖权，相应地，仲裁委员会无权确定仲裁管辖权。另根据《仲裁法司法解释》的规定，当事人向人民法院申请确认仲裁协议效力的案件，由仲裁协议约定的仲裁机构所在地的中级人民法院管辖；仲裁协议约定的仲裁机构不明确的，由仲裁协议签订地或者被申请人住所地的中级人民法院管辖。涉及海事海商纠纷仲裁协议效力的案件，由仲裁协议约定的仲裁机构所在地、仲裁协议签订地、申请人或者被申请人住所地的海事法院管辖；上述地点没有海事法院的，由就近的海事法院管辖。

但是上述规定并没有规定仲裁委员会作出决定后当事人是否及何时可向法院起诉，法院受案后审结期限是多久，一方向法院起诉后仲裁程序是否继续进行等。为了进一步明确人民法院和仲裁机构在确认仲裁管辖权异议方面的关系，最高人民法院在《关于确认仲裁协议效力几个问题的批复》（法释[1998]127号）中，对仲裁机构和人民法院在确认仲裁管辖权异议时的关系作了更进一步也更具有操作性的规定。该司法解释第3条规定："当事人对仲裁协议的效力有异议，一方当事人申请仲裁机构确认仲裁协议效力，另一方当事人请求人民法院确认仲裁协议无效，如果仲裁机构先于人民法院接受并已作出决定，人民法院不予受理；如果仲裁机构接受申请后尚未作出决定，人民法院应予受理，同时通知仲裁机构中止仲裁，仲裁机构根据法院对仲裁协议效力的认定决定恢复仲裁或撤销仲裁案件。”其第 4 条又规定：“一方当事人就合同纠纷或者其他财产权益纠纷申请仲裁，另一方当事人对仲裁协议的效力有异议，请求人民法院确认仲裁协议无效并就合同纠纷或者其他财产权益纠纷起诉的，人民法院受理后应当通知仲裁机构中止仲裁。人民法院作出仲裁协议有效或者无效的裁定后，应当将裁定书副本送达仲裁机构，由仲裁机构根据人民法院的裁定恢复仲裁或者撤销仲裁案件。人民法院依法对仲裁协议作出无效的裁定后，另一方当事人拒不应诉的，人民法院可以缺席判决。原受理仲裁申请的仲裁机构在人民法院确认仲裁协议无效后仍不撤销其仲裁案件的，不影响人民法院对案件的审理。”

上述规定进一步明确了仲裁机构对仲裁管辖权异议的认定权以及在特定情况下的最终决定权，明确了仲裁委员会和法院在确定管辖权的权力发生冲突时的解决办法，在一定程度上弥补了现行仲裁法中相关规定之不足。然而，许多学者认为，这一司法解释仍然存在不足。事实上，从绝大部分国家的法律和仲裁机构的仲裁规则看，都是把仲裁管辖权异议作出决定的权力授予了仲裁庭，而不是授予仲裁机构。与仲裁机构不同，仲裁庭是具有审理和解决案件之权力和职能的机构，组成仲裁庭的目的也就是要由仲裁庭行使对案件争议的审理权和裁决权。仲裁庭的成员是由当事人按照其约定的仲裁规则选定出来解决其争议的，无论从当事人的主观愿望上讲，还是从客观的必需讲，处理上述管辖权异议的权力都应该赋予仲裁庭。

## 三、实验要求

1. 掌握仲裁管辖权问题的基本原理。
2. 根据原理处理实践中相关案件。
3. 结合实验素材，制作《管辖异议书》和《管辖异议答辩书》。

## 四、实验素材

### （一）法律文件素材

主要为《中华人民共和国仲裁法》等法律及《最高人民法院关于适用〈中华人民共和国仲裁法〉若干问题的解释》、《关于确认仲裁协议效力几个问题的批复》等司法解释。

（二）案例素材

**【案例1】**

## 某公司申请管辖权异议案①

2003年10月10日，被保险人与被申请人签订运输合同，约定由被申请人将被保险人的240MVA变压器，由上海市闵行上海电机厂码头起运，运至南京扬子巴斯夫联合循环电厂。2003年10月13日，被保险人的240MVA变压器由被申请人从上海运输，于2003年10月17日下午到达扬子石化公司巴斯夫现场，在作卸车前准备工作时，大型变压器运输车辆的液压千斤顶发生突发故障后，导致变压器运输车辆发生倾斜。变压器受到强烈振动后，在车辆上发生移位，千斤顶反弹后与变压器油箱碰撞，造成变压器油箱局部变形，质量受损。

根据被保险人与申请人签订的保险合同，申请人向被保险人进行了赔付，被保险人向申请人出具了收据及权益转让书。2004年5月14日，申请人依据被保险人与被申请人间运输合同中的仲裁条款，以及申请人依据保险合同对被保险人进行赔付后依法取得代位求偿权，向海仲上海分会提交了书面的仲裁申请。

上海分会秘书处根据仲裁规则的规定发出了仲裁通知，并安排了开庭时间。在庭审开始前，被申请人向仲裁庭提交了管辖权异议书。称：第一，被申请人与申请人在争议发生前及争议发生后均未达成任何仲裁协议，因此上海分会仅凭申请人一方的申请就受理本案，是无法律依据的。第二，申请人向被保险人理赔后，取得的代位求偿权，只能是实体上的权利。被申请人与被保险人所签运输合同约定的仲裁条款，只能适用于被申请人与被保险人双方，不适用于任何第三方。第三，被申请人提出，其与被保险人所签的仲裁条款为："如双方协商未果，则由合同签地仲裁机关仲裁解决。"该条款只约定了由仲裁机关仲裁，未具体约定由哪一个上海分会仲裁，因此仲裁条款约定的仲裁委员会不明。根据《仲裁法》的相关规定，该仲裁条款是无效的。

针对被申请人的管辖权异议，仲裁庭根据仲裁规则第6条第2款的规

① 本案例来源于"法律教育网"：http：//www.chinalawedu.com/new/18500_187/2009_3_13_ji6335712511313900262\56.shtml，最后访问时间：2009年6月27日。

定，继续开庭审理本案，并告知申请人可在庭后对被申请人提出的管辖权异议提交书面的答辩意见，上海分会也将把被申请人的管辖权异议提交至中国海事仲裁委员会北京总会。

庭后，申请人提交了答辩意见认为，无论是我国《保险法》或《海商法》，对代位求偿权的规定都没有区分保险人取得的代位求偿权是实体权利还是程序权利。我国的《海事诉讼特别程序法》中对保险人行使代位求偿权程序问题作出了特别规定，说明程序权利也是代位求偿权不可分离的一部分。程序权利的剥离，则实体权利将无法保障。

对于涉案的仲裁条款，申请人认为，该仲裁条款能够清楚地表明：1. 双方当事人有通过仲裁途径解决争议的意愿；2. 合同签订于上海，应当由上海的仲裁机构管辖；3. 涉案货物运输涉及包括水运在内的多式联运，海仲上海分会是上海地区解决货物运输等争议的唯一的专业机构。由此可以判断海仲上海分会是仲裁条款选定的仲裁机构。《仲裁法司法解释》第5条规定，“仲裁协议只约定了仲裁地点，约定地点有两个或两个以上有权仲裁的仲裁委员会的，当事人可以申请其中一个仲裁委员会仲裁，分别向不同仲裁委员会申请仲裁的，先受理的仲裁委员会有权管辖”。第6条规定，“仲裁协议中约定的仲裁委员会名称不准确，但能够确定受理纠纷的仲裁委员会的，应该认定具备仲裁法第16条规定的‘选定的仲裁委员会’”。该征求意见稿①已经很明确地表达了最高人民法院尽可能维护仲裁协议效力的倾向性意见。

对于被申请人提出的管辖权决定，中国海事仲裁委员会作出了管辖权决定：

一、尽管本案运输合同中的仲裁条款没有对具体的仲裁机构予以明确约定，但不能据此就认为仲裁条款无效。首先，当事人在合同中订立了仲裁条款，即表明当事人在发生争议后有明确的仲裁意愿；其次，该仲裁条款是可以执行的。该仲裁条款写明：“如双方协商未果，则由合同签署地仲裁机关仲裁解决。”本案的合同签署于上海，则本案应由上海的仲裁机

① 2005年12月26日最高人民法院审判委员会第1375次会议通过了仲裁法司法解释，相关规定已有所变化。第3条：仲裁协议约定的仲裁机构名称不准确，但能够确定具体的仲裁机构的，应当认定选定了仲裁机构。第5条：仲裁协议约定两个以上仲裁机构的，当事人可以协议选择其中的一个仲裁机构申请仲裁；当事人不能就仲裁机构选择达成一致的，仲裁协议无效。第6条：仲裁协议约定由某地的仲裁机构仲裁且该地仅有一个仲裁机构的，该仲裁机构视为约定的仲裁机构。该地有两个以上仲裁机构的，当事人可以协议选择其中的一个仲裁机构申请仲裁；当事人不能就仲裁机构选择达成一致的，仲裁协议无效。

构仲裁解决。根据最高人民法院1996年12月12日的《关于同时选择两个仲裁机构的仲裁条款效力问题的函》，“当事人只要选择约定的仲裁机构之一即可进行仲裁”。因此，申请人有权选择上海地区的任何一家仲裁机构提起仲裁。

二、由于本案被申请人承接运输的变压器系采用水陆联运的方式，由上海闵行电机厂码头吊装上船，通过长江，在扬子石化码头起吊上岸。根据仲裁委员会仲裁规则第二条有关受案范围的规定，仲裁委员会受理多式联运合同涉及的与海相通的可航水域的货物运输业务所发生的争议，因此本案的争议属于仲裁委员会受理的海事争议的范围。由于本案属于海事争议，而中国海事仲裁委员会是国内唯一受理海事争议的专业仲裁机构，可以推断出双方当事人在签订合同时的本意是将其海事合同争议提交位于上海的仲裁机构仲裁，特别是提交专业受理海事案件的中国海事仲裁委员会上海分会仲裁。因此，申请人有权根据本案的仲裁条款向上海分会提起仲裁，上海分会也有权受理本案。

三、根据我国《海商法》第252条的规定：“保险标的发生保险责任范围内的损失是由第三人造成的，被保险人向第三人要求赔偿的权利，自保险人支付赔偿之日起，相应转移给保险人。”本案中，涉案货物损坏后，申请人依据保险合同向被保险人进行了赔付，被保险人签署了相应的收据及权益转让书，因此根据法律规定，被保险人要求被申请人赔偿的权利相应转移给保险人，包括依据运输合同产生的实体权利，以及依据运输合同中的仲裁条款提起仲裁的权利。根据我国《合同法》第80条的规定，债权人转让权利的，只要通知债务人即可，并不需要债务人的同意。因此，被申请人应受自己所签订的仲裁条款的约束。

基于上述理由，仲裁委员会决定，仲裁委员会对本案具有管辖权，本案应在上海分会继续进行。本案作出管辖权决定后，被申请人接受了海仲上海分会的管辖，提交了书面的答辩意见。并且在仲裁庭的主持下，当事双方达成了和解协议，使本案得到了圆满的解决。

**【案例2】**

## 某公司申请确认仲裁协议效力案①

2000年5月9日，甲公司与乙签订《租房、租赁合同》。合同第11

① 本案例来源于“北大法律信息网”：http：//vip. chinalawinfo. com/，最后访问时间：2009年6月27日。

条规定："与本合同有关的任何争议，双方需协商解决，达不成一致意见的，甲乙任何一方有权向北京仲裁委员会提出仲裁或通过法律解决。"

在合同执行过程中，双方当事人发生纠纷，北京仲裁委员会受理该案后，甲公司2002年4月4日向仲裁委提出《管辖异议书》。甲认为，双方签订的《租房、租赁合同》中的仲裁协议未将仲裁与诉讼分开，属争议管辖约定不明，因此仲裁协议无效，仲裁委无管辖权。仲裁委于2002年4月15日作出《关于（2002）京仲案字第0199号仲裁案管辖权的决定》，根据仲裁法第16条的规定，双方签订的合同中的仲裁协议有效，据此驳回甲公司的管辖权异议，仲裁委对该案有管辖权，仲裁程序继续进行。甲公司于2002年4月17日收到仲裁委作出的上述决定。并于2002年4月23日向北京市二中院提交《仲裁管辖协议确认申请书》，要求法院确认《租房、租赁合同》中的仲裁协议无效。

甲认为，根据双方约定，双方之间有关《租房、租赁合同》的任何争议协商不成均应向人民法院提起诉讼，而北京仲裁委员会对双方任何争议均无管辖权。根据《仲裁法》第18条的规定："仲裁协议对仲裁事项或者仲裁委员会没有约定或者约定不明的，当事人可以补充协议；达不成补充协议的，仲裁协议无效。"《租房、租赁合同》中的仲裁协议显然属于争议管辖约定不明，因为"或通过法律解决"并未排除诉讼的解决争议途径，也就是说该解决争议的约定未明确约定如协商不成只能向北京仲裁委员会申请仲裁，而是可以通过诉讼解决，没有排除诉讼解决争议的途径，未将仲裁与诉讼截然分开，违背了仲裁法确定的或仲裁或审判的制度，所以此仲裁管辖协议条款应该是无效的。特请求法院依法确认双方的仲裁管辖协议条款无效。

法院最终审理认为，根据《中华人民共和国仲裁法》第20条规定"当事人对仲裁协议的效力有异议的，可以请求仲裁委员会作出决定或请求人民法院作出裁定"。最高人民法院《关于确认仲裁协议效力几个问题的批复》第3条规定："当事人对仲裁协议效力有异议，一方当事人申请仲裁机构确认仲裁协议效力，另一方当事人请求人民法院确认仲裁协议无效，如果仲裁机构先于人民法院接受申请并已作出决定，人民法院不予受理；如果仲裁机构接受申请后尚未作出决定，人民法院应予受理，同时通知仲裁机构终止仲裁。"

根据前述法律的相关规定，仲裁一方当事人对仲裁协议的效力有异议的，或请求仲裁委员会作出决定，或请求人民法院作出裁定。但只能择其一。本案中，甲公司向仲裁委员会提出仲裁协议无效、仲裁委无管辖权的申请后，仲裁委接受该申请并已作出决定。因此，甲公司已无权再向法院申请确认仲裁协议效力。甲公司的申请不符合法院受理条件，其申请应予驳回。

（三）法律文书样式素材

在司法实践过程中，异议申请人向仲裁机构提出仲裁管辖权异议申请时，必须向仲裁机构提交《管辖异议书》，而作为异议的被申请人，则需要提交《管辖异议答辩书》。

## 仲裁管辖异议书

异议人：

被异议人：

异议请求：

异议人认为××仲裁委员会对本仲裁案件没有管辖权，请求贵委驳回被异议人的仲裁申请。

事实与理由：

此致

××仲裁委员会

异议人：

时间：

## 仲裁管辖异议答辩书

异议答辩人：

委托代理人：

答辩人×××因与异议申请人×××因×××纠纷管辖异议一案，现提出答辩。

答辩理由：

此致

××仲裁委员会

答辩人：
时间：

**五、实验过程**

实验环节一：仲裁协议效力的认定

步骤1：详细了解案例一案情。
步骤2：对仲裁协议进行初步判断，是否有效。
步骤3：考虑中国海事仲裁委员会作出的决定是否合理。

实验环节二：仲裁管辖权异议的提出

步骤1：了解管辖权异议提出的程序。
步骤2：根据案情拟写《管辖异议书》。
步骤3：根据案情拟写《管辖异议答辩书》。
步骤4：向中国海事仲裁委员会提交《管辖异议书》及《管辖异议答辩书》。

实验环节三：仲裁管辖权的确定

步骤1：中国海事仲裁委员会确定当事人之间是否存在有效的仲裁协议。如没有，则裁决仲裁庭没有管辖权，终止仲裁；如有，则进行以下步骤。

步骤 2：确定当事人提交仲裁的事项是否属于仲裁协议的范围及本仲裁委员会是不是仲裁协议选定的仲裁委员会。只要有一项不符合，则裁决仲裁庭没有管辖权，终止仲裁；如有，则裁决仲裁庭有管辖权。

## 六、实验思考题

1. 请结合案例 2，为甲公司撰写《管辖异议书》，并为乙撰写《管辖异议答辩书》。

2. 你认为我国有关仲裁管辖权的规定是否有不足之处？如有，如何完善？

# 第三章　国内仲裁协议效力的认定

仲裁协议是当事人达成的将他们之间业已产生或可能产生的关于特定的无论是契约性还是非契约性法律关系的所有或某些争议提交仲裁的协议。仲裁协议是任何一方当事人将其争议提交仲裁的依据，也是仲裁机构或仲裁员对某一特定案件取得管辖权的前提。

仲裁协议根据其表现形式的不同，可以分为仲裁条款、仲裁协议书以及其他有关文件中包含的仲裁协议。仲裁条款是仲裁协议最普遍的表现形式，其一般表现为合同中的争议解决条款，即双方当事人在合同中约定，将来一旦发生纠纷，则与合同有关的争议都由特定的仲裁机构来裁决。仲裁协议书则是独立于主合同的，由双方当事人单独订立的表示将他们之间可能发生或已经发生的争议提交仲裁解决的书面协定。仲裁协议书可以订立于争议发生之前，也可以订立于争议发生之后。随着现代通信技术的发展尤其是电子商务的广泛开展，商人之间的合同经常包含于相互之间的电报、电传、传真、电子数据交换以及电子邮件等电子文件中。如果这些文件中包含有双方当事人同意将他们之间已经发生或将来可能发生的争议提交仲裁的内容，那么，有关文件即可构成仲裁协议。

仲裁协议的效力，是指一项仲裁协议本身的有效性以及有效的仲裁协议对有关当事人和机构的作用或约束力。其实质是产生防诉抗辩的效力。所谓防诉抗辩的效力是指签订了仲裁协议的一方当事人，违背双方当事人之间订立的将争议提交仲裁解决的约定，就该争议向法院起诉后，另一方当事人可以仲裁协议为依据，向法院提起抗辩，用以请求法院驳回相对当事人的起诉。因此，仲裁协议的效力是仲裁协议基础性地位的体现。

通过本章实验教程，意图使同学了解我国有关仲裁协议的内容、有效构成要件以及有瑕疵的仲裁协议的效力认定及补救等方面的法律规定。并且，依据法律工作者角色的不同，分为诉讼代理人的任务和程序，法官的任务和程序，仲裁代理人的任务和程序以及仲裁委员会的任务和程序四个实验项目，意图使学生明确各角色在国内仲裁协议效力异议中的职责，了解、理解或掌握我国有关国内仲裁协议效力异议的规定及熟悉相关程序，并能进行相关的实务操作。本章知识点主要为仲裁协议的有效构成要件、受理仲裁协议异议的机构以及提出仲裁协议效力异议的期间等。

## 实验项目一：诉讼代理人的任务和程序

### 一、实验目的

通过本实验项目，使得学生了解实务操作中作为诉讼代理人如何处理涉及仲裁协议效力异议的事项及进行有关程序，掌握我国关于仲裁协议内容、受理仲裁协议效力异议的机构以及提出异议的期限等规定，并能予以运用。

### 二、实验原理

（一）仲裁协议的内容

作为当事人的诉讼代理人，必须了解，一份完整、有效的仲裁协议应该具备法定的内容，否则，仲裁协议将被认定为无效。根据我国《仲裁法》第16条的规定，仲裁协议应当包括下列内容：

1. 请求仲裁的意思表示

请求仲裁的意思表示是仲裁协议的首要内容。当事人以仲裁方式解决纠纷的意愿正是通过仲裁协议中请求仲裁的意思表示体现出来的。对仲裁协议中意思表示的具体要求是明确、肯定的。因此，当事人应在仲裁协议中明确并肯定将争议提交仲裁解决的意思表示。

请求仲裁的意思表示还应当满足三个条件：（1）以仲裁方式解决纠纷必须是双方当事人共同的意思表示，而不是一方当事人的意思表示；（2）必须是双方当事人在协商一致的基础上的真实意思表示，即当事人签订仲裁协议的行为是其内心的真实意愿，而不是在外界影响或强制下所表现出来的虚假意思；（3）必须是双方当事人自己的意思表示，而不是任何其他人的意思表示。

实践中，有当事人约定争议既可以向仲裁机构申请仲裁，也可以向人民法院起诉。对于此种情形，我国司法解释认定相关仲裁协议无效。究其理由，当是认为当事人请求仲裁的意思表示不明确、不肯定。但我国司法解释同时规定，如果一方向仲裁机构申请仲裁，另一方未在仲裁法规定期间内对仲裁协议效力提出异议的除外。未提出异议，即视为双方当事人就将争议提交仲裁达成了默示的一致，从而使得请求仲裁的意思表示具有了确定性，弥补了仲裁意思存在的欠缺。

2. 仲裁事项

仲裁事项即当事人提交仲裁的具体争议事项。在仲裁实践中，当事人只有把订立于仲裁协议中的争议事项提交仲裁，仲裁机构才能受理。同时，仲裁事项也是仲裁庭审理和裁决纠纷的范围。即仲裁庭只能在仲裁协议确定的仲裁事项的范围内进行仲裁，超出这一范围进行仲裁，当事人可对仲裁庭管辖权提出异议，其所作出的仲裁裁决，作为当事人的诉讼代理人可以向法院申请不予执行或者撤销。仲裁协议中订立的仲裁事项，必须符合两个条件：

（1）争议事项具有可仲裁性。仲裁协议中双方当事人约定提交仲裁的争议事项，必须具有法律规定的可仲裁性，即属于仲裁立法允许采用仲裁方式解决的争议事项，才能提交仲裁，否则会导致仲裁协议的无效。这已成为各国仲裁立法、国际公约和仲裁实践所认可的基本准则。

（2）仲裁事项的明确性。由于仲裁事项是仲裁庭要审理和裁决的事项，因此，仲裁事项必须明确。按照我国仲裁法的规定，对仲裁事项没有约定或者约定不明确的，当事人应就此达成补充协议，达不成补充协议的，仲裁协议无效。在实践中，基于仲裁协议既可以在争议发生之前订立，也可以在争议发生之后订立，因此，仲裁事项也就包括未来可能性争议事项和现实已发生的争议事项。但不论争议事项是否已经发生，在仲裁协议中都必须明确规定。对于已经发生的争议事项，其具体范围比较明确和具体；对于未来可能发生的争议事项要提交仲裁，应尽量避免在仲裁协议中作限制性规定，包括争议性质上的限制、金额上的限制以及其他具体事项的限制。实践中，当事人概括约定仲裁事项为合同争议的，依据《仲裁法司法解释》的规定，基于合同成立、效力、变更、转让、履行、违约责任、解释、解除等产生的纠纷都可以认定为仲裁事项。

3. 选定的仲裁委员会

仲裁委员会是受理仲裁案件的机构。由于仲裁没有法定管辖的规定，因此，仲裁委员会是由当事人自主选定的。如果当事人在仲裁协议中不选定仲裁委员会，仲裁就无法进行。对于仲裁委员会的选定，原则上应当是明确、具体，即双方当事人在仲裁协议中要选定某一仲裁委员会进行仲裁，比如当事人约定发生争议由北京仲裁委员会仲裁。如果当事人约定了两个以上的仲裁委员会，根据最高人民法院的司法解释，当事人可以选择其中的一个仲裁机构申请仲裁；当事人不能就仲裁机构选择达成一致的，仲裁协议无效。另外，即使约定的仲裁机构名称不明确，但若能确定具体的仲裁机构，也视为选定了仲裁机构。仲裁协议约定由某地的仲裁机构仲裁且该地仅有一个仲裁机构的，视为约定了仲裁机构；如该地有两个以上仲裁机构的，当事人可以协议选择其中的一个仲裁机构申请仲裁，如若不能就仲裁机构达成一致，仲裁协议无效。对于仅约定纠纷适用的仲裁规则的，视为未约定仲裁机构，但当事人就仲裁机构达成补充协议或按照约定的仲裁规则能确定仲裁机构的除外。

仲裁的意思表示、仲裁事项和选定的仲裁委员会这三项内容必须同时具备，仲裁协议在内容上才能符合仲裁法的规定而成为有效的仲裁协议。

（二）仲裁协议效力异议的受理机构

当事人对仲裁协议的效力有异议的，诉讼代理人可以请求人民法院确认其效力。《仲裁法》第20条规定："当事人对仲裁协议的效力有异议的，可以请求仲裁委员会作出决定或请求人民法院作出裁定。一方请求仲裁委员会作出决定，另一方请求人民法院作出裁定的，由人民法院裁定。"此外，当事人必须向有管辖权的人民法院提出申请。根据《仲裁法司法解释》第12条的规定，当事人向人民法院申请确认仲裁协议效力的案件，由仲裁协议约定的仲裁机构所在地的中级人民法院管辖；仲裁协议约定的仲裁机构不明确的，由仲裁协议签订地或者被申请人住所地的中级人民法院管辖。涉及海事海商纠纷仲裁协议效力的案件，由仲裁协议约定的仲裁机构所在地、仲裁协议签订地、申请人或者被申请人住所地的海事法院管辖；上述地点没有海事法院的，由就近的海事法院管辖。《最高人民法院关于当事人对仲裁协议的效力提出异议由哪一级人民法院管辖问题的批复》也规定，当事人协议选择国内仲裁机构仲裁后，一方对仲裁协议的效力有异议请求人民法院作出裁定的，由该仲裁委员会所在地的中级人民法院管辖。当事人对仲裁委员会没有约定或者约定不明的，由被告所在地的中级人民法院管辖。

（三）提出异议的期限

在未开始仲裁或诉讼程序时，当事人可单独要求有管辖权的法院认定仲裁协议的效力，有关期限我国未予规定，但在仲裁协议签订后，仲裁程序开始前应无疑义。

在仲裁开始后，当事人的代理人必须在一定期限内提出仲裁协议效力异议。《仲裁法》第20条第2款规定："当事人对仲裁协议的效力有异议的，可以请求仲裁委员会作出决定或者请求人民法院作出裁定。当事人对仲裁协议的效力若有异议，应当在仲裁庭首次开庭前提出。"《仲裁法司法解释》第13条也明确指出："依照《仲裁法》第20条第2款的规定，当事人在仲裁庭首次开庭前没有对仲裁协议的效力提出异议，而后向人民法院申请确认仲裁协议无效的，人民法院不予受理。”据此，当事人对仲裁协议的效力若有异议，应当在仲裁庭首次开庭前提出。如果异议方当事人没有在仲裁庭首次开庭前及时对仲裁协议的效力提出异议，而是在仲裁裁决作出后向法院申请确认合同中的仲裁条款无效，法院依法将不予受理。

至于仲裁庭首次开庭后，当事人提出异议，并且在裁决作出后又以相同理由申请撤销或不予执行仲裁裁决的，依《仲裁法司法解释》第27条规定，法院应予考虑。

## 三、实验要求

1. 研读本实验项目案例素材，掌握有关案情；

2. 熟悉本实验项目法律文件素材中有关仲裁协议效力内容，提出仲裁协议效力异议方面的规定；

3. 结合案例，制作《管辖权异议申请书》；

4. 了解本实验项目实验过程。

## 四、实验素材

### （一）法律文件素材

主要有《中华人民共和国仲裁法》、《中华人民共和国合同法》、《中华人民共和国民事诉讼法》等法律及《最高人民法院关于适用〈中华人民共和国仲裁法〉若干问题的解释》、《最高人民法院关于确认仲裁协议效力几个问题的批复》等相关司法解释。

### （二）案例素材

## 某旅业有限公司诉某酒店设备工程有限公司请求确认仲裁协议效力纠纷案①

**申请人：**某旅业有限公司。

**委托代理人：**×××，该公司职员。

**被申请人：**某酒店设备工程有限公司。

① 本案例来源于“北大法律信息网”：http：//vip. chinalawinfo. com/NewLaw2002/SLC/SLC. asp？Db=fnl&Gid=117531011，最后访问时间：2009年5月4日。

**法定代表人：**×××，总经理。

**委托代理人：**×××，某律师事务所律师。

申请人公司诉称，申请人与被申请人签订的两份《酒店设备用品供货合同》对争议解决的约定为“可向甲方（申请人）所在地仲裁委员会申请裁决”，而申请人工商注册地及实际营业地均为三亚市。申请人的住所地是三亚市，但三亚市没有仲裁委员会，故该约定相当于没有约定仲裁机构。争议发生后，双方也没有达成补充协议，没有重新约定仲裁机构，根据《仲裁法》第16条第2款第（3）项及第18条的规定，申请人与被申请人之间约定的仲裁协议应为无效。请求人民法院确认申请人与被申请人签订的两份《酒店设备用品供货合同》第11条无效。

被申请人公司答辩称，海南省只有海口仲裁委员会一家仲裁机构，故全省内的当事人双方约定由仲裁管辖的案件均由海口仲裁委员会统一受理。两份酒店设备用品供货合同履行中发生的争议，双方约定为“向甲方所在地仲裁委员会申请裁决”，甲方所在地是三亚市，但三亚没有独立的仲裁机构，只有海口仲裁委员会在三亚设立的办事处，该办事处不能独立受理案件，只能以海口仲裁委员会的名义受理并由海口仲裁委员会对案件予以裁决。合同明确约定争议解决的方式为仲裁而非诉讼，只是申请人将海口仲裁委员会设在三亚的办事处误解为三亚独立的仲裁机构，只属对仲裁机构名称的误认，并不影响争议由仲裁解决的性质。双方在合同中的约定，应适用《最高人民法院关于适用〈中华人民共和国仲裁法〉若干问题的解释》第6条的规定。故请求人民法院确认该两份合同的仲裁条款有效。

（三）法律文书素材

## 仲裁协议

甲方：×××（姓名或者名称、住址）

乙方：×××（姓名或者名称、住址）

甲乙双方就×××（写明仲裁的事由）达成仲裁协议如下：

如果双方在履行××合同过程中发生纠纷，双方自愿将此纠纷提交×××仲裁委员会仲裁，其仲裁裁决对双方有约束力。

本协议一式三份，甲乙双方各执一份，×××仲裁委员会一份。

本协议自双方签字之日起生效。

甲方：×××（签字、盖章）

乙方：×××（签字、盖章）

年 月 日

### 仲裁条款

凡因本合同引起的或与本合同有关的任何争议，均应提交×××仲裁委员会，按照申请仲裁时该委员会有效的仲裁规则进行仲裁。仲裁裁决是终局的，对双方均有约束力。

## 五、实验过程

（一）申请人的诉讼代理人的任务和程序

步骤1：研读案例，掌握案情；

步骤2：对申请结果进行初步判断，确定有无胜诉可能；

步骤3：签署委托代理合同、授权委托书，接受申请人某旅业有限公司委托；

步骤4：拟写《管辖权异议申请书》；

步骤5：准备证据材料；

步骤6：向有管辖权的法院提交管辖权异议申请书；

步骤7：与被申请人在庭审过程中质证与辩论。

（二）被申请人的诉讼代理人的任务和程序

步骤1：研读案例，掌握案情；

步骤2：签署委托代理合同、授权委托书，接受被申请人某酒店设备工程有限公司委托；

步骤3：向法院提出异议；

步骤4：准备相关可证明仲裁协议有效的材料；

步骤5：与申请人在庭审过程中质证与辩论。

# 实验项目二：法官的任务和程序

## 一、实验目的

通过本实验项目，使得学生了解法院工作人员及法官如何处理涉及仲裁效力异议的事项及进行相关程序，综合掌握有关认定仲裁协议效力的规定并能予以运用。

## 二、实验原理

有管辖权的法院在收到当事人的仲裁协议效力异议申请书后，即应结合《仲裁法》的有关规定来审查其是否符合条件，如认为其不符合条件，应不予受理申请。如法院认为当事人的申请符合条件，则予以受理，且应当组成合议庭审查仲裁协议是否具有法定的有效要件，并应询问当事人。此外，根据《最高人民法院关于确认仲裁协议效力几个问题的批复》的规定，当事人对仲裁协议的效力有异议，一方当事人申请仲裁机构确认仲裁协议效力，另一方当事人请求人民法院确认仲裁协议无效，如果仲裁机构先于人民法院接受申请并已作出决定，人民法院不予受理；如果仲裁机构接受申请后尚未作出决定，人民法院应予受理，同时通知仲裁机构终止仲裁。一方当事人就合同纠纷或者其他财产权益纠纷申请仲裁，另一方当事人对仲裁协议的效力有异议，请求人民法院确认仲裁协议无效并就合同纠纷或者其他财产权益纠纷起诉的，人民法院受理后应当通知仲裁机构中止仲裁。人民法院依法作出仲裁协议有效或者无效的裁定后，应当将裁定书副本送达仲裁机构，由仲裁机构根据人民法院的裁定恢复仲裁或者撤销仲裁案件。

在仲裁协议存有瑕疵的情形下，如仲裁协议约定的仲裁机构名称不准确、仲裁协议仅约定纠纷适用的仲裁规则未约定仲裁机构、约定两个以上仲裁机构、约定不明或约定仲裁地有两个以上仲裁机构，法院可在当事人愿意的情况下，协助其完善仲裁协议；如果当事人一方或双方不愿意，法院可根据仲裁法及司法解释①的相关规定就仲裁协议的效力作出认定；在没有明确的法律规定或司法解释时，法官可行使自由裁量权，在不违背法律的强制性规定的情况下，推定当事人的默示意思表示，从宽解释我国有关规定，结合一般常理，从

① 见《仲裁法司法解释》第3、4、5、6条。

而认定仲裁协议的效力。

（一）仲裁协议的有效要件

法官在审查一份仲裁协议时，只有仲裁协议具备一定的形式要件和实质要件才能认定为有效的。

1. 形式要求

仲裁协议在形式上首先可以分为明示仲裁协议和默示仲裁协议。明示仲裁协议是指当事人通过书面或口头的方式，积极、明确地表示其仲裁意向的仲裁协议。根据表达意思的方式不同，明示仲裁协议又可以分为书面仲裁协议和口头仲裁协议。顾名思义，书面仲裁协议是指当事人通过书面的方式表示其仲裁意向的仲裁协议；口头仲裁协议是指当事人通过口头的方式表示其仲裁意向的仲裁协议。默示仲裁协议，即当事人双方既无书面仲裁协议，也无口头的仲裁表示，而以实际实施的行为为表现形式的仲裁协议。

目前，世界上大多数国家的法律只承认明示仲裁协议，而不承认默示仲裁协议。同时，大多数国家的仲裁立法和相关的国际公约又都规定，仲裁协议必须以书面形式作成。我国《仲裁法》第 16 条规定："仲裁协议包括合同中订立的仲裁条款和以其他书面方式在纠纷发生前或者纠纷发生后达成的请求仲裁的协议。"该条明确了对仲裁协议的书面形式的要求。《仲裁法司法解释》对"其他书面形式"作出了补充规定："包括以合同书、信件和数据电文（包括电报、电传、传真、电子数据交换和电子邮件）等形式达成的请求仲裁的协议。"显而易见，电子邮件等数据电文在形式上与"书面"迥异，这样的补充规定，显然是为了在不违背现行法律的前提下降低对仲裁协议的形式要求，从而尽量不使仲裁协议因欠缺形式要件而无效。

在对书面形式的解释上，中国国际经济贸易仲裁委员会（以下简称"贸仲"）和北京仲裁委员会（以下简称"北仲"）引入了"可以有形地表现所载内容的形式"，没有把书面形式限制在《仲裁法司法解释》所列举的情形内，而是扩大为所有"可以有形地表现所载内容的形式"。这就将更多的现实中的仲裁协议的形式以及将来可能产生的形式容纳进来，比单一的列举更加合理。

目前，一些国家对书面含义的解释比较宽松，如英国和德国允许当事人以自己认为合适的方法来订立仲裁协议，只要这个仲裁协议能够被证明"书面"存在即为符合书面的要求；有的国家对仲裁协议的形式的要求则非常严格，如西班牙、葡萄牙、哥伦比亚等国家要求仲裁协议用公证文书的形式作成。应该指出的是，国际上出现了扩大解释"书面"含义的趋势，为的是使仲裁协议书面形式的规定能够与科学技术的发展和商业贸易的发展进一步相衔接，并且能对国际仲裁事业提供更有力的支持。①

2. 实质要求

仲裁协议必须具备一定的形式要件之外，还要求仲裁协议必须在主体、内容等方面符合一定的要求，只有形式要件和实质要件同时具备，法官才能认定该仲裁协议有效。仲裁协议在实质上的要求主要包括以下几个方面：

（1）仲裁协议的缔约主体应当具有完全民事行为能力。

签订仲裁协议是当事人授权仲裁的行为，是双方当事人对其程序权利的处分，这种处分使其放弃了针对特定事项提起诉讼的权利，应当视为对诉讼权利的处分，因此要求缔约主体必须具备诉讼行为能力才能产生预期的效果。对于自然人而言，只有完全民事行为能力人才具有诉讼行为能力，因而只有完全民事行为能力自然人才能够签订仲裁协议授予仲裁管辖权；限制民事行为能力人虽能独立地进行与他们的年龄、智力相适应的民事活动，但不能独立地进行诉讼活动，不具有诉讼行为能力，不能通过签订仲裁协议授予仲裁管辖权。对于法人和其他组织而言，只要具有民事行为能力就同时具有诉讼行为能力，能够签订仲裁协议授予仲裁管辖权。因此，仲裁管辖权的产生要求仲裁协议的缔约主体具有完全的民事行为能力。我国《仲裁法》第17条也明文规定无民事行为能力人或者限制行为能力人订立的仲裁协议无效，即要求缔约主体必须具备完全的民事行为能力。这里应当注意，上面所称的缔约主体是指仲裁协议的双方当事人；对于代理当事人签订仲裁协议的代理人而言，当然需要具备完全的民事行为能力，这是代理制度的基本要求，无须多言。

（2）授予仲裁管辖权的意思表示真实。

意思表示是指行为人追求一定法律后果的意志在外界的表现，即把要求进行法律行为的意思以一定方式表现于外部的行为。所谓意思表示真实是指行为人的意思表示行为应当真实地反映其内心的效果意思。尊重当事人的意思自治是仲裁的本质要求，它的基本含义包括两个方面：①当事人的仲裁意思是自由形成的，是当事人独立的意思，不受任何外界的干扰；②当事人的意思表示是其内心自由意思的真实反映，同样不受任何外界的干扰。只有同时具备上述两方面要求的意思表示才能成为仲裁所尊重的意思自治，才能达到授权仲裁的效果。

在实践中，某些情况下当事人的自由意思的形成和表达受到了外界的干

① 王生长：《仲裁协议及其效力确定》，载《仲裁与法律》2001年合订本，第260~261页。

扰，不能将其视为当事人的真实意思表示，从而不能达到授权仲裁的效果。《仲裁法》第17条第3款规定，一方采取胁迫手段，迫使对方订立仲裁协议的，该仲裁协议无效。胁迫阻碍了当事人表达内心的真实意思，使当事人的意思表示与内心的真实意愿不符，在受胁迫情形下所作出的仲裁意思表示同样不能算作真实的意思表示，亦不能产生仲裁管辖权。另外，依据《合同法》第54条规定："因重大误解或一方以欺诈、胁迫的手段或者乘人之危，使对方在违背真实意思的情况下订立的合同，受损害方有权请求人民法院或者仲裁机构变更或者撤销。"仲裁协议在本质上仍属于协议，因此，除胁迫外，欺诈和重大误解也是仲裁协议效力异议的常见情形。欺诈行为影响了当事人对行为性质以及结果的判断，干扰了当事人自由意思的形成，因而受欺诈而为的意思表示不能算作真实的意思表示，不能产生仲裁管辖权；当事人由于重大误解而导致的意思表示不真实通常也不能产生授权仲裁的效果，但应当排除当事人对法律理解不正确的情形。

值得一提的是，对于因欺诈而导致合同自始无效时仲裁条款是否有效的问题，我国《仲裁法》并未作出明确的规定，但实践中的一个做法是认定通过欺诈方式订立的合同自始无效，而自始无效合同的仲裁条款也是无效的。然而目前，国外一些实践中都已将仲裁条款独立性原则作了扩大解释，主合同因欺诈而自始无效并不影响当事人根据仲裁条款采用仲裁方式解决纷争，理由是：欺诈方采用欺诈方式是为了获取某种利益或逃避某种义务，然而仲裁条款不可能是欺诈的结果。通过仲裁解决争议的约定，其原因只能是双方当事人意思表示的合意，而不可能是通过欺诈方式诱使对方接受的。所以有观点认为，除非能证明仲裁条款也是欺诈的结果，否则仲裁条款有效。另外有人提出，主合同因欺诈自始无效时，可以由受欺诈方选择是否进行仲裁。

（3）授权仲裁的争议事项具有可仲裁性。

有效的仲裁协议必须具备的另一个重要条件是，当事人在仲裁协议中约定的提交仲裁的争议事项应该具有可仲裁性。如果当事人在仲裁协议中所约定的事项属于我国立法中不可仲裁的事项，法院可以判定该仲裁协议无效。《仲裁法》第17条规定，当事人约定的仲裁事项超出法律规定的仲裁范围的仲裁协议无效。《仲裁法》第2条规定，平等主体的公民、法人和其他组织之间发生的合同纠纷和其他财产权益纠纷，可以仲裁。其中，其他财产权益纠纷应理解为合同关系之外具有财产内容的任何其他纠纷，主要指各种侵权纠纷。第3条规定，婚姻、收养、监护、扶养、继承纠纷不能仲裁。第77条规定，劳动争议和农业集体经济组织内部的农业承包合同纠纷的仲裁问题，另行规定，有关争议可以仲裁，但不属仲裁法调整范围。

结合前述，如仲裁协议不符合仲裁协议的有效要件及内容，则有关仲裁协议将可能被法院认定为无效。然而，其中某些仲裁协议仍可通过补救而有效。

（二）有瑕疵的仲裁协议的补救

在我国现行仲裁法下，常见的有瑕疵的仲裁协议的情形有：(1) 既约定仲裁又约定诉讼的；(2) 没有约定仲裁机构的；(3) 同时约定两个以上的仲裁机构的；(4) 约定的仲裁机构不存在的或约定仲裁机构的名称不准确的。

对这些有瑕疵的仲裁协议，最好是当事人之间能够通过补充协议加以完善，或是由仲裁机构协助他们予以完善。但这两种方法往往行不通。一方面是由于争议发生以后，双方当事人往往不再信任对方，而且当事人更愿意选择对自己更加有利的方式解决争议，因此很难达成补充协议；另一方面是由于在这种情况下，仲裁机构往往还没有被选定，因此仲裁机构本身的管辖权就是不确定的，也不太可能提供有效的帮助，而且仲裁机构亦无法违背当事人意愿去完善仲裁协议。相对而言，由法院通过其司法监督权协助当事人对仲裁协议进行完善或对协议效力进行确认是比较常见的办法。目前《仲裁法司法解释》已专门对实践中常见的瑕疵仲裁协议效力的认定作出规定，结束了无“法”可依的局面。具体地说，在出现以下几种情况时法院可以对有瑕疵的仲裁条款进行司法补救：

1. 仲裁协议没有指定仲裁机构

具体可以分为以下几种情况：一是当事人仅约定仲裁地点但未约定仲裁机构。在这种情况下，如可以确定当事人真实意思是将争议交给该地点的唯一或某一仲裁机构仲裁的，可以认定仲裁协议有效。《仲裁法司法解释》第 3 条已明确规定：仲裁协议约定的仲裁机构名称不准确，但能够确定具体的仲裁机构的，应当认定选定了仲裁机构。第 6 条规定：仲裁协议约定由某地的仲裁机构仲裁且该地仅有一个仲裁机构的，该仲裁机构视为约定的仲裁机构。二是当事人仅约定了适用的仲裁规则而未约定仲裁机构。对于此种情况，一般可以通过确定仲裁规则为哪一个仲裁机构所制定来进行合理的推导。《仲裁法司法解释》第 4 条规定：仲裁协议仅约定纠纷适用的仲裁规则的，视为未约定仲裁机构，但当事人达成补充协议或者按照约定的仲裁规则能够确定仲裁机构的除外。三是当事人只是规定了仲裁意愿及可提请仲裁的事项，未选定仲裁机构。对此我国法律和司法解释未见明确规定。依据《仲裁法》第 16 条，这样的仲裁条款既没有选定仲裁机构，也无法据此推导出确定的仲裁机构，因而不符合法定要件，除非当事人能就仲裁机构达成一致，否则应当认定为无效。

2. 指定了两个以上的仲裁机构

指定了两个以上的仲裁机构的仲裁协议可称为“浮动的仲裁协议”。对此，我国在以前的司法实践中的做法是当事人可选择其中之一进行仲裁，并以先提起仲裁的为准。如果无法确定当事人选择仲裁机构的时间先后，由仲裁机构之间协商确定管辖；协商不成的，由法院决定。最高人民法院致山东省高级人民法院《关于同时选择两个仲裁机构的仲裁条款效力问题的函》(1996 年 12 月 12 日（法函［1996］176 号））答复说：“你院鲁法经（1996）88 号‘关于齐鲁制药厂诉美国安泰国际贸易公司合资合同纠纷一案中仲裁条款效力的审查报告’收悉。经研究，答复如下：本案当事人订立的合同中仲裁条款约定‘合同争议应提交中国国际贸易促进委员会对外经济贸易仲裁委员会，或瑞典斯德哥尔摩商会仲裁院仲裁’，该仲裁条款对仲裁机构的约定是明确的，亦是可以执行的。当事人只要选择约定的仲裁机构之一即可以进行仲裁。根据《中华人民共和国民事诉讼法》第 111 条第 2 项之规定，本案纠纷应由当事人提交仲裁解决，人民法院对本案没有管辖权。”另外，上海市高级人民法院《关于执行〈中华人民共和国仲裁法〉若干问题的处理意见》中指出：对于类似“上海仲裁机构”、“上海有关部门仲裁”、“向合同签订地的经济合同仲裁机关申请仲裁（签订地在上海）”等约定，鉴于在上海同时存在“上海仲裁委员会”和“上海分会”（指中国国际经济贸易仲裁委员会上海分会，笔者注)，均可独立受理纠纷并作出裁决，故上述约定可认定当事人同时选择了上海仲裁委员会和上海分会。

但根据《仲裁法司法解释》第 5 条的规定，仲裁协议约定两个以上仲裁机构的，当事人可以协议选择其中的一个仲裁机构申请仲裁；当事人不能就仲裁机构选择达成一致的，仲裁协议无效。第 6 条亦规定：仲裁协议约定由某地的仲裁机构仲裁且该地仅有一个仲裁机构的，该仲裁机构视为约定的仲裁机构。该地有两个以上仲裁机构的，当事人可以协议选择其中的一个仲裁机构申请仲裁；当事人不能就仲裁机构选择达成一致的，仲裁协议无效。笔者认为，该规定存在不合理之处，没有体现出尊重当事人的选择和支持仲裁的政策，应该予以修改。

3. 指定了错误的仲裁机构

如可依据文字含义和逻辑推理等推断出当事人本意或是依据常理推断出当事人所指定的仲裁机构，也可确认为有效的仲裁协议。具体又有两种情况：一是有明显笔误的仲裁协议，应当依照一般常理和当事人签订合同时的实际情况进行推导。二是文字表述不明确的仲裁协议，可通过解释使之明确。上海市高级人民法院《关于执行〈中华人民共和国仲裁法〉若干问题的处理意见》中认为：如以下表述可确定为订立仲裁协议的当事人选择了上海仲裁委员会：(1) 上海市仲裁委员会；(2) 上海市政府所属的仲裁机构；(3) 上海市所辖的有关部门仲裁。如以下表述可确定为订立仲裁协议的当事人选择了中国国际经济贸易仲裁委员会上海分会（以下简称上海分会）：(1) 中国国际经济仲裁委员会上海分会；(2) 上海国际经济贸易仲裁委员会；(3) 上海涉外经济仲裁委员会。如前所述，上述情形也可以依据《仲裁法司法解释》第3、6条作出仲裁协议是否有效的判断。

(三) 仲裁条款的独立性

法院在认定仲裁协议效力时，还应注意仲裁条款的独立性问题。

20世纪60年代以来，仲裁协议的独立性理论已经得到世界各国的广泛接受和采纳，成为现代仲裁的重要理论，并在实践中被采纳。该理论认为，仲裁条款是与主合同的其他条款相分离而独立存在的一项条款；主合同无效、撤销、终止或者变更，仲裁条款作为当事人约定的解决主合同争议的条款，仍独立存在，并不因主合同变更、无效或者终止等而当然无效或者失效。

自20世纪80年代起，我国在立法中就开始逐步承认仲裁条款的独立性，并不断扩大仲裁条款独立性的适用范围。1985年《中华人民共和国涉外经济合同法》第35条规定："合同约定的解决争议的条款，不因合同的解除或者终止而失去效力"。该条款没有提及在合同无效的情况下如何认定仲裁协议的效力。直到1995年，《仲裁法》首次明文规定仲裁协议独立性原则。该法第19条规定："仲裁协议独立存在，合同的变更、解除、终止或者无效，不影响仲裁协议的效力。"中国各仲裁机构的仲裁规则也有类似的规定，如《中国国际经济贸易仲裁委员会仲裁规则》(2005年5月1日）第5条第4款规定："合同中的仲裁条款应视为与合同其他条款分离地、独立地存在的条款，附属于合同的仲裁协议也应视为与合同其他条款分离地、独立地存在的一个部分；合同的变更、解除、终止、转让、失效、无效、未生效、被撤销以及成立与否，均不影响仲裁条款或仲裁协议的效力"。《仲裁法司法解释》第8、9、10条更是明确了仲裁协议的绝对独立性并作出了详细规定。第8条规定，当事人订立仲裁协议后合并、分立的，仲裁协议对其权利义务的继受人有效。当事人订立仲裁协议后死亡的，仲裁协议对承继其仲裁事项中的权利义务的继承人有效。前两款规定情形，当事人订立仲裁协议时另有约定的除外。第9条规定，债权债务全部或者部分转让的，仲裁协议对受让人有效，但当事人另有约定、在受让债权债务时受让人明确反对或者不知有单独仲裁协议的除外。第10条规定，合同成立后未生效或者被撤销的，仲裁协议效力的认定适用前述仲裁法第19条的规定。当事人在订立合同时就争议达成仲裁协议的，合同未成立不影响仲裁协议的效力。由上可见，在我国，除非另有规定，主合同的变更、解除、终止、无效、失效、被撤销，甚至未成立，均不影响仲裁协议的效力。认定仲裁协议的效力，应依据仲裁协议的有效要件予以认定，而不受主合同的影响。

## 三、实验要求

1. 研读本实验项目案例素材，掌握有关案情；
2. 熟悉本实验项目法律文件素材中有关仲裁协议的效力的规定；
3. 结合案例，制作有关法律文书；
4. 了解本实验项目实验过程。

## 四、实验素材

### （一）法律文件素材

主要有《中华人民共和国仲裁法》、《中华人民共和国合同法》、《中华人民共和国民事诉讼法》等法律及《最高人民法院关于适用〈中华人民共和国仲裁法〉若干问题的解释》、《最高人民法院关于确认仲裁协议效力几个问题的批复》等相关司法解释。

### （二）案例素材

#### 某服装有限公司与某工程有限公司仲裁协议效力异议纠纷案①

申请人（仲裁被申请人）：某服装有限公司。

法定代表人：XXX，职务：董事长。

委托代理人：YYY，某律师事务所律师。

被申请人：（仲裁申请人）某工程有限公司。

法定代表人：ZZZ，职务：董事长。

委托代理人：WWW，某律师事务所律师。

申请人某服装有限公司与被申请人某工程有限公司因仲裁协议效力异议一案，向本院请求裁定仲裁协议无效。本院受理后，依法组成合议庭，审理了本案。

---

① 本案例来源于“无忧法律网”：http：//www.51falv.net/judge/2008-4-3/141835.shtml，最后访问时间：2009年5月4日。

申请人某服装有限公司称：申请人与被申请人于2004年5月10日签订了工程建设合同，合同第二部分第37.1条、第三部分第35.2条约定："协商或调解不成的，按下列第1种方式解决：1. 提交工程所在地仲裁委员会仲裁。"申请人认为工程所在地存在中国国际经济贸易仲裁委员会华南分会和广州仲裁委员会两个仲裁委员会，根据《仲裁法》的规定，申请人认为该条款属于对仲裁委员会约定不明确，属无效条款。请求判定申请人与被申请人签署的工程承包合同中的仲裁条款无效。

被申请人某工程有限公司答辩认为申请人提出的请求不能成立。涉案工程所在地在广州市，仲裁机构可以确定即广州仲裁委员会。

经审理查明：2004年5月10日，申请人某服装有限公司与被申请人某工程有限公司签订了《建设工程施工合同》，合同第二部分第37.1条、第三部分第35.2条约定："本合同在履行过程中发生的争议，由当事人双方协商解决。协商不成的，按下列第1种方式解决：1. 提交工程所在地的仲裁委员会仲裁……。"因合同履行中发生纠纷，被申请人据此向广州仲裁委员会申请仲裁，申请人则向本院提出仲裁协议效力异议。

在庭审过程中，双方均一致认可工程所在地在广州市。

（三）法律文书样式素材

## ××省××市中级人民法院
## 民事裁定书

（××××）××中民×字第×号

申请人：×××，住所地：××××。

法定代表人：×××，职务：××××。

委托代理人：×××。

被申请人：×××，住所地：××××。

法定代表人：×××，职务：××××。

委托代理人：×××。

申请人×××与被申请人×××申请确认仲裁协议效力一案，本院受理后，依法组成合议庭进行了审理，现已审理终结。

×××申请称：

×××答辩称：

经审理：

本院认为，×××，申请人×××请求确认该仲裁条款对其无效，于法无据，应予驳回。据此，依照《中华人民共和国仲裁法》第20条和《中华人民共和国民事诉讼法》第140条第1款第（11）项的规定，裁定如下：

驳回×××请求确认×××与×××签订的《××××合同》中仲裁条款对其无效的申请。

本案受理费××元、其他诉讼费××元，合计××元，由申请人×××负担。

本裁定为终审裁定。

审　判　长　×××
审　判　员　×××
代理审判员　×××
××××年××月××日
书　记　员　×××

**××省××市中级人民法院**
**民事裁定书**

（××××）×中民××字第××号

申请人：×××，住所地：××××。

诉讼代理人：××。

被申请人：×××，住所地：××××。

法定代表人：×××。

诉讼代理人：×××。

申请人×××与被申请人×××申请确认仲裁协议效力一案，本院于××××年××月××日立案受理后，依法组成合议庭，公开对本案进行了审理，本案现已审理终结。

×××申请称：

×××答辩称：

经审理：

针对双方就仲裁协议是否有效的争议。本院认为：……。故×××与×××约定的仲裁条款无效。据此，根据《中华人民共和国民事诉讼法》

第140条第1款第（11）项之规定，裁定如下：

申请人×××与被申请人×××于××××年××月××日签订的《××××合同》第10条第5款无效。

案件受理费××元，由申请人×××负担。

审 判 长 ×××
审 判 员 ×××
代理审判员 ×××
××××年××月××日
书 记 员 ×××

## 五、实验过程

实验环节一：审查申请人的申请是否符合法定条件

步骤1：接收某服装有限公司《管辖权异议申请书》，确认本案没有涉外因素；

步骤2：审查本院是否为仲裁委员会所在地或仲裁协议签订地或者被申请人住所地中级人民法院，从而确定管辖权；

步骤3：审查申请书的形式是否符合要求，符合的，继续以下步骤；不符合的，要求申请人某服装有限公司予以完善，某有限公司不予以完善的，不予受理；

步骤4：审查申请是否在仲裁协议效力异议时效内提出申请；

步骤5：审查某服装有限公司是否提出证据证明仲裁协议法定无效的情形；

步骤6：如认为某服装有限公司申请不符合法定条件，裁定不予受理；如认为申请符合条件，则予以受理，并进行以下实验环节。

实验环节二：审查仲裁协议是否有效

步骤1：组成合议庭对申请人与被申请人间签订的工程建设合同中的仲裁条款进行审查；

步骤2：询问申请人及被申请人；

步骤3：结合认定的证据，依据我国有关规定，审查仲裁协议是否存在法定应予认定无效的情形，并作出确认效力的裁定。

### 六、扩展思考

仲裁协议的形式要件自《纽约公约》以来有何发展？

## 实验项目三：仲裁代理人的任务和程序

### 一、实验目的

通过本实验项目，使得学生了解实务操作中作为仲裁代理人向仲裁委员会提出确认仲裁协议效力申请的相关程序，理解仲裁协议效力异议的重要性，掌握我国关于仲裁协议内容、受理仲裁协议效力异议的机构以及提出异议的期限等规定，并能予以运用。

### 二、实验原理

仲裁代理人向仲裁委员会提出确认仲裁协议效力申请的相关任务和程序与诉讼代理人相类似。主要包括了解仲裁协议应包含的内容，掌握我国法律对提出异议的期间和受理异议的机构的有关规定。

### 三、实验要求

1. 研读本实验项目案例素材，掌握有关案情；
2. 了解本实验项目法律文件素材中有关仲裁协议效力认定的相关规定；
3. 结合有关规定，对本实验项目案例进行分析，进而作出仲裁协议效力异议的认定；
4. 了解本实验项目的实验过程。

### 四、实验素材

（一）法律文件素材

主要为《中华人民共和国仲裁法》、《中华人民共和国仲裁法民法通则》等法律及最高人民法院《关于贯彻执行〈中华人民共和国民法通则〉若干问题的意见》(试行)、《最高人民法院关于适用〈中华人民共和国仲裁法〉若干问题的解释》等相关司法解释，相关仲裁委员会《仲裁规则》。

（二）案件素材

## 昆明某甲广告有限公司与昆明某乙广告有限公司申请确认仲裁协议效力案之一①

申请人：昆明某甲广告有限公司。

法定代表人：张××，总经理。

仲裁代理人：杨××、李××，云南××律师事务所律师。

被申请人：昆明某乙广告有限公司。

法定代表人：薛××，总经理。

仲裁代理人：朱××，云南××律师事务所律师。

申请人某甲广告公司申请称：申请人与被申请人于2004年7月签订《广告灯箱制作、安装合同》，约定由被申请人承揽定做丽江古城区祥和路段的广告灯箱。双方在合同第11条第2款约定争议的解决为："对于因本合同履行而发生的争议，双方可协商解决，协商不成的，任何一方可将争议提交在云南仲裁委员会依其提起仲裁时有效的仲裁规则仲裁。"合同签订后，申请人与被申请人双方因合同的履行发生争议，被申请人于2004年12月向昆明仲裁委员会申请仲裁。由于双方在合同中所约定的"云南仲裁委员会"为根本不存在的机构，该约定不符合《仲裁法》第16条规定的仲裁协议应当具备的内容，在申请人与被申请人双方无法对仲裁事项达成补充协议时，因履行该合同而发生的争议应当由人民法院管辖。综上所述，申请人与被申请人双方在《广告灯箱制作、安装合同》中的仲裁条款没有约定《仲裁法》规定的"选定的仲裁委员会"，请求昆明仲裁委员会确认申请人与被申请人所签订的《广告灯箱制作、安装合同》中的仲裁条款无效。

被申请人某乙广告公司答辩称：双方签订的协议是客观、真实存在的，双方在该合同第11条第2款的约定是明确的，云南省现在只有一家仲裁委员会即昆明仲裁委员会，仲裁委员会的名称根据国务院法制局的相关规定只能以城市的名字命名，所以在云南省的就是昆明仲裁委员会，该约定的仲裁机构是完全可以确定的，就是昆明仲裁委员会。依据《仲裁法》第16条规定，本案不存在仲裁协议无效的情形，本仲裁协议是有效

① 本案例来源于"法律快车网"：http://www.lawtime.cn/info/zhongcai/zcanli/2008111341273.html，最后访问时间：2009年10月27日。

的，可以确定由云南省唯一的仲裁委员会昆明仲裁委员会进行仲裁，双方在发生纠纷前已经选定了仲裁委员会，请求昆明仲裁委员会驳回申请人的申请，裁定继续由昆明仲裁委员会进行仲裁。①

## 五、实验过程

（一）申请人的仲裁代理人的任务和程序

步骤1：接受委托，与昆明某甲广告有限公司接洽，查阅合同，仲裁条款及其他材料，了解本实验项目案例案情；

步骤2：拟写《管辖权异议申请书》；

步骤3：准备相关证据材料；

步骤4：向仲裁机构提交管辖权异议申请书；

步骤5：与被申请人在庭审过程中质证与辩论。

（二）被申请人的仲裁代理人的任务和程序

步骤1：接受委托，与昆明某乙广告有限公司接洽，查阅合同，仲裁条款及其他材料，了解案情；

步骤2：向仲裁机构提出异议；

步骤3：准备相关可证明仲裁协议有效的材料；

步骤4：与申请人在庭审过程中质证与辩论。

---

① 经审查，法院认为：《中华人民共和国仲裁法》第16条规定“仲裁协议包括合同中订立的仲裁条款和以其他书面方式在纠纷发生前或者纠纷发生后达成的请求仲裁的协议。仲裁协议应当具有下列内容：（一）请求仲裁的意思表示；（二）仲裁事项；（三）选定的仲裁委员会。”本案中，申请人与被申请人于2004年7月订立《广告灯箱制作、安装合同》，双方在合同第11条第2款约定争议的解决为：“对于因本合同履行而发生的争议，双方可协商解决，协商不成的，任何一方可将争议提交在云南省的仲裁委员会依其提起仲裁时有效的仲裁规则仲裁。”双方明确了请求仲裁的意思表示以及仲裁的事项，关于选定的仲裁委员会，双方约定“提交在云南省的仲裁委员会依其提起仲裁时有效的仲裁规则仲裁”，申请人及被申请人的住所地均是在云南省昆明市的法人企业，而在云南省内只有一个仲裁委员会，即昆明仲裁委员会，依据最高人民法院法经［1998］287号函所确立的管辖原则，“鉴于当地只有一个仲裁委员会，……，故该约定是明确的，该仲裁条款合法有效。……”因此，申请人与被申请人订立的《广告灯箱制作、安装合同》第11条第2款的约定应为有效的仲裁条款，双方因该合同履行而发生的争议，可由双方协商解决，协商不成的，合同任何一方均可将争议提交昆明仲裁委员会进行仲裁。

# 实验项目四：仲裁委员会的任务和程序

## 一、实验目的

通过本实验项目，使得学生了解作为仲裁员如何处理涉及认定仲裁协议效力的事项及如何进行相关程序。

## 二、实验原理

依照《仲裁法》第20条规定，仲裁委员会有权审查当事人提出的仲裁协议是否具有效力。另根据前述《最高人民法院关于确认仲裁协议效力几个问题的批复》的规定，当事人对仲裁协议的效力有异议，一方当事人申请仲裁机构确认仲裁协议效力，另一方当事人请求人民法院确认仲裁协议无效，如果仲裁机构先于人民法院接受申请并已作出决定，人民法院将不予受理；如果仲裁机构接受申请后尚未作出决定，人民法院将予受理，同时通知仲裁机构终止仲裁，在此种情形下，仲裁机构应根据法院的通知终止仲裁。另外，一方当事人就合同纠纷或者其他财产权益纠纷申请仲裁，另一方当事人请求人民法院确认仲裁协议无效并就合同纠纷或者其他财产权益纠纷起诉的，人民法院受理后将通知仲裁机构中止仲裁。人民法院依法作出仲裁协议有效或者无效的裁定后，应当将裁定书副本送达仲裁机构，由仲裁机构根据人民法院的裁定恢复仲裁或者撤销仲裁案件。此种情形下，有关仲裁委员会应根据法院的通知中止仲裁，并根据法院的裁定或恢复仲裁或撤销仲裁案件。

我国仲裁委员会制定的仲裁规则一般都规定仲裁委员会有权对仲裁协议的存在、效力作出决定，同时委员会也可以授权仲裁庭作出决定。一方当事人提出仲裁协议异议，则仲裁委员会可以依据我国有关规定，结合根据双方当事人提交的证据及自己收集的证据所认定的事实，对当事人的仲裁协议效力进行审查。一经认定仲裁协议有效，则应作出决定驳回当事人的申请，如果认定无效，则作出确认无效的决定。仲裁委员会也可授权仲裁庭进行审查并作出仲裁协议效力异议的认定。在对仲裁协议效力和管辖权异议作出决定前，仲裁程序不受影响，可以继续进行。

## 三、实验要求

1. 研读本实验项目案例素材，掌握有关案情；

2. 了解本实验项目法律文件素材中有关申请仲裁时效的相关规定；

3. 结合有关规定，对本实验项目案例所涉申请仲裁时效事项进行分析，进而作出申请人申请仲裁是否超过时效的认定；

4. 了解本实验项目的实验过程。

## 四、实验素材

（一）法律文件素材

主要为《中华人民共和国仲裁法》、《中华人民共和国民法通则》等法律及最高人民法院《关于贯彻执行〈中华人民共和国民法通则〉若干问题的意见》(试行）等相关司法解释。

（二）案例素材

### 仲裁协议效力异议案①

1995年12月17日，香港某投资有限公司（法定代表人XXX）作为甲方，香港某酒店投资有限公司（法定代表人YYY）作为乙方，广东某工商综合服务部作为丙方，三方签订了《某大酒店有限公司股权转让协议书》。该协议约定，经丙方认可，甲方同意将其在酒店持有的34.5%的股份有偿转让给乙方，乙方同意按甲方的出资转让。同时约定甲方以某高速货运的名义保留某大酒店中的部分场所为甲方的租赁经营场所。此转股协议的甲方签字者为XXX，乙方为YYY。

同日，XXX、YYY根据转股协议中有关租赁经营场所的条款，又具体签署了《租赁某大酒店某海鲜楼合同》，对租赁场所进行了明确约定，并约定租赁合同争议提交在北京的中国国际经济贸易仲裁委员会（以下简称北京总会）仲裁。同日双方还签署了一份《某大酒店、某海鲜楼经营管理协议》。

1996年10月16日，XXX代表高速货运（XXX在香港注册的全资公司）与YYY签署了一份《某大酒店、某海鲜楼经营补充管理协议》。该补充第4条、第6条明确规定：双方遇到合同上的争议时任何一方均可提交中国国际经济贸易仲裁委员深圳分会（以下简称深圳分会）进行仲裁。此前双方所签合同有与本合同不一致的地方，以本协议为准。

① 本案例来源于“找法网”：http：//china.findlaw.cn/info/zhongcai/fa/39867.html，最后访问时间：2009年10月29日。

后双方在履行租赁合同、经营管理协议和补充协议时，针对租赁场所外围墙体部分的使用权问题、相邻权等问题发生了争议，经协商未果。1997 年 11 月 12 日，XXX 代表高速货运，根据补充协议的约定，将案件提交深圳分会仲裁。其后不久，1998 年 11 月 19 日北京总会依据双方《租赁合同》的约定也受理了此案，申请人为某大酒店。

深圳分会仲裁庭认为：以上签订的《租赁合同》、《经营管理协议》和《补充协议》的双方当事人同是本案的申请人和被申请人，并且三份协议是不可分割的整体，且三份协议共同指向的客体是“某海鲜楼”。2000 年 3 月 31 日深圳分会作出了有利于高速货运的终局裁决，主要内容为继续履行合同，由某大酒店有限公司提供依据《租赁合同》、《经营管理协议》和《补充协议》所约定的、此前未提供的经营条件和场所，减付租金。

北京总会在裁决该案件过程中，被申请人 XXX 提出了仲裁管辖权异议和将其作为被申请人的主体资格异议。1999 年 8 月 17 日，北京总会作出（1999）贸仲字第 4838 号“关于 X98375 号房屋租赁合同争议仲裁案仲裁管辖权及被申请人的主体资格决定”，指出：（1）租赁合同中存在有效的仲裁条款，对本案双方均具有约束力，北京总会对以某大酒店为申请人、以某高速货运有限公司和 XXX 为被申请人的 X98375 号仲裁案具有仲裁管辖权；（2）某高速货运有限公司和 XXX 作为本案的被申请人不存在主体资格不合适的问题。（3）本案仲裁程序继续进行。2000 年 1 月 6 日北京总会作出（2000）贸仲字第 0084 号中间裁定书，指出：（1）本案的被申请人为 XXX 先生；（2）被申请人应于 2000 年 1 月 31 日前向申请人支付拖欠申请人的租金人民币 3684702 元；（3）被申请人应于本中间裁定规定的期限内向被申请人支付上述租金，逾期不支付，本案租赁合同即应终止。XXX 不服，于 2000 年 1 月 23 日向北京第二中级人民法院申请撤销中间裁决。北京第二中级人民法院（2000）二中经仲字第 35 号裁定书驳回了 XXX 的申请。2000 年 5 月 12 日北京总会作出了有利于某大酒店的终局裁决，主要内容为终止租赁合同，并由 XXX 支付高速货运欠付的租金。①

① 该案不仅提出了非常尖锐的仲裁管辖权冲突问题，而且总会与分会作出了两个矛盾的裁决，给执行地的法院也提出了究竟该执行哪一仲裁裁决的问题。

## 五、实验过程

步骤 1：有关当事人提交的书面材料，了解案情；

步骤 2：开庭审理，庭审调查结束后，认定本案有关仲裁协议的证据；

步骤 3：结合证据认定的事实，确定确认仲裁协议是否有效；

步骤 4：认真研究究竟该依据哪一仲裁条款行使仲裁管辖权，作出确认管辖权的决定。

## 六、扩展思考

1. 依照《仲裁法》规定，审查当事人提出的仲裁协议是否具有效力的权力在仲裁委员会而非仲裁庭。你认为，仲裁委员会作为认定仲裁协议是否有效力的机构有哪些优势和弊端。

2. 在前述某酒店经营纠纷案中，应该由哪一仲裁机构行使仲裁管辖权？

# 第四章　仲裁范围

仲裁范围即仲裁的适用范围，指的是仲裁作为解决纠纷的一种方式可以解决哪些纠纷，不能解决哪些纠纷。换言之，即哪些纠纷可以通过仲裁的方式来解决，哪些纠纷不能通过仲裁而只能通过诉讼或其他途径去解决。

仲裁协议是仲裁制度的基石，而作为仲裁协议重要内容的仲裁事项是否在仲裁范围之内，是仲裁协议是否有效的实质要件。仲裁范围是划分仲裁机构和其他机构解决纠纷的分工和权限的根据，也是一项仲裁裁决能得到承认和执行的前提和基础。如果约定的仲裁事项不属于法定的仲裁范围，会导致仲裁协议的无效，即使作出了仲裁裁决，也不会得到承认和执行。

目前，世界各国对于仲裁范围的确定，大致有三种方式：1. 概括式，即仲裁规范对于可仲裁的事项并不一一列举，而是采用抽象式、概括式的规定来确立仲裁的范围。例如，《瑞士国际私法法案》第 177 条规定："任何有关财产的争议都可成为仲裁事项。"《比利时司法法典》第 1676 条规定："已产生或可能产生于特定法律关系并且属于允许和解的任何争议，可以作为仲裁协议的标的。" 2. 列举式，即相关仲裁规范详细列举可仲裁和不可仲裁事项的主要类型，例如《中国海事仲裁委员会仲裁规则》(以下简称《海事仲裁规则》) 第 2 条，详细列举了中国海事仲裁委员会的受案范围。3. 结合式，即有关仲裁规范在明确仲裁范围时既作概括式又作列举式的规定，且一般以概括性为主、否定列举为辅。我国《仲裁法》在立法技术上采用了结合式，《仲裁法》第 2 条规定："平等主体的公民、法人和其他组织之间发生的合同纠纷和其他财产权益纠纷，可以仲裁。" 第 3 条又规定："下列纠纷不能仲裁：(1) 婚姻、收养、监护、抚养、继承纠纷；(2) 依法应当由行政机关处理的行政争议。"

在司法实践过程中，只有仲裁事项在仲裁范围内的仲裁请求才能得到审理，才有可能得到仲裁庭的支持，如超出了仲裁范围，仲裁庭则会因为没有得到法律授权而无权对仲裁请求进行审理，或者会因仲裁庭超越权限而导致作出的裁决无效或部分无效，影响其裁决的法律效力。由此可见，当事人的仲裁请求只有基于仲裁事项而产生，否则，仲裁请求就成了无本之木，无源之水。

本章实验教程，意图使学生了解、理解及掌握我国有关仲裁范围的规定，并能从事相关的实务。本章的主要知识点为我国法定的仲裁范围。

## 一、实验目的

通过本实验，要求学生掌握仲裁范围的内涵和外延，并结合相关法律规定，来处理司法实践中的相关问题，同时分析我国目前立法中关于仲裁范围的规定是否存在缺陷，以及如何完善。

## 二、实验原理

### （一）《仲裁法》关于仲裁范围的规定

如上所述，我国《仲裁法》采用了结合式的立法模式，在概括性地规定了可仲裁事项的同时，也排除了一些事项的可仲裁性。主要规定在《仲裁法》第 2 条、第 3 条、第 77 条以及《仲裁法司法解释》第 2 条当中。

《仲裁法》第 2 条规定，平等主体的公民、法人和其他组织之间发生的合同纠纷和其他财产权益纠纷，可以仲裁。第 3 条规定，下列纠纷不能仲裁：（1）婚姻、收养、监护、扶养、继承纠纷；（2）依法应当由行政机关处理的行政争议。第 77 条规定，劳动争议和农业集体经济组织内部的农业承包合同纠纷的仲裁，另行规定。

《仲裁法司法解释》第 2 条规定，当事人概括约定仲裁事项为合同争议的，基于合同成立、效力、变更、转让、履行、违约责任、解释、解除等产生的纠纷都可以认定为仲裁事项。

《仲裁法》第 2 条规定了可以仲裁的事项，即平等主体的公民、法人和其他组织之间发生的合同纠纷和其他财产权益纠纷。而《仲裁法司法解释》对合同纠纷又作了进一步的规定，明确了凡是关于合同成立、效力、变更、转让、履行、违约责任、解释、解除等产生的纠纷，都属于合同争议事项，均具有可仲裁性。而《仲裁法》第 2 条中规定的其他财产权益纠纷，通常是指因侵权而产生的财产权益纠纷。

根据上述，可以归纳出仲裁法规定的仲裁范围具有以下特点：

（1）当事人之间具有平等性，即当事人是平等的自然人、法人或其他组织，如果当事人之间是管理与被管理的非平等性关系，则该争议不能申请仲裁。

（2）仲裁事项具有可处分性，也就是说，当事人只有对具有可处分性的事项，才能通过签订仲裁协议的形式将所发生的争议提交仲裁机构仲裁。

(3) 争议内容具有财产性，即当事人可以提请仲裁的事项一定是基于合同或者其他财产权益产生的争议。

由此可见，我国《仲裁法》规定的可仲裁事项属于私法性质的权利义务关系的争议，而非公法性质的权利义务关系的争议。这是因为平等法律地位的社会主体在民商事活动中发生的民商事权利义务关系的争议，一般仅涉及民商事法律关系当事人的利益，对社会和第三人影响非常有限，当事人对该类民事权利义务依法具有可处分性。同时，此类民商事纠纷的大量、长期存在，则势必也会影响社会秩序的稳定。以追求公正、效率为主旨的仲裁制度符合迅速有效的解决这一纠纷的要求。而公法性质的法律关系争议，往往涉及国家职能部门的公共管理职能以及社会公共利益，对此类争议，各国通常设置专门的、强制性的纠纷解决机制予以处理。

根据《仲裁法》第3条的规定，下列纠纷不能仲裁：

1. 婚姻、收养、监护、抚养、继承纠纷

这类纠纷虽然属于民事纠纷，也不同程度涉及财产权益争议，但这类纠纷往往涉及当事人不能自由处分的身份关系，需要法院作出判决或由政府机关作出决定，故不属仲裁机构的管辖范围。这类纠纷是基于特定身份关系而产生的，这种以人的特定身份为基础的权利与义务关系一旦产生，往往就是由法律直接加以规定的，对其争议也需要由有关政府部门或法院通过相应的法定程序才能解决，因此，这类纠纷不得仲裁。

2. 依法应当由行政机关处理的行政争议

行政争议，是指国家行政机关之间，或者国家行政机关与企事业单位、社会团体以及公民之间，由于行政管理而引起的争议。行政争议应当依法通过行政复议或行政诉讼解决。这里主要涉及国家各类不同机关之间权力的划分，其中，行政机关是国家专门设立的行使国家行政管理权的机构，对于依法应当由行政机关处理的行政争议，当事人不得协议交由仲裁机构仲裁解决。

3. 可以仲裁，但是不适用《仲裁法》的事项

根据《仲裁法》第77条的规定，劳动争议与农业集体经济组织内部的农业承包合同纠纷不适用仲裁法。劳动争议是指劳动关系双方当事人因实现劳动权利和履行劳动义务而发生的纠纷，又称劳动纠纷，是指用人单位与劳动者之间因实现或履行《劳动法》确定的劳动权利义务产生分歧而引起的争议。目前，我国已由专门的《中华人民共和国劳动争议调解仲裁法》(以下简称《劳动争议调解仲裁法》)对劳动纠纷仲裁作出规定。农业集体经济组织内部的农业承包合同纠纷的仲裁，由国家另行规定，也不属于仲裁法规定的仲裁范围。

农业承包合同一般是指农村集体经济组织与集体经济组织成员之间，为落实联产承包责任制，明确双方的权利义务关系而达成的协议。对于这类合同纠纷的仲裁，将由农村土地承包纠纷仲裁法（已列入全国人大立法规划）以及由有关地方性法规和政府规章来规范。目前有关案件多由设在各级政府部门的农业承包合同仲裁委员会处理。此外，从我国关于劳动争议以及农业承包合同纠纷案件处理的其他法律、法规的具体规定来看，这两类纠纷案件应当仲裁，而且，仲裁是提起相应民事诉讼的前置性程序，即只有经过仲裁解决，当事人对仲裁机构作出的仲裁裁决不服的，才可以在法定期间内向人民法院提起民事诉讼。

（二）2005年《中国国际经济贸易仲裁委员会仲裁规则》关于仲裁范围的规定

2005年《中国国际经济贸易仲裁委员会仲裁规则》为中国国际经济贸易仲裁委员会现行仲裁规则。其第2条明确规定中国国际经济贸易仲裁委员会（简称贸仲）以仲裁的方式，独立、公正地解决契约性或非契约性的经济贸易等争议。第3条“管辖范围”规定，其受理下列争议案件：

（1）国际的或涉外的争议案件；

（2）涉及香港特别行政区、澳门特别行政区或台湾地区的争议案件；

（3）国内争议案件。

依该仲裁规则及我国仲裁法的规定，贸仲将可受理国内的、涉外的以及涉港澳台的所有契约性或非契约性的经济贸易争议。

（三）2004年《中国海事仲裁委员会仲裁规则》关于仲裁范围的规定

中国海事仲裁委员会是我国专门受理国内外海事海商争议的仲裁机构。2004年《中国海事仲裁委员会仲裁规则》为其现行仲裁规则。其第2条明确规定中国海事仲裁委员会以仲裁的方式，独立、公正地解决海事、海商、物流争议以及其他契约性或非契约性争议，以保护当事人的合法权益，促进国际、国内经济贸易和物流的发展，并受理下列海事争议案件：

（1）租船合同、多式联运合同或者提单、运单等运输单证所涉及的海上货物运输、水上货物运输、旅客运输争议；

（2）船舶、其他海上移动式装置的买卖、建造、修理、租赁、融资、拖带、碰撞、救助、打捞，或集装箱的买卖、建造、租赁、融资等业务所发生的争议；

（3）海上保险、共同海损及船舶保赔业务所发生的争议；

（4）船上物料及燃油供应、担保争议，船舶代理、船员劳务、港口作业所发生的争议；

（5）海洋资源开发利用、海洋环境污染所发生的争议；

（6）货运代理，无船承运，公路、铁路、航空运输，集装箱的运输、拼箱和拆箱，快递，仓储，加工，配送，仓储分拨，物流信息管理，运输工具、搬运装卸工具、仓储设施、物流中心、配送中心的建造、买卖或租赁，物流方案设计与咨询，与物流有关的保险，与物流有关的侵权争议，以及其他与物流有关的争议；

（7）渔业生产、捕捞等所发生的争议；

（8）双方当事人协议仲裁的其他争议。

海事案件多属于债权方面的纠纷，由上述规定来看，主要可以归纳为三类：（1）合同之债产生的争议，主要包括货物运输合同，旅客运输合同，船舶及其他海上移动式装置的买卖、建造、修理、租赁、融资、拖带、救助、打捞合同，集装箱的买卖、建造、租赁、融资合同，海上保险合同，船舶代理合同，雇佣合同，劳务服务合同，海上资源开发利用合同，与物流有关的合同等；（2）侵权行为产生的争议，主要包括船舶与船舶的碰撞、船舶对港口设施的碰撞、船舶排放和逸漏油类及有害物质造成海洋环境污染、海上运输和港口作业过程中的人身伤亡事故等引起的损害赔偿案件、与物流有关的侵权等；（3）其他债权债务关系产生的争议，主要包括共同海损、非合同救助、渔业生产、捕捞产生的争议等，纠纷当事人之间有一种特殊的权利义务关系，既非产生于合同，也非产生于侵权行为。另外，对于双方当事人协议仲裁的其他争议，中国海事仲裁委员会也有权受理，当然，有关事项必须符合《仲裁法》关于仲裁范围的规定。

## 三、实验要求

1. 认真研读本项目实验案例素材，掌握案情；
2. 熟悉本实验章程法律文件素材中有关仲裁范围的规定；
3. 能结合有关规定对争议是否属于仲裁范围进行认定。

## 四、实验素材

### （一）法律文件素材

主要为《中华人民共和国仲裁法》、《最高人民法院关于适用〈中华人民共和国仲裁法〉若干问题的解释》、《中国海事仲裁委员会仲裁规则》。

（二）案例素材

【案例1】

## 王戊申请仲裁房屋纠纷案①

某市某路250号房屋内住的是一家人，一向相安无事。最近，因为小女儿要结婚，在房屋使用上发生争吵，闹得不可开交。该房屋的产权人是王某，他与前妻生有一女王甲。前妻去世后，王某1940年与翟某结婚，生有王乙、王丙、王丁、王戊四个子女。1947年8月，王某购买上述地点房屋，后又进行翻建，在二楼房内架了三层阁楼横条，但未铺楼板，房屋面积约87.6平方米。1950年，王甲因子女多，居住困难，征得父亲同意后，在三层阁楼横梁上铺设了楼板居住使用。1972年，王甲与丈夫自购私房居住，迁出三层楼。1980年王某去世后，该房屋二楼16.3平方米前间由王乙居住，二楼13.5平方米后间由翟某居住，底层13.9平方米前间隔为两小间，由王丙、王丁居住，王戊居住三层阁楼。底层11.6平方米后间为搭灶间和卫生间，大家共同使用。1995年2月，王戊拟将三层阁楼作为婚房，受到王乙的阻挠，双方发生争执，王戊便向该市仲裁委员会申请仲裁。要求继续使用三层阁楼。但仲裁委员会经审查后，决定不予受理。

【案例2】

## 汪某诉甲房地产公司借款案②

汪某（原告）于1993年1月15日被招聘至甲公司（被告）任职。1996年2月13日，汪某因回家探亲需要，经公司经理李某同意，从公司财务处借款两万元。汪某回来后，经理李某让其补办借款手续。汪某遂写“借李某款两万元”的借条一张，甲公司于同年3月15日正式上账。同年4月份，甲公司以汪某失职为由将汪某解聘。汪某于5月28日申请陕

① 本案例来源于“深圳检察网”：http://www.sjw.gov.cn/Common/ShowInfo.aspx?id=143929&styleid=00140300，最后访问时间：2009年6月27日。

② 本案例来源于“中国劳动咨询网”：http://www.51labour.com/lawcenter/lawshow-69068-3.html，最后访问时间：2009年6月27日。

西省劳动争议仲裁委员会仲裁，要求甲公司支付所欠工资等款项，甲公司提出汪某尚欠公司款两万元要求归还。该仲裁委员会于1996年7月29日裁决：一、申诉人与被申诉人解除劳动关系；二、被申诉人向申诉人支付解除合同待业金、补偿金等共计4950元；三、驳回申诉人其他申请请求。四、申诉人结清所欠被申诉人款项两万元及其他手续；五、本案仲裁费1000元，由双方当事人各承担500元。裁决书送达后，汪某不服，认为欠款不属劳动仲裁范围，且其是向公司经理私人借款，并非向公司借款，故诉至西安市雁塔区人民法院要求撤销裁决书第四项。

被告甲公司答辩认为双方对仲裁裁决其他条款均无异议，双方既然已解除劳动关系，原告理应偿还欠款，不同意原告的诉讼请求。

西安市雁塔区人民法院审理认为：原告原系被告单位职工，其探亲期间从被告财务处所借两万元属公款，现双方已解除劳动关系，原告应归还所欠公司款项。原告称该款属私款，理由不能成立。依照《中华人民共和国民法通则》第84条第2款之规定，该院遂于1996年11月7日判决：驳回原告汪某之诉讼请求。

一审宣判后，汪某不服，仍以原理由上诉于西安市中级人民法院。甲公司则要求维持原判。

西安市中级人民法院审理认为：汪某于1996年2月回家探亲时，在甲公司财务处借款两万元属实。陕西省劳动争议仲裁委员会在裁决双方其他劳动争议时，在裁决书第四项裁决由汪某"结清所欠被申诉人款项两万元及其他手续"，符合法律规定。汪某身为甲公司聘用职工，与甲公司存在劳动合同关系，职工向公司借款，构成劳资双方的内部借贷关系，这种关系是建立在劳动合同基础上的关系，如果双方不存在劳动合同关系，这种借贷关系是不能发生的。因此，汪某以陕西省劳动争议仲裁委员会超越仲裁权限为由，向法院起诉要求撤销仲裁裁决第四项，理由不能成立。根据《中华人民共和国民法通则》第108条、《中华人民共和国民事诉讼法》第153条第1款第（2）项之规定，该院遂于1997年3月31日判决：

一、撤销西安市雁塔区人民法院民事判决书。

二、汪某在本判决生效后10日内偿付西安甲房地产开发有限公司人民币两万元。

此案案情简单，但涉及的法律问题不那么简单，在审理中出现了三种不同的意见。

第一种意见认为：劳动争议仲裁委员会无权仲裁劳资双方的债权债务

关系。根据《中华人民共和国企业劳动争议处理条例》第2条规定，本条例适用于中华人民共和国境内的企业与职工之间的下列劳动争议：(一)因企业开除、除名、辞退职工和职工辞职，自动离职发生的争议。(二)因执行国家有关工资、保险、福利、培训、劳动保护的规定发生的争议。(三)因履行劳动合同发生的争议。因此，在本案中，省劳动争议仲裁委员会对其他各项的裁决是正确的，但第四项“汪某结清所欠被申诉人款项两万元及其他手续”，《条例》中没有规定，不属劳动争议，省劳动争议仲裁委员会对此项的裁决超越仲裁权限。

第二种意见认为：人民法院应不予受理。根据《中华人民共和国仲裁法》第9条规定，仲裁实行一裁终局的制度，裁决作出后，当事人就同一纠纷再申请仲裁或者向人民法院起诉的，仲裁委员会或者人民法院应不予受理。只有具备《仲裁法》第58条规定情形的，当事人才可以向仲裁委员会所在地中级人民法院申请撤销裁决。因此，一审驳回汪某之诉讼请求是正确的，只是不应由雁塔区人民法院受理驳回而已。

第三种意见认为：仲裁委员会有权仲裁劳资双方的内部借贷关系，这种关系是建立在劳动合同基础上的关系，如果双方不存在劳动合同关系，这种借贷关系是不能发生的。因此，仲裁裁决书第四项内容应属劳动争议仲裁范围。

## 五、实验过程

步骤1：识别案例1中争议的性质；

步骤2：根据有关规定，认定争议是否在仲裁范围之内。

## 六、实验思考题

1. 在案例2中，你支持哪种意见，理由是什么？
2. 评析我国有关仲裁范围的规定。

# 第五章　仲　裁　员

仲裁员有广义和狭义之分。广义的仲裁员是指符合仲裁员任职资格，为仲裁委员会依法选聘的并列入仲裁员名册的人。狭义的仲裁员是指被当事人选定或被依法及仲裁规则指定，主持具体争议的仲裁程序，对争议进行审理并作出裁决的人。

仲裁员在案件的仲裁过程中，居于裁决者的地位，对仲裁案件的进程和结果起着决定性作用。仲裁员主要具有以下权力：（1）有权要求当事人提交必要的证据材料；（2）有权主动调查；（3）有权按照自己认为适当的方式审理案件，并根据需要采取必要的措施；（4）有权获得报酬和补偿；（5）有权拒绝向任何组织和个人透露案情，或者对其具体证明方法作出解释，等等。

仲裁必须有仲裁员的参与才能进行。在我国，仲裁员主要由仲裁委员会聘任并列入仲裁员名册（尽管有仲裁委员会在仲裁规则中规定当事人可以在仲裁员名册外选定仲裁员，但同时其也规定须经仲裁委员会主任依法确认），且必须符合法定的资格条件。仲裁员的确定一般都是在仲裁员名册范围内由当事人依据法律及仲裁规则的规定直接或间接确定。仲裁员一经确定，只有存在法定回避的情形或其他理由时，才能进行更换。

通过本章实验教程，意图使学生了解、理解并掌握我国有关仲裁员的规定，并能在实务中予以运用。本章的知识点主要为仲裁员的资格条件、仲裁员的确定程序、仲裁员的回避。

## 一、实验目的

通过本章实验教程，要求学生掌握以下内容，并能在此基础上解决实践中的相关问题：

（一）仲裁员的聘任原则；

（二）仲裁员的资格条件；

（三）仲裁员的确定程序；

（四）仲裁员的回避与更换。

## 二、实验原理

（一）仲裁员的聘任原则

我国《仲裁法》第 13 条规定："仲裁委员会应当从公道正派的人员中聘任仲裁员。……仲裁委员会按照不同专业设仲裁员名册。"同时第 14 条规定："仲裁委员会独立于行政机关，与行政机关没有隶属关系。仲裁委员会之间也没有隶属关系。"

由以上规定，可以看出，仲裁员的聘任应符合以下原则：1. 公正独立原则。仲裁委员会在聘任仲裁员时，应考查其道德素养，考查其是否为公道正派的人士。仲裁委员会在聘任仲裁员时，处于独立的地位，不受任何行政机关的干涉，也不受其他仲裁委员会的干涉。2. 专业性原则。《仲裁法》规定仲裁员按专业设立名册，这是因为提交仲裁的案件大多是商事或经济纠纷案件，涉及复杂的商事或经济法律关系，要迅速、公正地对案件作出裁决，仲裁员必须具备丰富的经济贸易、法律知识。所以，严格按照专业性原则来选聘仲裁员是十分必要的。3. 兼职原则，按照我国《仲裁法》的规定，仲裁委员会在聘任仲裁员之后，应按不同专业设置仲裁员名册。但名册中的人士仅在其被指定为某一具体案件的仲裁员时，他才是真正意义上的仲裁员。而仲裁员是当事人根据自己的意志直接或间接地指定的，具有较大的随意性。任何机关、团体和个人都不能强迫当事人指定某一个固定的人为仲裁员。设立专职仲裁员的做法既有悖于体现当事人的意志，也不符合国际通行做法。况且，如果当事人都不指定专职仲裁员的话，专职仲裁员将形同虚设。所以，仲裁委员会聘任仲裁员应坚持兼职原则，防止聘任的仲裁员，特别是驻会仲裁员，通过不断谋求指定成为变相的专职仲裁员。

（二）仲裁员的资格条件

仲裁员资格的取得必须符合法定的条件，《仲裁法》第 13 条对此作出了明确规定，即仲裁员应当符合下列条件之一：（1）从事仲裁工作满八年的；（2）从事律师工作满八年的；（3）曾任审判员满八年的；（4）从事法律研究、教学工作并具有高级职称的；（5）具有法律知识、从事经济贸易等专业工作并具有高级职称或者具有同等专业水平的。

从上述规定来看，仲裁员的资格条件基本包括道德素养和业务素养两个方面。

1. 仲裁员的道德素养

《仲裁法》明确要求仲裁员应该公道正派。一般而言，法律规范一般不会对道德加以规定。但是对于仲裁而言，仲裁员只有做到为人处世公道、正派、严谨、不偏不倚，才能保证仲裁裁决的质量。这是维护仲裁公信力的前提，也是保障仲裁良性发展的重要因素。因此《仲裁法》对仲裁员道德素养提出了明确要求。

2. 仲裁员的业务素质

(1) 曾任审判员满八年。人民法院的审判员，特别是从事过八年审判工作的审判员，长期接触各种权益纠纷案件，其法律专业素质和审理纠纷的经验已经达到较高的水平，应该说完全有能力来处理相关的仲裁案件，由其担任仲裁员对解决争议是合理的。需要强调的是，人民法院具有监督仲裁工作的职能，因此人民法院的现职审判员不能担任仲裁员，现职审判员要想被聘任只有辞去现职才有可能。这一规定体现了下述的独立原则，其本意是鼓励我国各级人民法院曾任审判员的人员广泛地参与到仲裁工作中，从而充实仲裁员的队伍，同时可以切实提高仲裁员队伍的业务素质。

(2) 从事法律研究、教学工作并具有高级职称的人员。从事法律研究和教学工作，具有副研究员、副教授及以上职称的专家和学者，具有丰富、扎实的理论功底，完全可以胜任仲裁的工作。由其担任仲裁员，可以充分发挥其理论和专业优势，去解决实践中大量复杂的仲裁案件所反映出来的法律专业问题，可以充分地体现仲裁有别于诉讼的专业性。

(3) 从事律师或仲裁工作满八年的工作人员。律师是职业的法律工作者，不仅具有丰富、广博的法律专业知识，而且具有敏捷的思辨能力和灵活解决具体案件的实践能力。律师担任仲裁员时和其他仲裁员一样，在具体案件中不是当事人的代理人，而是独立公正的案件裁决者。律师担任仲裁员，可以强化仲裁庭关于法律专业知识的掌握，其职业特点又能保证其有担任仲裁员的时间和精力。随着我国律师队伍的不断扩大，由律师担任仲裁员，可以逐步壮大仲裁员队伍。对律师执业年限的限制，是为了保证仲裁员队伍的业务水平。同样，从事仲裁工作满八年的人员，在八年的工作中积累了丰富的经验，由其出任仲裁员可以高效、快捷的解决纠纷，有利于提高仲裁的效率。

(4) 具有法律知识、从事经济贸易等专业工作并具有高级职称或具有同等专业水平。仲裁的特点之一在于专业性。由于仲裁解决的纠纷常涉及复杂的法律、经济贸易方面的专业问题，只有具有相当专业水平的人方能予以解决。由具有相当专业水平的人担任仲裁员，有利于顺利解决争议中涉及的专业问题，确保仲裁的专业权威性，吸引纠纷当事人进行仲裁，促进仲裁业的良好发展。

同时，关于仲裁员的国籍方面的要求，《仲裁法》第 67 条规定：涉外仲裁委员会可以从具有法律、经济贸易、科学技术等专门知识的外籍人士中聘任仲裁员。

在审理无涉外因素的案件时，仲裁员宜为中国籍国民；在审理涉外案件时，仲裁员既可以是中国人，也可以是外国人，但必须符合《仲裁法》上述有关仲裁员资格的规定。涉外仲裁的纠纷大部分涉及一方或双方当事人是外国或港澳台的法人或自然人，而且都是具有涉外因素的。聘任外籍人士和港澳地区人士为仲裁员也是涉外仲裁的实际需要，一方面，可以使外方当事人或港澳台的当事人在更大的范围内指定仲裁员参与审理仲裁案件；另一方面，对于涉及某外国或港澳台地区的案件，该外国或港澳台地区的专业人士更为了解其本国或本地区的法律。这一规定有助于案件的公正审理，有利于提高我国涉外仲裁在国际上的影响，也有利于促进我国涉外仲裁现代化和国际化的进程。

（三）仲裁员的确定程序

仲裁员的确定方式与仲裁庭的组成方式密切相关。仲裁庭的组成方式不同，仲裁员的确定方式亦会有所不同。对于仲裁员的确定程序，主要体现在《仲裁法》第 30 条、第 31 条、第 32 条及第 33 条规定之中。

第 30 条规定，仲裁庭可以由三名仲裁员或者一名仲裁员组成。由三名仲裁员组成的设首席仲裁员。第 31 条规定，当事人约定由三名仲裁员组成仲裁庭的，应当各自选定或者各自委托仲裁委员会主任指定一名仲裁员，第三名仲裁员由当事人共同选定或者共同委托仲裁委员会主任指定。第三名仲裁员是首席仲裁员。当事人约定由一名仲裁员成立仲裁庭的，应当由当事人共同选定或者共同委托仲裁委员会主任指定仲裁员。第 32 条规定，当事人没有在仲裁规则规定的期限内约定仲裁庭的组成方式或者选定仲裁员的，由仲裁委员会主任指定。第 33 条规定，仲裁庭组成后，仲裁委员会应当将仲裁庭的组成情况书面通知当事人。

法院在受理案件后，由审判员组成审判庭来对案件进行具体审理，同样，对于仲裁案件，是由仲裁员临时组成的仲裁庭来对案件进行裁决，这也就是所谓的仲裁庭制。仲裁庭即是由仲裁员组成的，对当事人依据仲裁协议提请仲裁的争议按照仲裁程序进行审理并作出仲裁裁决的仲裁组织。

为保证仲裁庭的组成体现当事人的意思自治，维护当事人的合法权益，确保仲裁活动的顺利进行及仲裁的合理和公正，《仲裁法》对仲裁庭的组成及仲裁员的指定作出了严格而详细的规定。关于仲裁庭的组成，规定了两种制度，即合议庭制和独任庭制。

1. 合议庭制

合议庭是指仲裁庭由三名仲裁员组成，且三名仲裁员中设一名首席仲裁员。合议庭制是处理仲裁案件经常采用的组织形式。实行合议庭制，既有利于充分发挥集体智慧，对案件作出公正裁决，又有利于仲裁庭内部意见的集中与统一，及时对案件作出裁决。同时，仲裁庭的组成人员规定为单数，是为了尽量保证仲裁庭成员对案件的裁决有不同意见时，可根据少数服从多数的原则形成最终裁决，而不至于因仲裁庭内部意见无法统一而影响案件的及时裁决。而在无法形成多数意见时，则以首席仲裁员的意见作出裁决。

根据《仲裁法》的规定，在合议庭的仲裁员的指定上，根据仲裁员角色的不同，《仲裁法》采取的是当事人各自选定、各自委托指定、共同选定或共同委托指定多种方式相结合的方法。仲裁委员会受理仲裁申请后，应当在仲裁规则规定的期限内将仲裁规则和仲裁员名册送达申请人，并将仲裁申请书副本和仲裁规则、仲裁员名册送达被申请人。当事人约定由三名仲裁员组成仲裁庭的，应当各自选定或者各自委托劳动争议仲裁委员会主任指定一名仲裁员，第三名仲裁员由当事人共同选定或者共同委托劳动争议仲裁委员会主任指定。第三名仲裁员是首席仲裁员。

2. 独任庭制

合议庭制虽然有利于集思广益，但有时也可能造成仲裁资源的过多耗费，不利于及时解决纠纷。因此，为提高仲裁的效率，及时对争议案件作出裁决，发挥仲裁便捷及时解决争议的优势，《仲裁法》同时规定，当事人可以约定由一名仲裁员成立仲裁庭，亦即独任庭制。独任庭制，是指由一名仲裁员组成仲裁庭对争议案件进行审理并作出裁决。独任制是一种比较迅速、便捷、经济的仲裁方式，对一些简单的案件或采用独任庭制，可以更为简便易行地解决纠纷。这类案件由于双方当事人对案件事实争议不大，案情简单，如何适用法律法规明确，由一名仲裁员独任审理即可能做到仲裁的公正合理，且可根据案件的实际情况，对简单的争议适用较为简易的程序。根据《仲裁法》的规定，当事人约定由一名仲裁员成立仲裁庭的，应当由当事人共同选定或者共同委托仲裁委员会主任指定仲裁员。

无论是合议庭制，还是独任庭制，当事人没有在仲裁规则规定的期限内约定仲裁庭的组成方式或者选定仲裁员的，根据《仲裁法》规定，都将由仲裁委员会主任指定。仲裁庭组成后，仲裁委员会都应当将仲裁庭的组成情况书面通知当事人。

（四）仲裁员的回避与更换

仲裁员回避制度是指仲裁员具有法定可能影响公正仲裁的情形后，依照法律之规定退出仲裁案件审理活动的一种制度。仲裁员回避制度是仲裁活动的基本制度之一，已逐步成为一种国际惯例，在国际商事仲裁以及各国的仲裁活动中受到普遍的确认和施行。它在保证仲裁员的中立性，保障仲裁活动的公正合理，避免不公正的裁决，消除当事人不必要的疑虑，树立仲裁机构的威信等方面具有重要作用。

我国有关仲裁员的回避与更换的规定，主要体现在《仲裁法》第 34 条、第 35 条、第 36 条及第 37 条之中。

《仲裁法》第 34 条规定："仲裁员有下列情形之一的，必须回避，当事人也有权提出回避申请：1. 是本案当事人或者当事人、代理人的近亲属；2. 与本案有利害关系；3. 与本案当事人、代理人有其他关系，可能影响公正仲裁的；4. 私自会见当事人、代理人，或者接受当事人、代理人的请客送礼的。"第 35 条规定，当事人提出回避申请，应当说明理由，在首次开庭前提出。回避事由在首次开庭后知道的，可以在最后一次开庭终结前提出。第 36 条规定，仲裁员是否回避，由仲裁委员会主任决定；仲裁委员会主任担任仲裁员时，由仲裁委员会集体决定。第 37 条规定："仲裁员因回避或者其他原因不能履行职责的，应当依照本法规定重新选定或者指定仲裁员。因回避而重新选定或者指定仲裁员后，当事人可以请求已进行的仲裁程序重新进行，是否准许，由仲裁庭决定；仲裁庭也可以自行决定已进行的仲裁程序是否重新进行。"

根据上述规定，仲裁员回避的方式主要有两种：一是自行回避；二是当事人提出回避。前者是指仲裁庭成员知道自己具有应当回避的情形，自己向仲裁委员会提出回避的申请，即主动说明情况，提出不参加案件的审理。后者是指仲裁庭成员明知自己应当回避而不自行回避或者不知道、不认为自己具有应当回避的情形，因而没有自行回避的，仲裁案件的双方当事人，有权向仲裁委员会提出申请，要求他们回避。申请回避是法律赋予当事人及其法定代理人的一项基本权利，办案人员在办理案件时首先要向当事人及其法定代理人宣告这一项权利，任何人都不能剥夺当事人及其代理人申请回避的权利。

仲裁员回避的情形，根据规定有以下四种：

（1）是本案的当事人或者当事人、代理人的近亲属。所谓近亲属，是指与当事人、代理人血缘关系相近的亲属，是亲属关系中的一种。按照我国有关规定，近亲属是指当事人的夫、妻、父、母、子、女、兄弟、姐妹。之所以规定上述人员回避，有以下两方面原因：首先，作为本案的当事人，尽管他有仲裁员的资格和自己选择的权利，但因为他是本案的当事人，“任何人都不能当自己案件的法官”，因此他不能同时既以当事人身份又以该案的仲裁员身份参加仲裁。这种双重身份处理案件，既违背程序正义，也会影响公正裁决，因此，各国都一样要求仲裁员本人回避。其次，所选定或指定的仲裁员与本案的当事人、代理人是近亲属关系，这种关系的存在，将从不同程度上影响案件的公正裁决，不利于保护其他当事人的合法权益。我国是亲情关系浓厚的国家，可以预料到这种密切关系影响到公正裁决的可能性。因此，我国仲裁法规定不论仲裁员是本案当事人还是仲裁员是当事人、代理人的近亲属，仲裁员都应当回避。

(2) 与本案有利害关系。与本案有利害关系是指审理本案的办案人员或者其近亲属与本案有某种利害关系，处理结果会涉及他们在法律上的利益。在这种情况下，为确保仲裁的公正，防止仲裁员因一己之私偏袒一方当事人，仲裁员应当回避。

(3) 与本案当事人、代理人有其他关系，可能影响公正仲裁的。“其他关系”主要指有除与案件有利害关系及与当事人、代理人有近亲属关系之外的特殊亲密或仇嫌关系，如是当事人的朋友、邻居、同学、同事、贸易伙伴等，或者曾经与当事人有过恩怨、与当事人有借贷关系等。“可能影响公正仲裁”是仲裁员“与本案当事人、代理人有其他关系”而应当回避的必要条件，即只有在可能影响公正处理案件的情况下，才适用回避。如仲裁员是当事人的朋友，则要看这种关系是否影响案件的公正审理，来决定是否回避。因此当事人以此为由提出回避申请的，一定要证据、理由充分确凿，确实证明仲裁员与另一当事人存在其他关系可能影响公正裁决，否则，提出回避的请求将不仅难以成立，也往往影响仲裁程序的顺利进行。

(4) 私自会见当事人、代理人，或者接受当事人、代理人的请客送礼的。这是总结了我国长期以来审判工作、仲裁工作中产生的不正之风的结果。由于受到社会不良风气的影响，一些办案人员中的意志薄弱者经不起考验，“吃人的嘴软，拿人的手软”，以致身不由己、利用职权谋取私利的情况屡有发生，使案件不能得到公正的处理，甚至徇私枉法。针对这一问题，《仲裁法》规定“私自会见当事人、代理人，或者接受当事人、代理人的请客送礼的”，当事人及其代理人有权要求他们回避。也就是说案件当事人及其代理人有证据证明办理此案的仲裁员有上述行为，就有权要求他们回避，维护自己的合法权益。

由上述四项规定可以看出，适用回避的情形虽然有很多种，但实质却是相同的，那就是使人对其裁决的公正性产生足够的怀疑。在这种情形下，为保障仲裁的公信力，有必要规定仲裁员的回避，以避免对裁决公正性的不必要的怀疑。

在仲裁员因回避或者其他原因不能履行职责时，不论是独任仲裁庭，还是合议仲裁庭，都需要重新确定仲裁员以组成仲裁庭，否则案件将无法审理。根据上述规定，当事人应当依照仲裁法规定重新选定或者指定仲裁员。

## 三、实验要求

1. 认真研读本章实验教程案例素材，掌握案情；
2. 熟悉本实验项目法律文件素材中有关仲裁员的规定；
3. 根据案情制作《仲裁员回避申请书》。

## 四、实验素材

### （一）法律文件素材

主要为《中华人民共和国仲裁法》、《最高人民法院关于适用〈中华人民共和国仲裁法〉若干问题的解释》。

### （二）案例素材

**【案例1】**

### 涂某申请撤销乐山仲裁委员会乐仲裁字（2000）第×号《裁决书》案①

1999年11月5日，乐山市某房地产开发公司（第三人）作为发包方，与作为承建方的乐山市某建筑总公司（被申请人）订立《建设工程施工合同》，该合同约定：该合同在履行中发生争议，协商调解不成，由乐山市仲裁委员会仲裁。后在该合同履行过程中双方就工程质量和工程款支付问题发生纠纷，涂某（申请人）遂向乐山市仲裁委员会提出仲裁申请，协商由三名仲裁员组成仲裁庭审理此案。

涂某对仲裁裁决不服，向乐山市中级人民法院提起诉讼，申请撤销乐山仲裁委员会于2000年11月18日作出的乐仲裁字（2000）第×号《裁决书》。申请人涂某诉称：1. 按《仲裁法》规定，仲裁员是仲裁委员会主

① 本案例来源于“北大法意网”：http：//www.lawyee.net/Case/ Case_Display.asp?RID=47771&Keyword=乐山仲裁委员会，最后访问时间：2009年6月27日。

任会议提出，经仲裁委员会议审议通过后，由仲裁委员会聘任，发给聘书。那么审理此案的当事人各自选定的仲裁员是否具备仲裁员资格则需要审查。据了解，该二位仲裁员并没有仲裁委员会发给的聘书。另外，审理此案的首席仲裁员不是由双方当事人共同选定的，按《仲裁法》规定，该案首席仲裁员应由仲裁委员会主任指定，但该首席仲裁员在庭审过程中从未宣读、出示过指定书，只在裁决书中载明由“仲裁委指定首席仲裁员”与《仲裁法》规定由仲裁委主任指定不符。2. 本案中被申请人指出质量问题的反请求，仲裁庭受理并与本诉合并审理，并收取了反请求仲裁费用，但在裁决书中未对反请求作出裁决，显然不符合仲裁法规定。3. 裁决作出后，经调查了解，该裁决是在两名仲裁员意见一致且形成多数意见的情况下，首席仲裁员不顾多数意见，按照个人意见（少数意见）作出的。综上，依据《中华人民共和国仲裁法》第 58 条第 1 款第 3 项之规定，请求依法撤销乐仲裁字（2000）第×号裁决书。

法院认为，乐山仲裁委员会作出的乐仲裁字（2000）第×号《裁决书》是按照某建筑公司的仲裁请求和涂某的仲裁反请求范围作出的。仲裁庭的组成人员是由某建筑公司与涂某各选定一名仲裁员，第三名仲裁员在双方未选定的情况下，由乐山仲裁委员会审定同意，并由乐山仲裁委员会副主任担任，符合《乐山仲裁委员会仲裁暂行规则》第 16 条之规定。仲裁庭组成后，向双方当事人送达了仲裁庭组成情况的书面通知，仲裁开庭时，首席仲裁员向双方当事人宣布了有权提出回避申请的权利。涂某未提出回避申请。仲裁中，涂某提出质量问题的反请求，仲裁庭在仲裁审理中反请求与本诉合并进行了审理。但涂某的反请求由于证据不足，未受到支持，这不能说明仲裁庭未对反请求作出裁决。乐山仲裁委员会作出的乐仲裁字（2000）第×号裁决是仲裁庭意见一致、认识一致的情况下作出的裁决，有仲裁庭评议笔录予以佐证。

**【案例 2】**

### 胶州某建筑装潢公司申请仲裁员回避案①

2001 年，胶州某建筑装潢公司与青岛某饭店签订了装饰装修合同。

① 本案例来源于“安阳仲裁网”：http：//zc. anyang. cn/ShowArticle2. asp？ArticleID＝159，最后访问时间：2009 年 6 月 27 日。

合同履行后，饭店以装修质量低劣为由拒绝付款。在多次协商未果的情况下，装潢公司依据合同约定，向青岛仲裁委员会提请仲裁。青岛仲裁委员会受理此案后，依据《仲裁规则》和当事人双方的约定，组成了合议庭审理此案。开庭后，装潢公司发现仲裁庭的一名仲裁员与饭店的代理人曾经是同事，认为这可能影响本案的公正裁决。为此，装潢公司向青岛仲裁委员会提出了仲裁员回避申请。经仲裁委审查，仲裁委主任批准了装潢公司提出的回避申请。

### （三）法律文书样式

**仲裁员回避申请书**

××仲裁委员会：

因（事实和理由）：

特申请（姓名）仲裁员回避。

申请人：（签名或盖章）

年 月 日

附：

证据及证据来源（如为证人应注明证人姓名和证人住所、邮编、电话号码）：

1.

2.

3.

## 五、实验过程

步骤1：研读本章案例，掌握案情；

步骤2：根据有关规定，确定本案首席仲裁员是否存在回避的情形；

步骤3：如认为存在回避情形，向仲裁委员会提交《仲裁员回避申请书》。

## 六、实验思考题

1. 请结合本章案例2，拟写《仲裁员回避申请书》，并思考仲裁员回避制度的重要性。

2. 试比较并评析主要国家包括我国关于仲裁员资格条件的规定。

# 第六章 仲裁裁决的撤销

仲裁裁决的撤销，是指对于具有法律规定情形的仲裁裁决，经当事人向有管辖权的法院提出申请，法院在受理申请并组成合议庭审查核实后，如认为仲裁裁决依法无法补救，裁定撤销仲裁裁决的行为。该概念包含以下含义：第一，并非任何仲裁裁决都可被撤销，只有具有法律规定情形的仲裁裁决，才能被撤销；第二，仲裁裁决的撤销，必须由当事人提出撤销仲裁裁决申请，法院才能开始与撤销仲裁裁决有关的诉讼行为，法院自身无权主动撤销仲裁裁决；第三，撤销仲裁裁决必须由有管辖权的法院进行，无管辖权的法院及作出仲裁裁决的仲裁机构、仲裁庭均无权撤销仲裁裁决；第四，对于当事人的申请，法院必须审查该申请，只有符合法定条件，才能受理，并在审查核实该申请的理由后，认为无法补救，才能最终裁定撤销仲裁裁决。

世界许多国家，包括我国，出于对仲裁效益原则的尊重，都规定了一裁终局的制度，即仲裁裁决一经作出，即发生法律效力，对双方当事人产生约束力，当事人既不能就同一纠纷再次申请仲裁，也不能向法院起诉。然而，仲裁的价值并不仅仅在于效益，也在于公正。① 我们无法排除仲裁裁决存在问题或错误的可能，如绝对贯彻一裁终局制度，不设置有关仲裁当事人合法权益的救济制度，在具体仲裁裁决存在问题或错误的时候，有关仲裁当事人的合法权益将无法得到救济，仲裁的公正也将得不到体现。仲裁裁决的撤销程序，作为对仲裁的一种司法监督，正是为仲裁当事人，特别是胜裁方当事人，在仲裁裁决作出后维护自己的合法权益提供了救济之道，因无仲裁裁决撤销的话，败裁方若对仲裁裁决不服，可以消极地不予履行仲裁裁决，或在胜裁方申请法院强制执行仲裁裁决的时候，请求法院不予执行；而胜裁方就算对仲裁裁决不服，也只有接受仲裁裁决。同时，仲裁裁决的撤销程序，也有利于督促仲裁员公正仲裁，因仲裁裁决被撤销，既不利于仲裁员的声誉和形象，也有可能使得仲裁员

① 参见邓杰著：《商事仲裁法》，清华大学出版社 2008 年版，第 24～28 页。其认为公正和效益共同构成了商事仲裁的二元价值体系。

被仲裁机构除名，甚至承担法律责任。另外，如前所述，如仅有仲裁裁决的不予执行，仲裁裁决中胜裁方的合法权益将有难以得到救济之虞，仲裁裁决的撤销程序的设置，使得法院能更合理地对仲裁进行监督，从而有利于完善仲裁的监督机制。

世界各国大多都规定了申请撤销仲裁裁决的程序，且其适用仅限于本国裁决，而对外国或非内国仲裁裁决，法院无权予以撤销。这一标准几乎为所有国家采用。①《纽约公约》也规定裁决地所在国之主管机关有权撤销仲裁裁决。概括而言，各国立法及有关公约规定的撤销仲裁裁决的事由大致包括：仲裁协议不存在、无效或失效；仲裁庭的组成与当事人的协议不一致，或违反了仲裁程序法，或仲裁员的资格有瑕疵或指定方式不当；仲裁程序不合法或违背仲裁协议、仲裁规则；当事人在仲裁程序中未经合法代理，非归责于当事人的原因导致其未能充分陈述案件或未经合法询问；裁决处理了仲裁协议范围以外的争议或争议事项不具有可仲裁性；裁决书形式上有缺陷；裁决是采取欺诈手段获取的；裁决所依据的民事或刑事判决及其他裁判或行政处分已变更；仲裁员在仲裁过程中违背职务信托；裁决作出后，一方当事人获得了本来可以影响仲裁庭决定的新文件，而该文件被认为是由另一方当事人的行为而未被提交；裁决违反公共秩序或公共政策等。上述事由大部分涉及的是程序事项，而较少涉及实体事项。

仲裁裁决的撤销程序，对于当事人而言，是提供了维护其合法权益的救济之道，在认为仲裁裁决存在问题或错误从而对自己不公的情况下，当事人可以申请撤销仲裁裁决，以维护自己的权益；对于法院而言，则要对当事人的申请是否符合条件进行严格的审查，对仲裁裁决是否存在应予撤销的情形要审查核实，从而最终作出是否撤销仲裁裁决的裁定——这一过程应是严格并审慎的，一要防止当事人滥用申请撤销仲裁裁决的权利，二也体现法院不随意撤销仲裁裁决、支持仲裁的态度，毕竟，仲裁裁决一经撤销，则失去效力，从而当事人之间的纠纷未得到最终解决，当事人为仲裁付出的时间、金钱及精力也都将付诸流水，被申请人从此以后对仲裁的态度也将大打折扣。因此，在仲裁实务中，法律工作者，主要是申请人的诉讼代理人和法官，应对仲裁裁决的撤销予以重视。

本章实验教程依据有关法律工作者角色的不同，分为申请人的诉讼代理人

① 参见黄进、宋连斌、徐前权著：《仲裁法学》(第三版)，中国政法大学出版社 2007 年版，第 153 页。

的任务与程序、被申请人的诉讼代理人的任务与程序和法官的任务与程序。通过本章实验教程的各实验项目，意图使学生明确各角色的职责，了解、理解或掌握我国有关撤销仲裁裁决的规定及熟悉相关程序，并能进行相关的实务操作。本章的知识点主要为申请撤销仲裁裁决的条件、法定应当撤销仲裁裁决的情形、被申请人的异议及法院对撤销仲裁裁决申请的处理方式。

## 实验项目一：诉讼代理人的任务与程序

### 一、实验目的

通过本实验项目，使得学生了解实务操作中作为诉讼代理人如何处理涉及申请撤销仲裁裁决的事项及进行有关程序，理解撤销仲裁裁决程序的重要意义，掌握我国关于申请撤销仲裁裁决的条件、撤销仲裁裁决的法定情形等规定，并能予以运用。

### 二、实验原理

结合前述，仲裁当事人欲撤销仲裁裁决，一要提出申请，且申请必须符合法定条件；二须提出证据证明仲裁裁决具有法定的应当被撤销的情形，有关申请才有可能被法院撤销。

申请撤销仲裁裁决的条件，根据我国《仲裁法》的有关规定，申请撤销仲裁裁决必须符合下述条件：

（1）提出申请的主体必须是当事人，包括仲裁中的申请人和被申请人，当事人以外的人，除非是当事人授权其委托代理或其为当事人的法定代理人，提出的申请法院将不予受理；

（2）应当在规定的期限内提出申请，亦即当事人应当在收到仲裁裁决之日起 6 个月内提出，逾期当事人将丧失申请撤销仲裁裁决的权利；

（3）必须向有管辖权的法院提出申请，有管辖权的法院为仲裁委员会所在地的中级人民法院；

（4）提出证据证明裁决有法定应当被撤销的情形。

当事人的申请必须符合上述所有条件，法院才予受理，缺乏其中任一条件，法院都将不予受理。

至于法定的撤销仲裁裁决的情形，根据《仲裁法》第 58 条第 1 款及有关司法解释的规定，由当事人提供证据证明的，包括以下情形：

（1）没有仲裁协议的。“没有仲裁协议”是指当事人没有达成仲裁协议。仲裁协议被认定无效或者被撤销的，视为没有仲裁协议。需要注意的是，当事人在仲裁程序中未对仲裁协议的效力提出异议，在仲裁裁决作出后以仲裁协议无效为由主张撤销仲裁裁决，人民法院不予支持，亦即当事人若要在仲裁裁决作出后，以没有仲裁协议为由申请撤销仲裁裁决，应事先在仲裁程序中即向仲裁庭提出没有仲裁协议的异议，否则当事人在仲裁裁决作出后，将失去以没有仲裁协议为由向法院申请撤销仲裁裁决以维护自己权益的机会。相应地，《仲裁法司法解释》也规定，当事人在仲裁程序中对仲裁协议的效力提出异议，在仲裁裁决作出后又以此为由主张撤销仲裁裁决，经审查符合仲裁法第 58 条规定的，人民法院应予支持。

（2）裁决的事项不属于仲裁协议的范围或者仲裁委员会无权仲裁的。裁决的事项不属于仲裁协议的范围，实际上对于该事项而言，仲裁委员会是没有管辖权的，亦即无权仲裁。除此之外，仲裁委员会无权仲裁的情形还包括裁决的事项不具有可仲裁性，裁决的事项虽具有可仲裁性且在仲裁协议的范围之内，但超出了当事人请求的范围，裁决的事项虽具有可仲裁性且在仲裁协议及当事人请求的范围之内，但超出了仲裁委员会的受案范围，等等。

（3）仲裁庭的组成或者仲裁的程序违反法定程序的。“违反法定程序”是指违反仲裁法规定的仲裁程序和当事人选择的仲裁规则可能影响案件正确裁决的情形。我们认为，如果违反当事人之间专门对仲裁程序及仲裁庭组成的约定，有可能影响案件正确裁决的，也应被认定为违反法定程序。

（4）裁决所根据的证据是伪造的。该伪造的证据必须是裁决所根据的证据，如果不是裁决所根据的证据，则不能作为撤销仲裁裁决的理由。

（5）对方当事人隐瞒了足以影响公正裁决的证据的。该证据应为对方当事人即被申请人隐瞒，且足以影响公正裁决。如足以影响公正裁决的证据为被申请人以外的人隐瞒，或申请人隐瞒的证据不足以影响公正裁决，则不能作为撤销仲裁裁决的理由。

（6）仲裁员在仲裁该案时有索贿受贿，徇私舞弊，枉法裁决行为的。

当事人如若以不属于上述仲裁法第 58 条规定的事由申请撤销仲裁裁决的，根据《仲裁法司法解释》，人民法院将不予支持。

另根据《仲裁法司法解释》第 23 条规定，当事人对仲裁庭根据法院发出的重新仲裁通知而作出的重新仲裁裁决不服的，仍可以在重新仲裁裁决书送达之日起 6 个月内依据仲裁法的规定向人民法院申请撤销。

对于与仲裁裁决具有同样效力的仲裁调解书，当事人是否可以申请撤销？

我们认为，仲裁调解书是在当事人自愿达成的调解协议的基础上制作，反映的是当事人间的真实意思表示，当事人一般不能申请撤销，但如有关事项不具有可仲裁性，仲裁调解书有违社会公共利益，仲裁调解书也应允许申请撤销。不过，我国关于撤销仲裁裁决的规定，从文义上看仅针对的是仲裁裁决，对于仲裁调解书和仲裁和解书（根据当事人和解协议作出的仲裁裁决），没有相关规定，因此，对仲裁调解书和仲裁和解书，当事人并无法律依据提出撤销申请。但另一方面，仲裁调解书和经仲裁庭确认的和解协议属于仲裁裁决的范畴，被执行人应可依法提出撤销申请。不过根据《仲裁法司法解释》第 28 条的规定：对于当事人请求不予执行仲裁调解书或者根据当事人之间的和解协议作出的仲裁裁决的，人民法院不予支持。从该规定的精神来看，法院对于当事人申请撤销仲裁调解书或根据当事人和解协议作出的仲裁裁决，将来如有规定，可能会持不予支持的态度。

当事人在法院受理其提出的撤销仲裁裁决申请后，能否申请撤回撤销仲裁裁决申请？我们认为，申请撤回撤销仲裁裁决申请，类似于撤诉，属于当事人对自己诉讼权利进行处分的行为，虽然我国没有明确规定，但依类推解释，当事人既然依《民事诉讼法》有撤诉的权利，也应有申请撤回撤销仲裁裁决申请的权利。

对人民法院依法作出的撤销仲裁裁决或驳回当事人撤销仲裁裁决申请的裁定，当事人无权上诉。

另外，实践中常出现一方申请撤销裁决，另一方申请执行同一裁决的情况。对此仲裁法第 64 条规定，一方当事人申请执行仲裁裁决，另一方当事人申请撤销仲裁裁决的，人民法院应当裁定中止执行。人民法院裁定撤销裁决的，应当裁定终结执行。撤销裁决的申请被裁定驳回的，人民法院应当裁定恢复执行。

对于当事人撤销仲裁裁决申请的审理期限，仲裁法第 60 条规定，人民法院应当在受理撤销裁决申请之日起两个月内作出撤销裁决或者驳回申请的裁定。

至于申请人的对方当事人的诉讼地位，依据有关司法解释，一方当事人向人民法院申请撤销仲裁裁决的，人民法院在审理时，应当列对方当事人为被申请人。由此，在仲裁当事人中的一方提起撤销仲裁裁决的申请后，对方当事人则相应地成为被申请人。对于申请人的申请，被申请人可以在法院受理申请后，向法院提出异议并在庭审中与申请人进行质证与辩论，重点即在于申请人的申请不符合法定条件，或仲裁裁决并无法定应当撤销的情形。

作为法律工作者，在接受申请人的委托代理前，应注意分析申请人是否符合法定的条件，分析仲裁裁决是否存在应被撤销的法定情形；在接受委托代理，成为申请人的诉讼代理人后，即应及时提出申请，以维护申请人的合法权益。

## 三、实验要求

1. 研读本实验项目案例素材，掌握有关案情；
2. 熟悉本实验项目法律文件素材中有关申请撤销仲裁裁决的规定；
3. 结合案例，制作《撤销仲裁裁决申请书》；
4. 了解本实验项目实验过程。

## 四、实验素材

### （一）法律文件素材

主要为《中华人民共和国仲裁法》及《最高人民法院关于适用〈中华人民共和国仲裁法〉若干问题解释》、《关于审理当事人申请撤销仲裁裁决案件几个具体问题的批复》等相关司法解释。

### （二）案例素材

**【案例1】**

### 法院撤销仲裁裁决①

申请人某工程建设有限公司直属工程局（以下称工程局）与被申请人杨××、魏××申请撤销昆明仲裁委员会昆仲裁（2008）××号裁决一案，昆明市中级人民法院于2008年9月18日受理后，依法组成合议庭，于2008年11月4日组织双方当事人在本院十七法庭进行了询问，申请人的委托代理人沈××，被申请人杨××及两位被申请人的委托代理人廖××到庭参加了询问，该案现已审理终结。

申请人工程局申请称，由于双方当事人在《工程机械经营租赁合同》中约定“凡因履行本合同所发生的或与本合同有关的一切争议，甲乙双方应通过友好协商解决；如果协商不能解决，应提交仲裁委员会，根据仲

① 本案例来源于“北大法律信息网”：http：//vip. chinalawinfo. com/Case/displaycontent. asp？Gid=117579324&Keyword=，最后访问时间：2009年3月28日。

裁的有关程序进行仲裁裁决”的内容，事后双方没有对确定具体的仲裁委员会达成补充协议，申请人据此认为双方的仲裁协议约定不明，并向仲裁委提出了异议，根据法律的规定，本案争议的仲裁协议依法属于约定不明，系无效仲裁协议，昆明仲裁委员会无权管辖本案。故申请人民法院撤销昆明仲裁委员会昆仲裁（2008）××号裁决。

被申请人杨××、魏××共同答辩称，双方在昆明签订的合同，也是在云南履行该合同，在谈判签订合同时明确说明了双方如果发生争议，由当地即昆明的仲裁委员会仲裁，只是在签订过程中由于疏忽，没有写上“昆明”两个字。后发生纠纷，我方向昆明仲裁委员会提出仲裁，对方提出管辖异议，经仲裁委员会作出决议，驳回了对方的异议。此后对方全部参加了整个仲裁活动，最后仲裁委员会作出的仲裁裁决从实体和程序上都是依法进行的，对双方都有约束力，现申请人提出的撤销申请完全是为了拖延支付款项的时间。综上，申请人的申请应予驳回。

**【案例 2】**

## 云南某饭店申请撤回撤销仲裁裁决申请案①

申请人：云南某饭店。住所地：××市××路××号。

被申请人：杨××。

申请人云南某饭店与被申请人杨××申请撤销昆明仲裁委员会于2006年7月14日作出的昆仲裁［2006］75号裁决一案，昆明市中级人民法院于2006年8月3日立案受理后，依法组成合议庭，对该案进行了审理。审理中，申请人云南某饭店于2006年8月15日向昆明市中级人民法院申请撤回申请撤销仲裁裁决。该案现已审理终结。

（三）法律文书样式素材

## 撤销仲裁裁决申请书

申请人：

申请撤销事项：

---

① 本案例来源于“北大法意网”：http：//www.lawyee.net/Case/Case_Display.asp?RID=120503&Keyword=，最后访问时间：2009年6月27日。

事实和理由：
证据：

此致

____________中级人民法院

申请人：
年　月　日

附：1. 本申请书副本________份；
2. ××仲裁委员会裁决书________份；
3. 证据________件。

## 五、实验过程

（一）申请人诉讼代理人任务和程序

步骤1：研读案例1，掌握案情；

步骤2：对申请结果进行初步判断，确定有无胜诉可能；

步骤3：签署委托代理合同、授权委托书，接受申请人中航长城工程建设有限公司直属工程局委托；

步骤4：确认本案没有涉外因素，拟写《撤销昆明仲裁委员会昆仲裁（2008）88号裁决申请书》；

步骤5：准备证据材料、仲裁裁决书；

步骤6：向有管辖权的法院，亦即昆明仲裁委员会所在地的昆明中级人民法院提交撤销仲裁裁决申请书；

步骤7：与被申请人杨××、魏××在庭审过程中质证与辩论。

（二）被申请人诉讼代理人任务和程序

步骤1：向法院提出异议；

步骤2：与中航长城工程建设有限公司直属工程局在庭审过程中质证与辩论。

## 六、扩展思考

1. 在我国，撤销仲裁裁决制度的设立是否有必要？为什么？

2. 我国有关申请撤销仲裁裁决的规定有无不完善之处？如有，应如何改进？

## 实验项目二：法官的任务和程序

### 一、实验目的

通过本实验项目，使得学生了解作为法官如何处理涉及撤销仲裁裁决的有关事项并进行相关程序，综合掌握有关撤销仲裁裁决的规定并能予以运用。

### 二、实验原理

法院在收到当事人的撤销仲裁裁决申请书后，即应结合《仲裁法》的有关规定来审查其是否符合条件，如认为其不符合条件，当不予受理申请；如认为其符合条件，则予以受理，且应当组成合议庭审查仲裁裁决是否存在应当撤销的法定情形，并应询问当事人。根据审理案件的实际需要，人民法院还可以要求仲裁机构作出说明或者向相关仲裁机构调阅仲裁案卷。另根据《仲裁法》第 58 条第 3 款的规定，人民法院认定仲裁裁决违背社会公共利益的，亦应当裁定撤销。对于该款，应结合该条前两款来解释，即法院在当事人申请撤销仲裁裁决的情况下，如经审查核实仲裁裁决违背社会公共利益，就算认定仲裁裁决不具有该条第 1 款规定的情形，也应撤销仲裁裁决。因此，法院在审查时，亦应审查仲裁裁决是否违背社会公共利益。对于仲裁裁决是否违背社会公共利益，无须由当事人举证证明，而是由法院依职权进行审查。所谓社会公共利益，也称公共政策、公共秩序等，是指社会全体成员的重大利益、基本政策、道德的基本观念或法律的基本原则。仲裁裁决是否违背社会公共利益，主要由法官运用自由裁量权予以认定，常见的情形有违背中国法律的基本制度与准则、违背社会和经济生活基本价值取向、违背中国的基本道德准则等。需要注意的是，由于社会公共利益原则的内涵比较抽象，难以精确把握，法院应慎重运用该原则来撤销仲裁裁决，如若滥用，将损害我国的仲裁制度和司法形象。

根据《仲裁法》及有关司法解释的规定，法院受理撤销仲裁裁决的申请后，合议庭将根据情况的不同，对申请作出三种不同的处理，亦即通知仲裁庭重新仲裁、裁定撤销仲裁裁决或裁定驳回撤销仲裁裁决的申请。

合议庭认为可以由仲裁庭重新仲裁的，通知仲裁庭在一定期限内重新仲裁，并裁定中止撤销程序。可以重新仲裁的情形为仲裁裁决所根据的证据是伪造的及被申请人隐瞒了足以影响公正裁决的证据，且法院应当在重新仲裁的通知中说明要求重新仲裁的具体理由。仲裁庭在人民法院指定的期限内开始重新仲裁的，法院应当裁定终结撤销程序；仲裁庭拒绝重新仲裁的，人民法院应当裁定恢复撤销程序。此处需要说明的是，对于仲裁庭而言，法律并未规定其在收到法院的重新仲裁通知后必须重新仲裁，因此，仲裁庭收到法院的重新仲裁通知后，既可以重新仲裁，也可以拒绝重新仲裁。

合议庭一经审查核实仲裁裁决具有法定应当撤销的情形，且认为不具有重新仲裁的理由或通知仲裁庭重新仲裁被拒绝的，则应当在受理申请后2个月内裁定撤销仲裁裁决。如当事人以仲裁裁决事项超出仲裁协议范围为由申请撤销仲裁裁决，经审查属实，合议庭应当撤销仲裁裁决中的超裁部分。但超裁部分与其他裁决事项不可分的，人民法院应当撤销仲裁裁决。当事人对人民法院撤销仲裁裁决的裁定不服申请再审的，人民法院不予受理。

合议庭如经审查，认为仲裁裁决不具有法定应当撤销的情形，则应在受理申请后2个月内裁定驳回申请人的申请。

对于申请人申请撤回撤销仲裁裁决申请的，结合前述申请人有权申请撤回撤销仲裁裁决申请的分析，法院可依照《民事诉讼法》有关撤诉的规定予以处理，即宣判前，原告申请撤回撤销仲裁裁决申请的，是否准许，由人民法院裁定，所要考虑的因素有当事人的意思是否真实，法律是否有禁止性规定，撤回申请是否损害国家、集体或他人的利益等。如果存在上述情形，则裁定准许；如不存在上述情形，则裁定驳回当事人的撤回申请。

## 三、实验要求

1. 研读本实验项目案例素材，掌握有关案情；
2. 熟悉本实验项目法律文件素材中有关申请撤销仲裁裁决的规定；
3. 结合案例，制作有关裁决；
4. 了解本实验项目实验过程。

## 四、实验素材

### （一）法律文件素材

主要为《中华人民共和国仲裁法》及《最高人民法院关于适用〈中华人民共和国仲裁法〉若干问题的解释》、《关于审理当事人申请撤销仲裁裁决案件几个具体问题的批复》等相关司法解释。

（二）案例素材

**【案例1】**

## 法院驳回撤销仲裁裁决申请①

申请人：某生物技术有限公司，住所地：×××。

法定代表人：陈××，董事长。

委托代理人：袁××，该公司员工。

委托代理人：胡××，某律师事务所律师。

被申请人：余××。

委托代理人：王××，某律师事务所律师。

申请人某生物技术有限公司（以下简称某公司）与被申请人余××申请撤销仲裁裁决一案，苏州市中级人民法院于2006年5月12日受理后，依法组成合议庭，于2005年9月19日公开开庭进行了审理，某公司法定代表人陈××、委托代理人袁××、余××委托代理人王××到庭参加诉讼。该案现已审理终结。

申请人某公司诉称，对申请人与被申请人之间《委托开发合同》的争议，苏州仲裁委员会于2005年11月15日作出（2005）苏仲裁字第×××号裁决书，但仲裁庭在审理中，违反法定仲裁程序，且裁决书认定事实依据的证据是伪造的，故申请法院予以撤销。其申请撤销的理由是：1. 仲裁庭开庭时违背不公开审理的原则；2. 申请人已书面通知被申请人解除合同，将该确认之诉提交仲裁，但裁决却作出一个变更之诉，程序违法；3. 裁决依据的证据"被申请人对刘×的调查笔录"、"甘××的证言"、"被申请人提供的技术资料手写稿"均是伪造的。

申请人提交以下证据：

证据1. 委托研发合同，用以证明余××没有交付技术资料，合同义务未履行。

证据2. 委托研发合同补充协议，用以证明余××在2005年6月22日前没有交付技术资料。

证据3. 经公证的余××于2005年7月29日发给某公司的通知。

① 本案例来源于"北大法意网"：http：//www.lawyee.net/Case/Case_Display.asp?RID=106761&Keyword=，最后访问时间：2009年6月27日。

证据4. 一万元的付款收据，用以证明某公司履行合同的诚意。

证据5. 余××提交给仲裁庭的答辩状，用以证明余××确认了没有交付技术资料。

证据6. 余××的仲裁申请书，证明余××谎称在2005年6月15日前交付技术资料，但实际在2005年6月22日前不可能交付技术资料。

证据7. 技术转让阶段小结，用以证明证人刘×、甘××的真实意思表示。

证据8. 简历，用以证明刘×和余××是同学关系。

证据9. 关于刘×的劳动争议仲裁文书，用以证明刘×提出劳动争议的时间是2005年8月11日，而余××提出的仲裁时间是2005年8月15日，这两个仲裁时间相呼应，且两人的代理人相同，用以证明刘×以伪造的证据作证明。

证据10. 对刘×的调查笔录。

证据11. 原始生产记录，用以证明余××没有进行技术指导。

证据12. 技术资料说明，用以证明余××根本没有进行技术指导。

证据13. 某公司给甘××的函，用以证明某公司追究甘××就余××的技术转让没到位却未向公司报告的责任。

证据14. 甘××的证词，用以证明甘××未到庭接受询问，是不是本人的证言不能进行确认。

证据15. 余××的技术资料手写稿。该手写稿没有技术资料的名称，相关的合同号，没有签字，字迹不清，难以辨认，说明余××没有根据合同和协议的要求向某公司提交技术资料的事实。

证据16. 孙××的证词，用以证明仲裁庭开庭时有无关人员在场。

被申请人余××辩称，仲裁庭开庭时无旁听人员在场。某公司通知解除合同是单方通知，但被申请人不同意解除，因此仲裁庭对此争议作出裁决是正确的。对于三份证据，不能因为刘×与余××是同学关系就说证据存在伪造，刘×的证据和余××的技术资料形成证据锁链，不存在伪造。对于甘××的证言，符合规定，和刘×的证言都是反映事实的。因此，请求驳回申请人的请求。

被申请人未提供证据。

上述证据经质证、认证，对于申请人提供的证据16，被申请人认为系证人证言，因证人未到庭，故不予认可，对于申请人提供的其余证据的真实性均不持异议。

苏州市中级人民法院认为，申请人提供的证据16属证人证言，因证人未到庭，故对其真实性不予确认。其余证据因对方当事人不持异议，故对真实性予以确认，但与本案没有关联性。

经审理查明，2004年7月1日，某公司与余××签订委托开发合同1份，约定由余××负责某生产技术的研发与生产技术指导，并约定合同履行过程中双方发生争议时，应及时协商解决，协商不成的，由苏州仲裁委员会仲裁。后双方在合同履行过程中产生纠纷，某公司于2005年7月18日致函给余××，宣布解除与之的委托开发合同，并要求退还已支付的研发费15万元，但余××不同意，并要求继续履行合同。后余××于2005年8月19日依据仲裁条款，向苏州仲裁委员会申请仲裁，苏州仲裁委员会于2005年11月15日作出（2005）苏仲裁字第154号裁决书。

仲裁过程中，余××的仲裁请求是，要求裁令某公司给付剩余研发费13万元，并赔偿其为追索剩余研发费而产生的费用6364.20元。

某公司提出反请求，要求余××返还已收的技术转让费15万元，赔偿经济损失××元，因设备闲置、折价、原材料过期失效带来的损失、因本案支出的合理费用××元。

苏州仲裁委员会的裁决书认为，双方签订的委托开发合同实质属于技术转让合同，合法、有效。某公司认为余××的技术不成熟及不能生产出符合合同产品缺乏相应证据，应当认定某公司存在明显的违约。根据证人刘×、甘××的证词，余××已交付技术资料并进行了相关技术指导。由于合同未对技术转让的期限作明确约定，导致双方在履行合同中产生分歧，双方在缔约方面均有过错。考虑到双方均表示要求终止合同履行，故余××要求某公司给付剩余13万元研发费的请求，不予支持。对于双方提出的赔偿请求，不予支持。裁决：一、自裁决生效之日起解除余××与某公司之间的《委托开发合同》。二、驳回余××的仲裁请求。三、驳回某公司的其他仲裁反请求。四、本请求仲裁费××元，由余××承担；反请求仲裁费××元，由某公司承担。

某公司对裁决不服，于2006年5月12日向苏州市中级人民法院提出申请，要求撤销仲裁裁决。

苏州市中级人民法院认为，根据《中华人民共和国仲裁法》第58条规定，当事人提出证据证明裁决有下列情形之一的，可以向仲裁委员会所在地的中级人民法院申请撤销裁决：（一）没有仲裁协议的；（二）裁决的事项不属于仲裁协议的范围或者仲裁委员会无权仲裁的；（三）仲裁庭的组成或者仲裁的程序违反法定程序的；（四）裁决所根据的证据是伪造的；（五）对方当事人隐瞒了足以影响公正裁决的证据的；（六）仲裁员在仲裁该案时有索贿受贿，徇私舞弊，枉法裁决行为的。

该案中，某公司申请撤销的理由是仲裁裁决存在《中华人民共和国仲裁法》第58条第1款第（3）项、第（4）项的情形。

一、关于仲裁程序是否违反法定程序。

是否违背仲裁不公开进行的原则。根据《中华人民共和国仲裁法》第40条，仲裁不公开进行。当事人协议公开的，可以公开进行，但涉及国家秘密的除外。现某公司称仲裁庭开庭时，有旁听人员在场，仅仅提供了原仲裁时代理人的证言，而余××一方则不予认可。对此，因某公司提供的证人证言的真实性无法确认，且开庭笔录系仲裁庭审理活动的真实记载，若某公司在仲裁庭开庭时发现有旁听人员在场，有权要求仲裁庭在开庭笔录中记明。现开庭笔录未记载公开开庭的内容，亦未记载有旁听人员在场，而某公司又未能提供其他足够的相反证据……

二、裁决是否依据了伪造的证据。

审理中，某公司对刘×、甘××书面证词中刘×、甘××签名的真实性并无异议。虽然事后某公司否认甘××签名的真实性，但在本院质证时，某公司代理人明确认可该签名的真实性，而某公司的法定代表人同时在场，并未作否认表示……至于刘×、甘××的证词与某公司提供的其他证据内容相反，是否应当被采纳，以及余××提供的"技术资料手写稿"是否应当被采纳，均系仲裁庭对证据审核后所作的结论……

法院最后认定，申请撤销的主张不成立，裁定驳回撤销仲裁裁决申请。

**【案例2】**

## 法院通知重新仲裁后中止撤销程序①

申请人：某房地产开发有限公司。

法定代表人：虞××，该公司董事长。

特别授权诉讼代理人：杨×，某律师事务所律师。

---

① 本案例来源于"北大法意网"：http：//www.lawyee.net/Case/Case_Display.asp?RID=120465&Keyword=，最后访问时间：2009年6月27日。

被申请人：王××。

诉讼代理人：高××，某律师事务所律师（特别授权）。

云南省昆明市中级人民法院在审理申请人某房地产开发有限公司与被申请人王××申请撤销昆明仲裁委员会昆仲裁（2006）9号仲裁裁决一案过程中，于2006年9月6日向昆明仲裁委员会发出通知，通知仲裁庭在2006年9月15日前重新仲裁其受理的申请人王××与被申请人某公司商品房买卖合同纠纷仲裁案。对此，云南省昆明市中级人民法院根据《中华人民共和国仲裁法》第61条规定"人民法院受理撤销裁决的申请后，认为可以由仲裁庭重新仲裁的，通知仲裁庭在一定期限内重新仲裁，并裁定中止撤销程序。仲裁庭拒绝重新仲裁的，人民法院应当裁定恢复撤销程序"，认为该案的撤销程序在仲裁庭拒绝重新仲裁或者已作出重新仲裁裁决之前应当予以中止。据此，依照《中华人民共和国仲裁法》第61条的规定，裁定该案中止审理。

**【案例3】**

### 仲裁庭重新仲裁后法院终结撤销程序①

申请人：某房地产开发有限公司。住所地：×××。

法定代表人：虞××，该公司董事长。

委托代理人：杨×，某律师事务所律师（特别授权）。

被申请人：毕××。

诉讼代理人：高××，某律师事务所律师（特别授权）。

云南省昆明市中级人民法院审理的申请人某房地产开发有限公司与被申请人毕××申请撤销昆明仲裁委员会昆仲裁（2006）7号仲裁裁决一案，在审理过程中，云南省昆明市中级人民法院于2006年9月6日向昆明仲裁委员会（以下简称昆明仲裁委）发出通知，通知仲裁庭在2006年9月15日前重新仲裁其受理的申请人毕××与被申请人××公司商品房买卖合同纠纷仲裁案。同年9月14日，昆明仲裁委就该仲裁案作出了重新裁决。对此，云南省昆明市中级人民法院根据《最高人民法院关于适用〈中华人民共和国仲裁法〉若干问题的解释》第22条规定"仲裁庭在

① 本案例来源于"北大法意网"：http：//www.lawyee.net/Case/Case_Display.asp?RID=120508&Keyword=，最后访问时间：2009年6月28日。

人民法院指定的期限内开始重新仲裁的，人民法院应当裁定终结撤销程序；未开始重新仲裁的，人民法院应当裁定恢复撤销程序”，认为本案的撤销程序在仲裁庭开始重新仲裁后即应当予以终结。据此，云南省昆明市中级人民法院依据《最高人民法院关于适用〈中华人民共和国仲裁法〉若干问题的解释》第22条的规定，裁定该案终结审理。

（三）法律文书样式素材

×××× 人民法院
民事裁定书

（××××）×民仲字第××××号

申请人×××

法定代表人×××

委托代理人×××

被申请人×××

委托代理人×××

申请人×××与被申请人×××申请撤销仲裁裁决一案，本院于××××年×月×日受理后，依法组成合议庭，于××××年×月×日公开开庭进行了审理，申请人×××、法定代表人×××、委托代理人×××、被申请人法定代表人×××、委托代理人×××到庭参加诉讼。本案现已审理终结。

申请人×××诉称，××××

申请人×××提交以下证据：

××××

被申请人×××辩称，××××

被申请人×××提供以下证据：

××××

上述证据经质证、认证，××××

本院认为，××××

经审理查明，××××

本院认为，根据《中华人民共和国仲裁法》第58条规定，当事人提出证据证明裁决有下列情形之一的，可以向仲裁委员会所在地的中级人民法院申请撤销裁决：（一）没有仲裁协议的；（二）裁决的事项不属于仲裁协议的范围或者仲裁委员会无权仲裁的；（三）仲裁庭的组成或者仲裁的程序违反法定程序的；（四）裁决所根据的证据是伪造的；（五）对方当事人隐瞒了足以影响公正裁决的证据的；（六）仲裁员在仲裁该案时有索贿受贿，徇私舞弊，枉法裁决行为的。

本案中，申请人×××申请撤销的理由是××××。

本院认为，××××

综上所述，申请人×××要求撤销仲裁裁决的证据不足（或充分），理由不能成立（或成立），本院不予支持（或予以支持）。依照《中华人民共和国仲裁法》第58条、《中华人民共和国民事诉讼法》第140条之规定，裁定如下：

驳回×××要求撤销××××仲裁委员会（××××）××仲裁字第××××号裁决书的申请［或撤销××××仲裁委员会（××××）××仲裁字第××××号裁决书］。

申请费×××元，其他诉讼费×××元，由×××负担。

本裁定书送达后立即生效。

审判长　×××
审判员　×××
审判员　×××
××××年××月××日
书记员　×××

## ××××人民法院
## 民事裁定书

（××××）×民初字第×××号

申请人×××

法定代表人×××

特别授权诉讼代理人×××

被申请人×××

诉讼代理人×××

××××人民法院在审理申请人×××与被申请人×××申请撤销××××仲裁委员会×仲裁（××××）第××号仲裁裁决一案过程中，于

××××年××月××日向××××仲裁委员会发出通知，通知仲裁庭在××××年××月××日前重新仲裁其受理的申请人×××与被申请人×××纠纷仲裁案。对此，××××人民法院根据《中华人民共和国仲裁法》第61条规定“人民法院受理撤销裁决的申请后，认为可以由仲裁庭重新仲裁的，通知仲裁庭在一定期限内重新仲裁，并裁定中止撤销程序。仲裁庭拒绝重新仲裁的，人民法院应当裁定恢复撤销程序”，认为该案的撤销程序在仲裁庭拒绝重新仲裁或者已作出重新仲裁裁决之前应当予以中止。据此，依照《中华人民共和国仲裁法》第61条的规定，裁定该案中止审理。

审判长　×××
审判员　×××
审判员　×××
××××年××月××日
书记员　×××

## ××××人民法院
## 民事裁定书

（××××）×民初字第×××号

申请人×××
法定代表人×××
特别授权诉讼代理人×××
被申请人×××
诉讼代理人×××

××××人民法院在审理申请人×××与被申请人×××申请撤销××××仲裁委员会×仲裁（××××）第××号仲裁裁决一案过程中，于××××年××月××日向××××仲裁委员会发出通知，通知仲裁庭在××××年××月××日前重新仲裁其受理的申请人×××与被申请人×××纠纷仲裁案。××××年××月××日，××仲裁委就该仲裁案作出了重新裁决。对此，××××人民法院根据《中华人民共和国仲裁法》第61条规定“人民法院受理撤销裁决的申请后，认为可以由仲裁庭重新仲裁的，通知仲裁庭在一定期限内重新仲裁，并裁定中止撤销程序。仲裁庭拒绝重新仲裁的，人民法院应当裁定恢复撤销程序”，认为该案的撤销程序在仲裁庭拒绝重新仲裁或者已作出重新仲裁裁决之前应当予以中止。据此，依照《中华人民共和国仲裁法》第61条的规定，裁定该案终结审理。

审判长 ×××
审判员 ×××
审判员 ×××
××××年××月××日
书记员 ×××

**五、实验过程**

实验环节一：审查申请人的申请是否符合法定条件

步骤1：接收某公司《撤销仲裁裁决申请书》，确认本案没有涉外因素；

步骤2：审查本院是否为仲裁委员会所在地中级人民法院，从而确定管辖权；

步骤3：审查申请书的形式是否符合要求，符合的，继续以下步骤；不符合的，要求申请人某公司予以完善，某公司不予以完善的，不予受理；

步骤4：审查某公司是否为当事人；

步骤5：审查申请是否在申请撤销仲裁裁决时效内提出申请；

步骤6：审查某公司是否提出证据证明裁决有法定应予撤销的情形；

步骤7：如认为某公司申请不符合法定条件，裁定不予受理；如认为申请符合条件，则予以受理，并进行以下实验环节。

实验环节二：审查仲裁裁决是否存在法定应予撤销的情形

步骤1：组成合议庭对某公司申请及苏州仲裁委员会（2005）苏仲裁字第154号裁决书进行审查；

步骤2：询问某公司及被申请人余××，如认为必要，要求苏州仲裁委员会作出说明或者向其调阅仲裁案卷；

步骤3：结合认定的证据，依据我国有关规定，审查仲裁裁决是否存在法定应予撤销的情形，并视情形进行以下实验环节。

### 实验环节三：驳回撤销仲裁裁决的申请

步骤：如审查核实仲裁裁决不具有法定应予撤销的情形，则在受理申请之日起2个月内裁定驳回某公司申请。

### 实验环节四：通知原仲裁庭重新仲裁

步骤1：如审查核实仲裁裁决具有法定应予撤销的情形，而有关情形属于可以重新仲裁的情形的，则通知原仲裁庭在一定期限内重新仲裁，并裁定中止撤销程序；

步骤2：如原仲裁庭在指定期限内重新仲裁，裁定终结撤销程序；

步骤3：如原仲裁庭拒绝重新仲裁，裁定恢复撤销程序。

### 实验环节五：撤销仲裁裁决

步骤1：如审查核实仲裁裁决具有法定应予撤销的情形，但有关情形不属于可以重新仲裁的情形，或虽属于但通知原仲裁庭重新仲裁被拒绝的，则在受理申请2个月内（中止期间不包括在内）裁定撤销裁决。

步骤2：如果某公司提出的理由只有部分成立，而仲裁裁决的各项内容可以分割，则部分撤销某公司提出的理由对应项裁决。

## 六、扩展思考

1. 结合本实验项目案例素材之案例一，某公司申请撤销仲裁裁决是否符合法定条件？该仲裁裁决是否应被撤销？为什么？

2. 我国有关重新仲裁的规定有无不完善之处？如有，应如何改进？

# 第七章　仲裁裁决的执行

仲裁裁决的执行，亦即仲裁裁决的强制执行，是指仲裁一方当事人不自动履行仲裁裁决，另一方当事人在法定期限内向有管辖权的法院提出执行仲裁裁决申请，法院认为申请符合法定条件即将裁决书的内容付诸实现的强制行为。该概念包括以下含义：第一，仲裁裁决的执行的前提是仲裁一方当事人不自动履行仲裁裁决，如果当事人已自动履行仲裁裁决，则无执行的必要；第二，仲裁裁决的执行应根据当事人的申请，法院无权主动执行仲裁裁决；第三，当事人的申请应符合法定的条件，否则法院将不予受理；第四，法院一经认为申请符合法定条件，即应予以执行。

仲裁裁决的执行对于仲裁制度具有重要意义。

对于仲裁当事人而言，仲裁裁决的执行是当事人实现其权利的有效保障。仲裁裁决虽然一经作出即具有法律效力，对当事人均具有约束力，但仲裁庭乃至仲裁机构并没有强制执行仲裁裁决的权力及条件。如纯粹寄希望于负有履行义务的当事人自动履行仲裁裁决以满足对方当事人的权利，难免会使得当事人的权利的实现缺乏牢固的根基。仲裁裁决的执行程序，使得国家权力得以介入，通过国家强制力保证仲裁裁决的履行，从而保障当事人的权利能够最终得到实现。

对于仲裁制度而言，仲裁裁决的执行可谓其坚固的后盾，保障其存在和发展。如果仲裁裁决不能得到强制执行，仅凭当事人自愿履行得以实现，则仲裁作为争议解决方式，与调解、和解相比，反而体现出成本劣势及其他劣势，因仲裁较之调解、和解往往在人力、物力及时间上的耗费要多，且经过公证的调解协议、在诉讼过程中经法院主持达成的调解协议还具有强制执行的效力；如果当事人不履行仲裁裁决，则当事人的纠纷得不到最终的解决，当事人所有付出都将成为沉没成本，此时的仲裁，较之可能成本要高但能最终解决当事人纠纷的诉讼，也将无优势可言。仲裁裁决的强制执行，使得仲裁制度能最终解决当事人的纠纷，加上仲裁制度本身的专业性、灵活性等特点，使得仲裁制度较之其他争端解决方式具备了其特有的优势，从而成为仲裁制度生存和发展的坚固后盾。

对于国家司法而言，仲裁裁决的执行是司法支持仲裁制度的最终及最重要的体现，表现了司法对仲裁的支持态度，同时，法院对仲裁裁决也可能不予执行，从而构成对仲裁的监督及确保正义实现的最后一道防线。

本章实验教程依有关法律工作者角色的不同，分为申请人的诉讼代理人的任务和程序、被执行人的诉讼代理人的任务和程序以及法院的任务和程序。通过本章实验教程的各实验项目，意图使学生了解、理解或掌握仲裁裁决执行的有关规定及熟悉相关程序，并能进行相关的实务操作。本章的知识点主要为申请执行仲裁裁决的条件、法定应当不予执行仲裁裁决的情形、执行仲裁裁决的程序、仲裁裁决的暂缓执行、中止执行、终结执行等。

## 实验项目一：申请人的诉讼代理人的任务和程序

### 一、实验目的

通过本实验项目，使得学生了解执行涉外仲裁裁决与申请执行国内仲裁裁决的不同之处，了解实务操作中作为诉讼代理人如何处理涉及申请执行仲裁裁决的事项及进行相关程序，理解申请执行仲裁裁决的意义及重要性，熟悉并能运用我国关于申请执行仲裁裁决、申请财产保全等相关规定。

### 二、实验原理

仲裁一方当事人申请执行仲裁裁决的前提在于对方当事人在仲裁裁决确定的履行期限内不自动履行仲裁裁决。

依据《仲裁法》、《民事诉讼法》及有关司法解释的相关规定，申请人申请执行仲裁裁决应具备下述条件：

（1）必须由当事人提出申请。当事人以外的人，除非当事人授权其委托代理或其为当事人的法定代理人，申请执行的，法院将不予受理。法院也无权主动执行仲裁裁决。

（2）当事人申请执行的仲裁裁决必须是具有法律效力的裁决。仲裁裁决，无论是部分裁决还是最终裁决，一经作出即具有法律效力。实际上，要求申请执行的仲裁裁决必须是具有法律效力的裁决，即要求仲裁裁决不得是已被撤销及已被有管辖权法院裁定不予执行的裁决。另外，可被申请执行的仲裁裁决一般是关于实体事项的裁决，无论是部分裁决还是终局裁决。关于程序性事项的中间裁决，无须申请法院执行，因为当事人不履行中间裁决并不影响仲裁程序的进行，也不影响仲裁庭作出最终的裁决。

（3）当事人必须在一定期限内提出申请。申请执行的期间为2年。期间的起算日，为仲裁裁决规定履行期间的最后一日；仲裁裁决规定分期履行的，为规定的每次履行期间的最后一日；仲裁裁决未规定履行期间的，为仲裁裁决生效之日。申请执行时效的中止、中断，适用法律有关诉讼时效中止、中断的规定。逾期未提出申请的，当事人即丧失请求法院强制执行仲裁裁决的权利。

（4）当事人必须向有管辖权的人民法院提出申请。有管辖权的法院为被执行人住所地或者被执行的财产所在地的中级人民法院。

在具备申请执行仲裁裁决的前提和条件后，依照仲裁裁决享有权利的一方当事人，即可向有管辖权的法院申请执行仲裁裁决。

对于仲裁调解书及依据当事人和解协议作出的仲裁裁决书，当事人亦可根据上述规定向有管辖权的法院申请强制执行。

因从仲裁裁决作出，到一方当事人届期不履行仲裁裁决从而另一方当事人决定提起执行仲裁裁决的申请，往往有较长的时间，为了切实保障另一方当事人的合法权益得以实现，结合民事诉讼法有关财产保全的规定，我们认为，在仲裁裁决作出后，至当事人申请执行仲裁裁决前，如因情况紧急，不立即申请财产保全将会使当事人的合法权益受到难以弥补的损害的，另一方当事人可以在申请执行仲裁裁决前向人民法院申请采取财产保全措施。至于当事人提起仲裁裁决申请后，法院只审查当事人的申请是否符合法定条件，一旦认定符合条件，即予以执行。

另依据有关规定，对于仲裁裁决被法院依法裁定不予执行，申请人不服而申请再审的，人民法院不予受理。

在执行过程中，申请人和被执行人可以和解，达成和解协议。如被执行人不履行和解协议，申请人可以申请法院恢复执行程序。

法律工作者，在接受申请人的委托代理前，应注意分析申请人是否符合法定条件，有关仲裁裁决是否具有效力；接受委托代理后，作为申请人的诉讼代理人，应当正确、及时地申请执行仲裁裁决，申请诉前财产保全，以维护申请人的合法权益。

## 三、实验要求

1. 研读本实验项目案例素材，掌握有关案情；
2. 熟悉本实验项目法律文件素材中有关申请执行仲裁裁决的规定；

3. 结合案例，制作《执行仲裁裁决申请书》、《诉前财产保全申请书》；
4. 了解本实验项目实验过程。

## 四、实验素材

（一）法律文件素材

主要为《中华人民共和国仲裁法》、《中华人民共和国民事诉讼法》及《最高人民法院关于适用〈中华人民共和国仲裁法〉若干问题的解释》、《最高人民法院关于适用〈中华人民共和国民事诉讼法〉若干问题的意见》、《最高人民法院关于当事人因对不予执行仲裁裁决的裁定不服而申请再审人民法院不予受理的批复》等相关司法解释。

（二）案例素材

### 某轮船租金争议仲裁案①

申请人福建省××总公司（以下简称船方）根据其与被申请人安徽××船务企业有限公司（以下简称租方）于1993年8月20日签订的某轮定期租船合同中的仲裁条款，于1996年7月2日向中国海事仲裁委员会提交了仲裁申请书，要求裁决租方向其支付拖欠的租金××美元及其自1994年12月2日起至实际付款日止年利率为10%的利息，并负担船方为本案支付的律师费及仲裁费。

根据中国海事仲裁委员会仲裁规则的规定，船方指定宋××先生为仲裁员，租方指定朱××先生为仲裁员，船租双方共同指定高××先生为首席仲裁员。本案由上述三位仲裁员于1996年9月16日组成的仲裁庭审理。

仲裁庭于1996年10月30日在北京开庭审理该案，船租双方的代表及代理人在庭上进一步陈述了各自的主张，庭后双方都提交了补充材料。现该案已审理终结，仲裁庭在仲裁规则规定的期限内于1997年5月9日作出该案裁决。裁决如下：

1. 租方向船方支付租金××美元，并加计从1995年1月1日起至实际付款日止年利率为8%的利息。

2. 本案仲裁费为人民币×××元；由船方承担35%，即人民币

① 本案例来源于“北大法律信息网”：http：//vip. chinalawinfo. com/NewLaw2002/SLC/SLC. asp？Db=art&Gid=234881373，最后访问时间：2009年3月18日。

×××元；由租方承担65%，即人民币×××元。船方已向仲裁委员会预缴了全部仲裁费用，为此，租方在向船方支付以上第1项所列款项时，应向船方加付人民币×××元。

3. 以上租方应向船方支付的款项，租方应于本裁决作出之日起45天内向船方支付完毕，逾期则美元按年利率10%，人民币按年利率12%加计利息。

（三）法律文书样式素材

## 执行仲裁裁决申请书

申请人：

被申请人：

上列当事人间，因________________案，业经____________________________仲裁委员会于________年____月____日作出（　　）______字第______号裁决，被申请人拒不遵照裁决履行。为此，特申请你院给予强制执行。现将事实和理由、具体请求事项分述如下：

事实和理由：

请求事项：

此致

____________人民法院

申请执行人：

年　　月　　日

附：仲裁裁决书及相关证据材料________份

## 诉前财产保全申请书

申请人：名称

住所地：

法定代表人（或主要负责人）：姓名、职务、电话等

委托代理人：

被申请人：名称

住所地：

法定代表人（或主要负责人）：姓名、职务、电话等

请求事项：

请求人民法院对被申请人的下列财产进行财产保全：

1. ……

2. ……（说明财产的位置、数量、金额等情况）

事实与理由：

本申请人提供如下担保：

1. ……

2. ……

特此申请。

此致

____________人民法院

申请人：名称（加盖公章）

法定代表人（或主要负责人）：

（签名或盖章）

年　　月　　日

附：有关证据及材料。

## 五、实验过程

### 实验环节一：申请执行仲裁裁决

步骤1：详细了解案情；

步骤2：对申请结果进行初步判断，确定有无胜诉可能；

步骤3：签署委托代理合同、授权委托书，接受申请人福建省××总公司委托；

步骤4：确认本案没有涉外因素，拟写《执行仲裁裁决申请书》；

步骤5：准备证据材料及裁决书；

步骤6：准备被申请人安徽××船务企业有限公司的经济状况或财产状况的有关资料；

步骤7：在申请执行的期限内选择有管辖权的人民法院提出申请。

实验环节二：申请诉前财产保全

步骤1：拟写《诉前财产保全申请书》；

步骤2：准备证据材料；

步骤3：准备安徽××船务企业有限公司的经济状况或财产状况的有关资料；

步骤4：要求福建省××总公司准备担保物或寻找担保人；

步骤5：向有管辖权法院提出申请；

步骤6：如果法院裁定采取保全措施，在法院采取保全措施后十五日内申请执行仲裁裁决。

## 实验项目二：被执行人的诉讼代理人的任务和程序

### 一、实验目的

通过本实验项目，使得学生了解作为被执行人的诉讼代理人如何处理涉及仲裁裁决执行的事项及进行相关程序，理解不予执行仲裁裁决的意义，掌握我国有关不予执行仲裁裁决的有关规定并能予以运用。

### 二、实验原理

被执行人在收到法院的执行通知后，可以采取的阻却或延缓法院强制执行的措施主要有提供担保、与申请人达成和解协议、提出执行异议、申请不予执行仲裁裁决、申请撤销仲裁裁决等。

在执行中，被执行人可以与申请人自行和解，达成和解协议。

被执行人亦可向法院提供担保，请求法院暂缓执行。

至于提出执行异议或申请不予执行仲裁裁决，被执行人均须提出证据证明仲裁裁决有法定不予执行的情形。从国际立法及各国立法来看，不予执行仲裁裁决的理由大致有：仲裁协议无效；仲裁的进行违反正当程序；仲裁员越权；仲裁庭的组成或者仲裁程序不当；裁决对当事人尚未发生约束力或已被撤销或停止执行；争议事项不可用仲裁方式解决；违反公共政策或公共秩序等。在我国，根据《民事诉讼法》第213条规定，法定不予执行仲裁裁决的情形有：

（1）当事人在合同中没有订有仲裁条款或者事后没有达成书面仲裁协议的；

（2）裁决的事项不属于仲裁协议的范围或者仲裁机构无权仲裁的；

（3）仲裁庭的组成或者仲裁的程序违反法定程序的；

（4）认定事实的主要证据不足的；

（5）适用法律确有错误的；

（6）仲裁员在仲裁该案时有贪污受贿，徇私舞弊，枉法裁决行为的。

关于上述情形的解释，详见本书第六章。另，如果被执行人有证据证明申请人的申请不符合法定申请的条件，特别是申请人的申请超过申请执行仲裁裁决时效，亦应允许其据以提出执行异议或不予执行仲裁裁决申请。

如果申请人申请执行的是仲裁调解书或根据当事人和解协议作出的仲裁裁决，作为被执行人，结合相关司法解释的规定，提出执行异议或申请不予执行，将不会得到法院支持。该规定似乎过于绝对，如仲裁事项不具有可仲裁性，或法院认为执行仲裁裁决违背社会公共利益的，法院应考虑不予执行。

仲裁裁决被人民法院裁定不予执行的，申请人和被执行人可以根据双方达成的书面仲裁协议重新申请仲裁，也可以向人民法院起诉。通常而言，在被申请人不自动履行仲裁裁决，申请人申请法院执行仲裁裁决，法院又裁定不予执行的情况下，申请人与被申请人之间很难再达成书面仲裁协议，申请人意欲实现其合法权益，只有就有关民商事争议向人民法院起诉。

被执行人申请撤销仲裁裁决的实验原理详见本书第六章。

法律工作者，如作为被执行人的代理人，应掌握上述规定，针对申请人的申请执行，不同情况采取不同策略，以维护被执行人的合法权益。

## 三、实验要求

1. 研读本实验项目案例素材，掌握有关案情；
2. 熟悉本实验项目法律文件素材中有关申请执行仲裁裁决的规定；
3. 结合案例，制作《执行仲裁裁决申请书》、《诉前财产保全申请书》；
4. 了解本实验项目实验过程。

## 四、实验素材

### （一）法律文件素材

主要为《中华人民共和国仲裁法》、《中华人民共和国民事诉讼法》及《最高人民法院关于适用〈中华人民共和国仲裁法〉若干问题的解释》、《最高人民法院关于适用〈中华人民共和国民事诉讼法〉若干问题的意见》等相关司法解释。

（二）案例素材

同本实验教程实验项目一之案例素材

（三）法律文书样式素材

### 不予执行仲裁裁决申请书

申请人：×××

被申请人：×××

请求事项：×××

事实与理由：×××

此致

__________人民法院

申请人：名称（加盖公章）

法定代表人（或主要负责人）：

（签名或盖章）

年　　月　　日

## 五、实验过程

实验环节一：申请不予执行仲裁裁决

步骤1：研读本实验项目案例，掌握案情；

步骤2：确认本案无涉外因素，拟写《不予执行仲裁裁决申请书》；

步骤3：准备证据材料及裁决书；

步骤4：向受理福建省××总公司申请的人民法院提交不予执行申请书；

步骤5：与福建省××总公司在庭审过程中质证、辩论。

实验环节二：申请撤销仲裁裁决

本实验环节请参考本书第六章。

实验环节三：和解及提供担保

步骤1：根据被执行人安徽××船务企业有限公司的授权，与福建省××总公司进行和解，达成和解协议。

步骤2：建议安徽××船务企业有限公司向法院提供担保并请求法院暂缓执行。

### 六、扩展思考

1. 在我国，申请撤销仲裁裁决与申请不予执行仲裁裁决的联系与区别。
2. 我国有关仲裁裁决不予执行的规定有无不足之处？如有，如何完善？

## 实验项目三：法官的任务和程序

### 一、实验目的

通过本实验项目，使得学生了解法院工作人员及法官如何处理涉及仲裁裁决执行的事项及进行相关程序，综合掌握有关执行仲裁裁决的规定并能予以运用。

### 二、实验原理

有管辖权的法院在收到当事人的执行仲裁裁决的申请后，首先应审查当事人的申请是否具备申请执行的前提和条件。如不符合，则裁定不予受理；一经确定符合，则予以受理，并应当予以执行，即应裁定予以执行，并及时采取执行措施。根据审理案件的实际需要，人民法院还可以要求仲裁机构作出说明或者向相关仲裁机构调阅仲裁案卷。

执行由执行员进行，执行员收到申请执行书后，应当向执行人发出执行通知，责令其在指定的期间履行，逾期不履行的，则采取强制执行的相应措施。被执行人不履行仲裁裁决确定的义务，并有可能隐匿、转移财产的，执行员可以立即采取强制执行措施。

在执行中，双方当事人自行和解达成协议的，执行员应当将协议内容记入笔录，由双方当事人签名或者盖章。一方当事人不履行和解协议的，人民法院可以根据对方当事人的申请，恢复对原生效法律文书的执行。有关执行的措施详见《民事诉讼法》第21章及相关司法解释的规定。

对于被执行人提供担保的，经申请人同意，法院可以决定暂缓执行及暂缓执行的期限，有担保期限的，暂缓执行的期限应与担保期限一致。被执行人逾期仍不履行的，法院有权执行被执行人的担保财产或担保人的财产。在暂缓执行期间，被执行人或担保人有转移、灭失担保财产行为的，法院可以恢复强制执行。

如被执行人在收到法院发出的执行通知后，提出执行异议，或申请不予执行仲裁裁决，提出证据证明仲裁裁决有法定不予执行的情形，法院即应组成合议庭对仲裁裁决进行严格审查，一防被执行人借此拖延执行，二来体现法院不随意不执行仲裁裁决、支持仲裁的态度。如经审查核实仲裁裁决具有法定不予执行的情形，包括认定执行仲裁裁决将违背社会公共利益，则裁定不予执行，并将该裁定送达申请人、被执行人和仲裁委员会。对于审查核实不具备法定不予执行情形的，法院如何处理？实践中，法院往往会裁定驳回被执行人的申请，有关执行程序相应地也不受影响。需要注意的是，当事人向法院申请撤销仲裁裁决被驳回后，又在执行程序中以相同理由提出不予执行抗辩的，人民法院不予支持。当事人在仲裁程序中未对仲裁协议的效力提出异议，在仲裁裁决作出后以仲裁协议无效为由提出不予执行抗辩的，法院不予支持。但当事人在仲裁程序中对仲裁协议的效力提出异议，在仲裁裁决作出后又以此为由提出不予执行抗辩，法院经审查符合有关规定的，应予支持。至于当事人请求不予执行仲裁调解书或者根据当事人之间的和解协议作出的仲裁裁决书的，法院不予支持。

申请人申请执行仲裁裁决，被执行人申请撤销仲裁裁决的，如被执行人的申请符合法定条件，法院应当在受理后裁定中止执行，经组成合议庭审查核实仲裁裁决具有法定应当撤销的情形，裁定撤销裁决的，亦应当裁定终结执行；如认为仲裁裁决不具有法定应当被撤销情形的，则裁定驳回申请，并恢复执行。如法院审查核实仲裁裁决具有法定应当撤销的情形，但可以重新仲裁的，应如何处理？我国并没有明确规定。如果法院通知原仲裁庭重新仲裁，原仲裁庭也开始重新仲裁，则原仲裁裁决实际上已不可执行，法院理应裁定终结执行；如仲裁庭拒绝重新仲裁，法院则裁定撤销仲裁裁决，同时裁定终结执行。如被执行人撤销仲裁裁决的申请不符合法定条件，法院则不予受理，相关的执行程序当然也不受影响。

法院应当裁定中止执行仲裁裁决的法定情形，除了上述被执行人申请撤销仲裁裁决外，依《民事诉讼法》的有关规定，主要有：申请人表示可以延期执行；案外人对执行标的提出确有理由的异议；作为一方当事人的自然人死亡，需要等到继承人继承权利或承担义务；作为一方当事人的法人或者其他组织终止，尚未确定权利义务承受人；人民法院认为应当中止执行的其他情形。如果上述情形消失，法院也应当裁定恢复执行。

法院应当裁定终结执行仲裁裁决的法定情形，除了上述的仲裁裁决被法院裁定撤销外，依据《民事诉讼法》的规定，还包括下列情形：申请人撤销执行申请；作为被执行人的自然人死亡，无遗产可供执行，有无义务承担人；作为被执行人的自然人因生活困难无力偿还借款，无收入来源，又丧失劳动能力；人民法院认为应当终结的其他情形。

## 三、实验要求

1. 研读本实验项目案例素材，掌握有关案情；
2. 熟悉本实验项目法律文件素材中有关仲裁裁决的执行的规定；
3. 结合案例，制作有关法律文书；
4. 了解本实验项目实验过程。

## 四、实验素材

### （一）法律文件素材

主要为《中华人民共和国仲裁法》、《中华人民共和国民事诉讼法》及《最高人民法院关于适用〈中华人民共和国仲裁法〉若干问题的解释》、《最高人民法院关于适用〈中华人民共和国民事诉讼法〉若干问题的意见》、《最高人民法院关于当事人因对不予执行仲裁裁决的裁定不服而申请再审人民法院不予受理的批复》等相关司法解释。

### （二）案例素材

**【案例1】**

### 法院强制执行仲裁裁决①

申请执行人：林××

被执行人：李××

广州市中级人民法院依据已经发生法律效力的本院（06）穗仲案字第××号仲裁裁决书，向被执行人李××发出执行通知书，责令该被执行人履行上述法律文书确定的义务并负担本案执行费。但该被执行人一直未按执行通知书履行法律文书确定的义务。依照《中华人民共和国民事诉讼法》第221条的规定，广州市中级人民法院作出裁定如下：查封属于被执行人李××所有的位于××地的房产。

---

① 本案例来源于“北大法意网”：http：//www. lawyee. net/Case/Case_ Display. asp?RID=123019&Keyword=，最后访问时间：2009年6月27日。

**【案例 2】**

## 法院不予执行仲裁裁决①

申请执行人某资产管理公司广州办事处，住所地：×××。

负责人黄××，总经理。

委托代理人梁××，某资产管理公司某办事处某工作组职员。

委托代理人邓×，某律师事务所律师。

被执行人某装饰材料有限公司，住所地：×××。

法定代表人刘××，董事长。

被执行人某集团股份有限公司某瓷厂，住所地：×××。

法定代表人刘××，厂长。

两被执行人委托代理人霍×、黄××，均系某集团股份有限公司职员。

某资产管理公司广州办事处与佛山市某装饰材料有限公司、某集团股份有限公司某瓷厂借款合同纠纷一案，佛山仲裁委员会于 2006 年 8 月 4 日作出［2003］佛仲字第 183 号仲裁裁决。由于某装饰材料有限公司、某集团股份有限公司某瓷厂未按上述仲裁裁决履行义务，某资产管理公司广州办事处于 2006 年 10 月 23 日向本院申请强制执行。在执行过程中，佛山市中级人民法院对［2003］佛仲字第 183 号仲裁裁决进行了审查，并于 2007 年 2 月 1 日公开开庭听证。申请执行人某资产管理公司广州办事处的委托代理人邓×，被执行人某装饰材料有限公司、某集团股份有限公司某瓷厂的共同委托代理人霍×、黄××到庭听证。该案现已审查终结。

听证过程中，被执行人某集团股份有限公司某瓷厂向本院提出异议，主张争议项下的土地使用权未办理抵押，有关房地产只抵押了房产，土地使用权未办理抵押。

经审查查明：某银行佛山市分行与某装饰材料有限公司、某集团股份有限公司某瓷厂借款合同纠纷一案，佛山仲裁委员会于 2003 年 9 月 12 日受理了该案。在仲裁过程中，某银行佛山市分行将该案贷款债权转让给某

---

① （2007）佛中法执字第 17 号，本案例来源于“佛山中院网”：http://www.fszjfy.gov.cn/program/article.jsp?CID=815359377&ID=21558，最后访问时间：2009 年 10 月 28 日。

一资产管理公司广州办事处（非本案申请执行人），该办事处又将上述全部贷款债权转让给本案申请执行人某资产管理公司广州办事处。2006 年 8 月 4 日，佛山仲裁委员会作出［2003］佛仲字第 183 号有利于某资产管理公司的仲裁裁决。

另法院查明：该案在仲裁过程中，当事人并未向佛山仲裁委员会提交有关土地使用权办理了抵押登记以及该土地上的全部房屋已抵押给××银行佛山市分行并办理了抵押登记的相关证据材料。

法院最后认定，根据仲裁法第 217 条第 2 款第（4）项的规定，佛山仲裁委认定案件事实的主要证据不足，裁定不予执行该仲裁裁决。

**【案例 3】**

### 驳回仲裁裁决撤销申请的裁定与不予执行裁定相矛盾案①

申请人某律师事务所与被申请人某房地产开发股份有限公司因委托代理合同代理费支付纠纷一案，于 2003 年 4 月 17 日向石家庄仲裁委员会申请仲裁，仲裁委于 2003 年 7 月 4 日作出裁决：被申请人给付申请人代理费×××元，仲裁费×××元由被申请人承担。

仲裁后，被申请人以裁决所依据的证据是伪造的，裁决的事项不属于仲裁协议范围，仲裁庭的组成和仲裁程序违法等为主要理由，向河北省石家庄市中级人民法院提起了撤销仲裁裁决的申请，经中院审查认为，被申请人提出申请撤销仲裁裁决的理由不符合《中华人民共和国仲裁法》(以下简称《仲裁法》）第 58 条规定的撤销仲裁裁决的条件，故于 2003 年 9 月 18 日作出裁定驳回被申请人提出的撤销仲裁裁决的申请。

裁定作出后，被申请人未自觉履行仲裁裁决所确定的义务，申请人即于 2003 年 10 月 10 日申请河北省石家庄市桥西区人民法院强制执行，被申请人又依据《中华人民共和国民事诉讼法》(以下简称《民诉法》）第 217 条第 2 款之规定，提出不予执行仲裁裁决的申请，经该基层法院执行机构审查认为，仲裁委的裁决认定事实的主要证据不足，依照《民诉法》第 217 条第 2 款第（4）项之规定，于 2004 年 11 月 18 日裁定对该仲裁裁决不予执行。

---

① 本案例来源于“中华法律网”：http：//www.chinafalv.com/12/01202/200809/26-11865.html，最后访问时间：2009 年 10 月 29 日。

（三）法律文书样式素材

## ××××人民法院
## 民事裁定书

（××××）×法执字第××××号

申请执行人：×××

被执行人：×××

本院依据已经发生法律效力的本院（××××）×仲案字第××××号仲裁裁决书，向被执行人×××发出执行通知书，责令该被执行人履行上述法律文书确定的义务并负担本案执行费。但该被执行人至今未按执行通知书履行法律文书确定的义务。依照《中华人民共和国民事诉讼法》第221条的规定，裁定如下：

查封（或扣押、冻结）××××。

执　行　员　×××

××××年××月××日

书　记　员　×××

## ××××人民法院
## 民事裁定书

（××××）×法执字第××××号

申请人×××

负责人×××

委托代理人×××

被申请人×××

法定代表人×××

委托代理人×××

申请人×××与被申请人×××申请不予执行仲裁裁决一案，本院于××××年×月×日受理后，依法组成合议庭，于××××年×月×日公开开庭进行了审理，申请人×××、法定代表人×××、委托代理人×××、被申请人法定代表人×××、委托代理人×××到庭参加诉讼。本案现已审理终结。

申请人×××诉称，××××

申请人×××提交以下证据：

××××

被申请人×××辩称，××××

被申请人×××提供以下证据：

××××

上述证据经质证、认证，××××

本院认为，××××

经审理查明，××××

另查明：××××

本院认为：根据《中华人民共和国民事诉讼法》第213条第2款第（×）项的规定，××××，人民法院可裁定不予执行。××××。综上，依照《中华人民共和国民事诉讼法》第140条第1款第（9）项、第213条第2款第（×）项的规定，裁定如下：

申请执行人×××申请强制执行的××××仲裁委员会［××××］×仲字第××××号裁决，本院不予执行。

本裁定书送达后立即生效。

审判长　×××

审判员　×××

审判员　×××

××××年××月××日

书记员　×××

## 五、实验过程

实验环节一：审查申请人的申请是否符合申请执行的条件

步骤1：接收《承认与执行仲裁裁决申请书》，确认本案没有涉外因素；

步骤2：审查本院是不是被执行人住所地或被执行的财产所在地中级人民法院，从而确认管辖权；

步骤3：审查申请书的形式是否符合要求，符合的，继续以下步骤；不符合的，要求申请人某资产管理公司广州办事处予以完善，中国某管理公司广州办事处不予以完善的，不予受理；

步骤4：审查中国某管理公司广州办事处是否为仲裁裁决中的当事人；

步骤5：审查佛山仲裁委员会作出的［2003］佛仲字第××号仲裁裁决的法律效力；

步骤6：审查申请是否在申请执行期限内提出；

步骤7：申请不符合申请执行条件的，制定《驳回承认与执行涉外仲裁裁决申请裁定书》，裁定驳回申请；申请符合申请执行条件的，予以受理，并进行以下实验环节。

实验环节二：仲裁裁决的执行

步骤1：由本院执行员向某装饰材料有限公司、某集团股份有限公司某瓷厂发出执行通知，责令其在指定的期间履行；

步骤2：如被执行人申请撤销仲裁裁决，进行步骤3、4、5；如果被执行人申请不予执行仲裁裁决或提出证据证明仲裁裁决具有法定不予执行的情形，进行步骤6；

步骤3：裁定中止执行，并责令被执行人提供财产担保；

步骤4：组成合议庭审查核实，如认为仲裁裁决不具有法定撤销的情形，裁定驳回撤销仲裁裁决的申请，并同时裁定恢复执行；

步骤5：如审查核实仲裁裁决具有法定应当撤销的情形，并裁定撤销裁决的，应裁定终结执行；

步骤6：组成合议庭审查核实，如认定仲裁裁决具有法定不予执行的情形的，裁定不予执行仲裁裁决；

步骤7：被执行人如在指定履行期间既未申请撤销仲裁裁决，亦未申请不予执行仲裁裁决或提出执行异议，或其申请撤销仲裁裁决被驳回而恢复执行，或其不予执行裁决的申请，或执行异议被驳回，且其逾执行通知指定的期限仍不履行裁决，则由本院执行员采取强制执行措施。

## 六、扩展思考

1. 结合本实验项目案例素材之案例二，佛山仲裁委员会仲裁裁决是否应不予执行？为什么？

2. 结合本实验项目案例素材之案例三，在对仲裁裁决依据《仲裁法》第58条所规定的撤销程序进行司法审查以后裁定驳回撤销申请的，执行法院或同级法院的执行机构是否还可以依据《民诉法》第217条第2款的规定再次进行司法审查并作出不予执行仲裁裁决的裁定？

# 第八章 仲裁时效

所谓时效，是指一定的事实状态持续地经过法定期间，即产生一定法律后果的法律事实。因我国对申请仲裁、申请撤销仲裁裁决及申请执行仲裁裁决均规定了一定的期限，当事人如不在法定期限内进行申请，若无法律规定的情形存在，则会丧失相应的权利，且不以当事人的意志为转移。与仲裁有关的时效，主要应包括申请仲裁时效、申请撤销仲裁裁决时效及申请执行仲裁裁决时效。其中，申请仲裁时效即通常著述中所指仲裁时效，称为通常意义上的仲裁时效，而将与仲裁有关的时效称为宽泛意义上的仲裁时效。宽泛意义上的仲裁时效，是指当事人向仲裁机构或仲裁员请求仲裁的法定期限，当事人向有管辖权的人民法院申请撤销仲裁裁决或申请执行仲裁裁决的法定期限，当事人在法定期限内如不申请仲裁、不申请撤销仲裁裁决或不申请执行仲裁裁决的，即丧失通过仲裁保护其财产权益的权利，丧失通过法院撤销仲裁裁决的权利，或丧失通过法院强制执行仲裁裁决的权利。通常意义上的仲裁时效，是指当事人向仲裁机构或仲裁员请求仲裁的法定期限，当事人在法定期限内如不申请仲裁，即丧失通过仲裁保护其财产权益的权利。本章所指仲裁时效为宽泛意义上的仲裁时效。

由于仲裁时效事关当事人间的民商事纠纷能否通过仲裁解决，事关仲裁裁决作出后当事人的权利能否通过仲裁裁决的撤销得到救济，以及事关一方当事人由仲裁裁决确定的权益能否通过法院予以强制执行从而得以实现，或者说，仲裁时效事关仲裁庭或法院认定当事人是否在法定期限内积极或怠于行使其权利，从而事关仲裁庭决定是否以仲裁方式解决当事人间的纠纷，法院决定是否受理当事人撤销仲裁裁决申请或执行仲裁裁决申请，因此，在有关仲裁的法律实务中，法律工作者，无论是作为仲裁代理人、诉讼代理人、仲裁员抑或法官，均须对仲裁时效予以高度重视。

本章实验教程依据有关法律工作者角色的不同，将实验项目分为仲裁代理人的任务和程序、诉讼代理人的任务和程序、仲裁庭的任务和程序、法官的任务和程序。通过本章实验教程的各实验项目，意图使学生明确各角色的职责，掌握我国有关仲裁时效的规定，并能运用于实务操作。本章的主要知识点为申请仲裁的时效、申请撤销仲裁裁决及申请执行仲裁裁决时效的法定期限及起算时间。

## 实验项目一：仲裁代理人的任务和程序

### 一、实验目的

通过本实验项目，使得学生了解实务操作中作为仲裁代理人如何处理涉及申请仲裁时效的事项及进行相关程序，理解申请仲裁时效的重要性，理解申请仲裁时效与诉讼时效的联系与区别，掌握我国关于申请仲裁时效的法定期限、起算点、中止及中断等规定，并能在实务操作中予以运用。

### 二、实验原理

对于申请仲裁时效，我国仲裁法作了原则性规定，即法律对仲裁时效有规定的，适用该规定；法律对仲裁时效没有规定的，适用诉讼时效的规定。

我国现行有效的法律中，有些直接规定了申请仲裁时效，如 1992 年《中华人民共和国海商法》第 13 章就海上货物运输向承运人要求赔偿的请求权、海上旅客运输向承运人要求赔偿的请求权、有关船舶租用合同的请求权、有关海上拖航合同的请求权、有关船舶碰撞的请求权、有关海难救助的请求权、有关共同海损分摊的请求权、根据海上保险合同向保险人要求保险赔偿的请求权、有关船舶发生油污损害的请求权等规定了相应的时效期限，从 1 年到 3 年不等；1993 年《中华人民共和国产品质量法》第 33 条和第 35 条规定，因产品存在缺陷造成损害要求赔偿的仲裁期限为 2 年，从当事人知道或者应该知道其权益受到损害时起计算；1999 年《中华人民共和国合同法》第 129 条规定，因国际货物买卖合同和技术进出口合同争议提起诉讼或者申请仲裁的期限为 4 年，自当事人知道或者应当知道其权利受到侵害之日起计算。

对于我国现行有效法律没有明确规定有关民商事纠纷的申请仲裁时效的，申请仲裁时效适用诉讼时效的规定。《中华人民共和国民法通则》第 7 章对诉讼时效作了专门规定，比照该章规定，申请仲裁时效可分为普通时效、特殊时效及最长时效。普通时效为 2 年，从知道或者应当知道权利被侵害时起计算。特殊时效为 1 年，只适用于以下四种情形：身体受到伤害要求赔偿的；出售质量不合格的商品未声明的；延付或者拒付租金的；寄存财物被丢失或者损毁的。最长时效为20年，从权利被侵害之日起超过20年的，仲裁机构或仲裁员不再受理有关民商事纠纷的仲裁申请，有特殊情况的，可以延长仲裁时效期间。

至于申请仲裁时效的中止和中断，仍比照适用《民法通则》第7章关于诉讼时效的有关规定，即在申请仲裁时效期间的最后6个月内，因不可抗力或者其他障碍不能行使请求权的，申请仲裁时效中止。从中止时效的原因消除之日起，申请仲裁时效期间继续计算。申请仲裁时效因提起仲裁申请、当事人一方提出要求或者同意履行义务而中断。从中断时起，申请仲裁时效期间重新计算。

作为法律工作者，在接受申请仲裁当事人的委托代理前，应结合有关民商事争议的性质，对照有关规定，判断申请仲裁是否在时效期限内，并结合其他考虑，从而决定是否接受申请人的委托代理或建议当事人是否申请仲裁。在接受申请人的委托代理，成为申请人的仲裁代理人后，应注意在申请仲裁时效期间内申请仲裁，以免超过申请仲裁时效期间，使得申请人的合法权益不能得到法律保护，造成申请人的损失。

如作为被申请人的仲裁代理人，在收到仲裁协议中约定的仲裁机构或仲裁员送达的仲裁申请书副本后，可以在提交的答辩书中进行申请人的申请超过申请仲裁时效的答辩，和在仲裁庭审过程中就申请人的申请超过申请仲裁时效与申请人进行质证与辩论。

## 三、实验要求

1. 研读本实验项目案例素材，掌握有关案情；
2. 熟悉本实验项目法律文件素材中有关申请仲裁时效的规定；
3. 结合上述规定对本实验项目案例所涉申请仲裁时效问题进行分析；
4. 了解本实验项目实验过程。

## 四、实验素材

### （一）法律文件素材

主要为《中华人民共和国仲裁法》、《中华人民共和国民法通则》等法律及《最高人民法院关于贯彻执行〈中华人民共和国民法通则〉若干问题的意见》（试行）等相关司法解释。

（二）案例素材

## 申请人新加坡××公司与被申请人中国××公司仲裁案①

中国国际经济贸易仲裁委员会（原中国国际贸易促进委员会对外贸易仲裁委员会，下称仲裁委员会）上海分会根据申请人新加坡××公司与被申请人中国××公司于1994年4月6日签订的施工承包合同中的仲裁条款，以及申请人于2000年3月24日向仲裁委员会上海分会提交的书面仲裁申请，受理了上述施工承包合同项下争议仲裁案。

仲裁委员会根据《仲裁规则》规定成立以×××为独任仲裁员的仲裁庭，审理本案。

仲裁庭于2000年6月8日在上海开庭审理本案。双方当事人均到庭作了口头陈述和辩论、并回答了仲裁庭的提问。仲裁庭在详细审阅了申请人的仲裁申请书，被申请人的书面答辩及双方当事人提供的证据材料并听取了双方当事人在开庭过程中的陈述后，根据事实和法律作出裁决。

本案案情、仲裁庭意见和裁决如下：

一、案情

申请人（承包方）和被申请人（发包方）于1994年4月6日签订了编号为××的施工承包合同（以下简称合同）。合同约定如下：

工程名称：××公寓装饰（1号楼3~8层，2号楼3~7层）。

工程造价：工程承包金额为××美元。工程进行过程中原则上以双方确定之工程总价及报价数量为准，如有任何工程上的增减及设计的修改，将按此合同附件（一）之单价不变为原则修改工程总价款。

工程工期：自1994年4月15日开工至1994年8月15日竣工。工程竣工日期以工程验收合格为准。在施工过程中，由于甲方（注：被申请人，下同）或者第三者阻碍原因延误施工的，乙方（注：申请人，下同）须书面通知甲方，如属实，甲方应书面确认，竣工日期可按延误天数顺延。

工程结算和付款：工程竣工后，一个月内完成结算工作，如遇在施工过程中经甲方书面要求变更设计，增、减项目以单价不变为原则，按实际结算。本合同签订后甲方预付合同价的30%工程备料款，待工程量完成

① 本案例来源于“北大法律信息网”：http：//vip. chinalawinfo. com/newlaw2002/slc/slc. asp？db=atr&gid=234881292，最后访问时间：2009年4月2日。

50%以后再付30%进度款，工程竣工验收前，预留工程总造价10%的款项，待工程竣工验收合格，收尾工程全部完成，施工现场临时设施拆除后15日内，甲方须付清工程结算余额，预留6万美元作为保修金，在竣工后一年保修期满之日起15日内一次性付清。

工程竣工验收后，乙方对工程质量负责保修期为一年。在保修期间，因施工原因造成的工程质量问题，由乙方负责修理，并承担全部修理费用。如乙方在接到甲方通知10日内（紧急情况下3日内）不予修理，甲方有权委托第三方进行修理，费用由乙方承担。

违约责任和奖罚条款规定：如乙方提前一天竣工甲方须支付合同金额1‰给乙方作为奖励，如由于乙方责任，使工程每推迟一天，甲方从乙方预留金中扣除1‰。

在上述施工承包合同履行过程中，申请人、被申请人因承包金额的支付、工程的竣工及责任承担等方面产生争议，无法协商解决，申请人遂向仲裁委员会上海分会提出仲裁申请。

申请人诉称：

申请人和被申请人签订施工承包合同总金额为110万美元，其中人工费为156700美元，材料费为943250美元（通过购销合同履行），并约定“一次包干”。合同签订后，申请人按约精心施工，被申请人于1994年5月17日支付人工费47025美元；1994年11月9日被申请人支付人工费46823.43美元，总计93848.43美元。在施工过程中，被申请人又要求申请人在原合同内容以外增加装饰工程内容八项，申请人亦按要求进行施工，为增加工程项目申请人垫付50余万美元，仅电气安装一项在1997年6月27日的决算中就高达人民币566434元。上述原合同外增加项目工程款被申请人至今分文未付。1994年8月5日工程竣工，并通过上海市××区建设工程监督总站验收合格，被申请人也使用至今。被申请人无理拖欠工程人工费及工程款的行为显然是一种严重的违约行为，依法应承担违约责任。

基于上述事实和理由，申请人请求仲裁庭裁决：

（1）被申请人支付拖欠工程承包款USD62901.57元；

（2）被申请人支付逾期付款违约金USD6734.516元（按日息万分之四计算，从1996年2月12日计至2000年3月12日）；

（3）被申请人支付申请人聘请律师费用人民币5万元；

（4）本案仲裁费用由被申请人支付。

被申请人辩称：

1995年3月本案所涉施工工程竣工验收合格，后双方就工程价款进行结算。但申请人迟迟不结算工程价款。自1996年起，申请人从未要求被申请人支付工程款项，亦不再与被申请人结算本案工程款。直至2000年3月3日，申请人突然以电报致函，称被申请人尚欠申请人工程款，材料款及追加项目工程款、材料款60余万美元，要求被申请人在一周内支付拖欠款项。根据《涉外经济合同法》第39条、《民法通则》第135条、《仲裁法》第74条规定，本案合同仲裁时效为2年。根据上述事实，申请人要求支付工程款的请求明显超过仲裁时效。

被申请人在庭后提交的代理词中又辩称：

申请人和被申请人还签订有《装饰工程承包协议书》和"材料进口合同"。《装饰工程承包协议书》约定，工程内容为××公寓装饰1号楼3~8层，2号楼3~7层，工程造价为1100000美元，另约定"有关付款条件详见材料供应合同和施工安装合同"。该《装饰工程承包协议书》附件(一)为《上海外高桥保税区××公司商住楼1号、2号楼3~7层装饰工程项目报价书》。该报价书具体确定本案工程各分项工程内容、价格、人工费和材料费；该报价书总价汇总确定本案工程总价为110万美元，其中人工费156750美元（即本案合同价格），材料费为943250美元（即材料进口合同价格）。本案合同的工程内容与上述《装饰工程承包协议书》的工程内容完全相同，但工程造价为156750美元。材料进口合同约定，作为卖方的申请人向作为买方的被申请人出售内装修材料，价格为943250美元。因此，本案合同和材料进口合同实系《装饰工程承包协议书》根据人工和材料拆分而成，本案合同实系《装饰工程承包协议书》的人工费部分。

本案合同在履行过程中，由于设计改动较大，实际工程内容与报价书上所列的工程内容发生变更，与报价书所列的内容相比，既涉及增加项目，又涉及减少项目。因此，双方需按本案合同约定进行工程结算。被申请人认为"按报价书内容包干"，即指如果工程内容按预算（报价书）上所列工程内容执行，则工程价格应确定不变。但如工程内容与报价书所列内容发生变更，则应按实结算。在结算过程中，被申请人于1995年11月14日将本案工程减少部分清单送交申请人核验，申请人曾于1996年1月将增加工程款1248891元人民币的增加工程清单报被申请人核查（但未经申请人最终确认），该增加工程款包含本案合同下的人工费和材料进口合同上材料费部分。减少工程款亦包含本案合同下的人工费和（材料进口合同上的）材料费部分。

此后，因申请人“负责办理预决算的人频频跳槽已易五人，而总经理助理也已换人”，造成已基本谈妥的决算，迟迟不办理正式结算手续。

至于申请人所称1997年5月及1998年6月，委托×××律师赴被申请人处催款，由×××律师提供的“谈话笔录”，因该证人系申请人所委托的代理人，其陈述不应为仲裁庭所采信。根据《涉外经济合同法》第39条、《民法通则》第135条、《仲裁法》第74条规定，本案合同仲裁时效为2年，申请人要求支付工程款的请求明显超过仲裁时效，应依法驳回。

退一步而言，即使不考虑仲裁时效的事实，本案工程由于申请人的拖延至今尚未完成竣工结算工作，且根据被申请人当时核算，减少工程量的价款大于增加工程量的价款，基本上，被申请人无须再支付工程价款。关于申请人的第一项仲裁请求应根据双方决算结果或仲裁庭委托的审价机构的审价结论确定。至于支付逾期付款违约金，因双方未就工程价款完成决算，工程价款总额尚未确定或尚有争议，故该请求应予驳回。

二、仲裁庭意见

……

仲裁庭就本案的时效问题审查了申请人所提交的全部证据：

第一，1996年3月6日，申请人发函给被申请人要求支付拖欠工程款；

第二，1997年5月，申请人委托×××律师赴被申请人所在地催讨工程欠款，×××律师作了陈述；

第三，1998年6月，申请人仍委托×××律师赴被申请人所在地催讨工程欠款，×××律师作了陈述；

第四，2000年3月，申请人以电报方式向被申请人催讨工程欠款。

对于1997年、1998年申请人委托律师催讨的证明效力问题，被申请人并未对该律师的催讨行为的存在提出反驳证据，故×××律师在本案中所作的证词具有证据效力。

……

## 五、实验过程

### （一）申请人仲裁代理人的任务和程序

步骤1：与新加坡××公司接洽，查阅合同及其他材料，了解本实验项目案例案情；

步骤2：确定有关争议性质；

步骤3：依据相关规定，确定本案争议的法定申请仲裁时效；

步骤4：结合新加坡××公司提供的证据，对新加坡××公司知道或应当知道其权利被侵害之日予以确定；

步骤5：结合新加坡××公司提供的证据，确定申请仲裁时效有无中止或中断；

步骤6：结合上述，确定本案申请仲裁时效起算时间及截止时间；

步骤7：确定申请仲裁是否超过申请仲裁时效；

步骤8：如认为未超过申请仲裁时效，则在时效期限内及时向中国国际经济贸易仲裁委员会上海分会申请仲裁；如认为超过申请仲裁时效，则建议新加坡××公司采取其他措施维护自己权益。

（二）被申请人仲裁代理人的任务和程序

步骤1：与中国××公司接洽，查阅合同及其他材料，了解案情；

步骤2：结合中国××公司提供的证据，依据有关规定，确定新加坡××公司申请仲裁是否超过申请仲裁时效；

步骤3：如认为超过，则在答辩书中辩称新加坡××公司申请仲裁超过仲裁时效，及在仲裁庭审过程中与新加坡××公司就其申请超过申请仲裁时效进行质证与辩论；如认为未超过，则就本案其他方面在答辩书中进行答辩等。

### 六、扩展思考

1. 在我国，申请仲裁时效与诉讼时效的关系。

2. 本实验项目案例的争议是什么性质的争议，其申请仲裁时效期限为多久？争议的申请仲裁时效有无中断或中止的情形？

## 实验项目二：仲裁员的任务和程序

### 一、实验目的

通过本实验项目，使得学生了解作为仲裁员如何处理涉及申请仲裁时效的事项及如何进行相关程序。

## 二、实验原理

审查当事人提交的仲裁申请书是否超过申请仲裁时效的权力，并不在仲裁委员会，而在于仲裁庭。相应地，对于仲裁员而言，审查当事人的仲裁申请是否超过时效，是在仲裁程序开始并组成仲裁庭之后。仲裁员应依据我国有关规定，结合根据双方当事人提交的证据及自己收集的证据所认定的事实，对当事人的仲裁申请是否超过时效进行审查。一经认定超过时效，则应作出裁决驳回当事人的申请；如认定未超过时效，则仲裁程序不受影响。

## 三、实验要求

1. 研读本实验项目案例素材，掌握有关案情；
2. 了解本实验项目法律文件素材中有关申请仲裁时效的相关规定；
3. 结合有关规定，对本实验项目案例所涉申请仲裁时效事项进行分析，进而作出申请人申请仲裁是否超过时效的认定；
4. 了解本实验项目的实验过程。

## 四、实验素材

### （一）法律文件素材

主要为《中华人民共和国仲裁法》、《中华人民共和国仲裁法民法通则》等法律及《最高人民法院关于贯彻执行〈中华人民共和国民法通则〉若干问题的意见》(试行）等相关司法解释。

### （二）案例素材

同本章实验教程实验项目一之案例。

## 五、实验过程

步骤1：审阅新加坡××公司与中国××公司提交的书面材料，了解案情；

步骤2：开庭审理，庭审调查结束后，认定本案有关申请仲裁时效的证据；

步骤3：结合证据认定的事实，依据有关规定，确定本案争议的申请仲裁时效期限及起算时间；

步骤4：如认为新加坡××公司仲裁申请超过仲裁时效，则作出裁决驳回新加坡××公司有关请求；如认为未超过仲裁时效，则进行其他事实的认定。

## 六、扩展思考

结合本实验项目案例案情，新加坡××公司申请仲裁是否超过申请仲裁时效？为什么？

# 实验项目三：诉讼代理人的任务和程序

## 一、实验目的

通过本实验项目，使得学生了解作为诉讼代理人应如何处理涉及申请撤销仲裁裁决时效及申请执行仲裁裁决时效的事项并进行相关程序，理解申请撤销仲裁裁决时效及申请执行仲裁裁决时效的重要性，掌握我国有关申请撤销仲裁裁决时效与申请执行仲裁裁决时效的期间、起算点、中止及中断的有关规定并能予以运用。

## 二、实验原理

根据《仲裁法》第59条规定，当事人申请撤销裁决的，应当自收到裁决书之日起6个月内提出。由上，申请撤销仲裁裁决的时效期间为6个月，起算时间为当事人收到裁决书之日。

《仲裁法》第62条规定："当事人应当履行裁决。一方当事人不履行的，另一方当事人可以依照民事诉讼法的有关规定向人民法院申请执行。"《民事诉讼法》第215条规定："申请执行的期间为2年。申请执行时效的中止、中断，适用法律有关诉讼时效中止、中断的规定。前款规定的期间，从法律文书规定履行期间的最后一日起计算；法律文书规定分期履行的，从规定的每次履行期间的最后一日起计算；法律文书未规定履行期间的，从法律文书生效之日起计算。"由上，申请执行仲裁裁决的时效期间为2年，起算时间为仲裁裁决规定履行期间的最后一日；仲裁裁决规定分期履行的，为规定的每次履行期间的最后一日；仲裁裁决未规定履行期间的，为仲裁裁决生效之日——根据《仲裁法》的规定，亦即仲裁裁决作出之日。

申请撤销仲裁裁决时效与申请执行仲裁裁决时效的中止和中断，比照适用《民法通则》关于诉讼时效中止、中断的规定，如本章实验项目一所述。

作为法律工作者，在接受申请撤销仲裁裁决或申请执行仲裁裁决的当事人的委托代理前，应结合上述规定，判断申请撤销仲裁裁决或申请执行仲裁裁决是否在时效期间内，并结合其他考虑，从而决定是否接受当事人的委托代理或建议当事人是否提起有关申请。在接受当事人的委托代理，成为诉讼代理人后，应在时效期间内提出申请，以免当事人的合法权益受到可撤销仲裁裁决的侵害，或者当事人根据仲裁裁决得以享有的权益无法得到实现。如作为被申请人的诉讼代理人，在法院受理了申请人撤销仲裁裁决申请的情况下，可以提交书面异议或在庭审过程中与申请人进行辩论，称申请人的申请超过申请撤销仲裁裁决时效，请求法院驳回申请；在收到法院执行通知的情况下，可以提交书面执行异议、不予执行仲裁裁决申请书或在庭审过程中与申请人进行辩论，称申请人的申请超过了申请执行仲裁裁决时效，请求法院不予执行仲裁裁决。

## 三、实验要求

1. 研读本实验项目案例素材，掌握有关案情；
2. 熟悉本实验项目法律文件素材中有关申请撤销仲裁裁决时效以及申请执行仲裁裁决时效的规定；
3. 结合上述规定对本实验项目案例所涉时效问题进行分析；
4. 了解本实验项目实验过程。

## 四、实验素材

### （一）法律文件素材

主要为《中华人民共和国仲裁法》、《中华人民共和国民事诉讼法》、《中华人民共和国民法通则》等法律及相关司法解释。

### （二）案例素材

**【案例 1】**

### 申请撤销销售合同争议裁决纠纷案①

关于仲裁申请人江苏某股份有限公司（以下简称江苏公司）与仲裁被申请人深圳某机电发展有限公司（以下简称深圳公司）、仲裁被申请人某总公司销售合同争议××号仲裁案，中国国际经济贸易仲裁委员会上海分会（以下简称仲裁委）于 2002 年 12 月 15 日作出了（2002）沪贸仲裁

① 本案例来源于“北大法律信息网”：http：//vip. chinalawinfo. com/Case/displaycontent. asp？Gid=117488524&Keyword=，最后访问时间：2009 年 4 月 2 日。

字第××号裁决。2003年6月18日，某总公司向上海市第二中级人民法院提出撤销上述仲裁裁决的申请。上海市第二中级人民法院受理后，依法组成合议庭，进行了审理。该案现已审理终结。

申请人某总公司诉称：仲裁委在受理××号仲裁案后，未将仲裁申请书副本、仲裁通知书、仲裁规则、仲裁员名册等材料送达给某总公司；仲裁裁决后，仲裁委又未将（2002）沪贸仲裁字第××号裁决书送达给某总公司。仲裁委的上述行为，违反了《中华人民共和国仲裁法》第58条和第59条的有关规定，属仲裁程序违法。为此，请求法院撤销仲裁委的上述仲裁裁决。

被申请人江苏公司辩称：在整个仲裁过程中，北京市某律师事务所李×律师和深圳公司的职员王××均作为某总公司和深圳公司的仲裁代理人，参加了仲裁。故申请人某总公司要求撤销仲裁裁决，没有事实和法律依据，依法应予驳回。

被申请人（仲裁被申请人）深圳公司也请求法院撤销仲裁委的上述仲裁裁决。

经上海市第二中级人民法院查明，仲裁委向深圳公司寄送仲裁裁决书的时间是2002年12月18日，深圳公司收到仲裁裁决书的时间是2002年12月28日，而深圳公司提出撤销裁决申请的时间是2003年8月6日。

**【案例2】**

## 德国某食品贸易有限公司申请承认和执行汉堡交易所商品协会仲裁法庭仲裁裁决案①

申请执行人：德国某食品贸易有限公司。地址：德国汉堡市××街区××大街××号。

被申请执行人：厦门某进出口贸易有限公司。地址：厦门市××大道××号。

1990年2月5日，厦门某进出口贸易有限公司（下称厦门公司）作为供方，与需方德国某食品贸易有限公司（下称德国公司）签订了一份订购20个集装箱中国芦笋的合同。合同约定：第一批10个集装箱到岸卸

① 本案例来源于"北大法意网"：http：//www. lawyee. net/Case/Case_ Display. asp?RID=15992&Keyword=厦门联发进出口贸易有限公司，最后访问时间：2009年6月27日。

货期为1990年5月，第二批10个集装箱到岸卸货期为1990年6月。合同总则中还明确：合同一经签订，汉堡交易所商品协会的《业务规定》就此生效，凡一切纠纷均由该协会的仲裁法庭最终作出裁决。合同签订后，德国公司依约按时开出了信用证，厦门公司却将应于5月间到岸卸货的10个集装箱只运出了一个，其余9个集装箱的到岸卸货期发生延误。

1992年3月11日，德国公司在向厦门公司索赔未果的情况下，根据合同中的仲裁约定，向德国汉堡交易所商品协会仲裁法庭申请仲裁，要求厦门公司赔偿延误履行合同给其造成的损失。该仲裁法庭根据双方的合同及汉堡交易所商品协会《业务规定》的规定，于1993年2月2日作出第17/92号裁决书，裁决厦门公司应向德国公司偿付××美元，外加1992年4月6日以来的利息并承担仲裁费。

厦门公司收到仲裁裁决书后，一直未履行此裁决。为此，德国公司全权授权在中国境内的Y公司向厦门公司交涉履行仲裁裁决的问题。1993年9月1日，Y公司以德国公司的名义与厦门公司签订了一份协议，规定：厦门公司尚未支付的15600美元，将在1994年6月30日前的新业务中扣除；若在该期限内双方未达成新业务，厦门公司应向德国公司支付15600美元。但至该协议约定的期限届满时，双方未达成新的业务，厦门公司亦未向德国公司支付15600美元。

1994年12月29日，德国公司向厦门市中级人民法院申请承认和执行汉堡交易所商品协会仲裁法庭第17/92号裁决书，请求厦门公司执行该仲裁裁决。

厦门市中级人民法院经审查该项申请和仲裁裁决，认为：根据我国参加的《承认及执行外国仲裁裁决公约》的规定，申请执行人之申请符合该公约及我国法律的有关规定。根据《中华人民共和国民事诉讼法》第269条的规定，于1995年1月裁定：承认汉堡交易所商品协会仲裁法庭第17/92号仲裁裁决书，并予以执行。厦门市中级人民法院据此向厦门公司送达了执行通知书。

厦门公司接到执行通知书后，向厦门市中级人民法院提出了执行异议，认为德国公司在裁决书生效19个月后才向我国法院申请强制执行，已超过了《中华人民共和国民事诉讼法》第219条规定的申请执行期限，应依法裁定不予执行。

## 五、实验过程

### 实验环节一：申请撤销仲裁裁决时效

（一）申请人诉讼代理人的任务和程序

步骤1：结合申请人提供的证据，确定申请人收到仲裁裁决书的时间；

步骤2：结合有关规定，确定申请撤销仲裁裁决时效的法定期限；

步骤3：结合申请人提供的证据，确定时效有无中止或中断的情形；

步骤4：结合上述，确定申请撤销仲裁裁决时效的起算时间及截止时间；

步骤5：如认为未超过时效，则在时效期限内及时向有管辖权的法院提出撤销仲裁裁决申请；如认为已超过时效，则建议申请人采取其他措施维护其权益。

（二）被申请人诉讼代理人的任务和程序

步骤1：结合被申请人提供的证据，依据有关规定，认定申请人申请撤销仲裁裁决是否超过申请撤销仲裁裁决时效；

步骤2：如认为已超过时效，则向法院提出书面异议，要求法院驳回申请人申请；如认为未超过时效，则采取其他措施维护被申请人权益。

### 实验环节二：申请执行仲裁裁决时效

（一）申请人诉讼代理人的任务和程序

步骤1：研读本实验项目案例素材之案例二，了解案情；

步骤2：依据有关规定，确定申请执行仲裁裁决时效的法定期限；

步骤3：根据德国公司提供的证据，确定有无时效中止或中断的情形；

步骤4：依据德国汉堡交易所商品协会仲裁法庭所作仲裁裁决的内容，确定申请执行仲裁裁决时效的起算时间和截止时间；

步骤5：如认为未超过时效，则向有管辖权的法院（本案中即厦门市中级人民法院）申请执行德国汉堡交易所商品协会仲裁法庭仲裁裁决；如认为超过时效，则建议德国公司采取其他措施维护其权益。

（二）被执行人诉讼代理人的任务和程序

步骤1：结合厦门公司提供的证据，根据有关规定，确定德国公司申请执行仲裁裁决是否超过执行仲裁裁决时效；

步骤2：如认定超过时效，则提出执行异议或不予执行仲裁裁决申请；如认定未超过时效，则采取其他措施维护厦门公司权益。

### 六、扩展思考

1. 深圳公司申请撤销中国国际经济贸易仲裁委员会上海分会仲裁裁决时效的起算时间和截止时间分别是何时？

2. 德国公司申请执行德国汉堡交易所商品协会仲裁法庭仲裁裁决时效的起算时间和截止时间分别是何时？该时效有无中止或中断的情形？

## 实验项目四：法官的任务和程序

### 一、实验目的

通过本实验项目，使得学生了解作为法官应如何处理涉及仲裁时效的事项及进行相关程序，综合掌握我国有关仲裁时效的规定。

### 二、实验原理

法院在司法实践中，有可能会涉及申请仲裁时效的情形大致有：执行仲裁裁决的过程中，被执行人以申请人申请仲裁超过申请仲裁时效为由提出执行异议或申请不予执行仲裁裁决；仲裁裁决当事人以另一方当事人申请仲裁超过申请仲裁时效为由申请撤销仲裁裁决等。严格依照我国有关规定，法院应驳回上述申请，因我国规定的撤销仲裁裁决及不予执行仲裁裁决的法定情形里并不包含上述情形。从理论上分析，法院似也宜驳回上述申请，因申请仲裁时效在我国作为实体问题，仲裁庭对之进行审查并作出的裁决为有关实体问题的裁决，从当代仲裁制度的发展趋势来看，各国法院对仲裁庭关于实体问题所作裁决的审查日趋弱化，对于仲裁裁决实体事项的审查日益减少，我国如果将申请人申请仲裁超过时效增加为撤销或不予执行仲裁裁决的情形并予以审查，似有违上述趋势。

根据《仲裁法》的有关规定，当事人提出撤销仲裁裁决申请的，必须向仲裁委员会所在地的中级人民法院提出。有管辖权的法院收到当事人的申请后，即应审查该申请是否在申请撤销仲裁裁决时效内提出，如认定在时效内提出，则结合对当事人申请是否满足其他申请撤销仲裁裁决的条件的认定，决定是否予以受理；如果认定超过时效，则应裁定不予受理。

根据《仲裁法》及《民事诉讼法》的有关规定，仲裁裁决由被执行人住所地或者被执行的财产所在地人民法院执行。另根据最高人民法院的司法解释，当事人申请执行仲裁裁决的案件，由中级人民法院管辖。有管辖权的法院收到当事人的申请后，即应审查该申请是否在申请执行仲裁裁决的时效内提出，如果认定在时效内提出，则再结合对当事人的申请是否满足其他申请执行仲裁裁决的条件的认定，决定是否予以执行；如果认定超过时效，则应裁定不予受理。

如果在执行过程中，被执行人以申请人申请执行超过申请执行仲裁裁决时效为由提出执行异议或不予执行申请，法院应如何处理？我们认为，虽然仲裁裁决不予执行的法定情形里并没有该情形，但如申请人的申请已超过申请执行仲裁裁决时效，则其申请并不符合法定的申请执行的条件，法院如对该仲裁裁决予以执行，当属法院错误，同时也是对被执行人法律上的不公，对此，法院应当予以纠正。相应地，此种情形，法院似应组成合议庭予以审查，如认定申请人申请执行未超过时效，当裁定驳回被执行人申请；如认定超过时效，则应裁定不予执行，对已经执行的部分，还应适用执行回转及其他相关规定予以处理。

## 三、实验要求

1. 研读本实验项目案例素材，掌握有关案情；

2. 熟悉本实验项目法律文件素材中有关申请撤销仲裁裁决时效和申请执行仲裁裁决时效的规定；

3. 结合上述规定对本实验项目案例所涉时效问题进行分析，进而作出申请人申请是否超出时效的认定；

4. 了解本实验项目实验过程。

## 四、实验素材

### （一）法律文件素材

主要为《中华人民共和国仲裁法》、《中华人民共和国仲裁法民法通则》、《中华人民共和国民事诉讼法》等法律及《最高人民法院关于贯彻执行〈中华人民共和国民法通则〉若干问题的意见》(试行）等相关司法解释。

### （二）案例素材

同本实验教程实验项目三之案例一与案例二。

## 五、实验过程

实验环节一：申请撤销仲裁裁决时效（结合本章实验项目三之案例一）

步骤 1：确认本院为有管辖权的法院；

步骤2：合议庭对深圳公司的申请进行审查；

步骤3：根据认定的证据，确认深圳公司收到仲裁裁决书的时间；

步骤4：结合有关规定，确认深圳公司的申请是否超过申请撤销仲裁裁决时效；

步骤5：如认定超过时效，则驳回申请；如认定未超过时效，则审查其他事项。

实验环节二：申请执行仲裁裁决时效（结合本章实验项目三之案例二）

步骤1：确认德国汉堡交易所商品协会仲裁法庭仲裁裁决为外国仲裁裁决；

步骤2：确认本院为有管辖权的法院；

步骤3：对被执行人厦门公司提出的执行异议，组成合议庭予以审查；

步骤4：依据我国有关规定，如认定德国公司申请执行仲裁裁决超过申请执行仲裁裁决时效，则裁定不予执行；如认定未超过时效，则驳回厦门公司异议，有关执行不受影响。

### 六、扩展思考

1. 深圳公司申请撤销中国国际经济贸易仲裁委员会仲裁裁决是否超过申请撤销仲裁裁决时效？为什么？

2. 德国公司申请执行德国汉堡交易所商品协会仲裁法庭仲裁裁决是否超过申请执行仲裁裁决时效？为什么？

3. 我国有关仲裁时效的规定有无不足之处？如有，应如何完善？

# 第九章　仲裁中的财产保全

仲裁中的财产保全，是指因仲裁一方当事人的行为或者其他原因，可能使仲裁裁决不能执行或者难以执行的，另一方当事人向仲裁委员会提出申请，并由其转交给有管辖权的法院，由法院依据民事诉讼法采取的限制被申请人特定财产处分权的临时性强制措施。其包括以下含义：（1）申请财产保全的条件是仲裁一方当事人的行为或其他原因可能使得仲裁裁决不能执行或者难以执行，如不申请财产保全，仲裁裁决另一方当事人依仲裁裁决确定的合法权益有不能或难以实现的危险。如果没有这种危险，申请财产保全将无法律依据；（2）申请财产保全是由当事人向仲裁委员会提交申请，再由仲裁委员会将申请转交有管辖权的法院。当事人不能直接向有管辖权的法院提出申请。仲裁委员会只负责转交申请，无权作出财产保全的决定；（3）有管辖权的法院有权作出财产保全的决定并依据民事诉讼法的规定采取财产保全措施，但法院无权在当事人没有申请的情况下依职权主动裁定采取财产保全措施。

通过对我国涉及仲裁的财产保全的规定的分析，我国并没有设置仲裁前的财产保全，因《仲裁法》关于财产保全的规定载于第四章“仲裁程序”的第一节“申请和受理”，且在仲裁申请和受理的规定之后，另外，财产保全的申请应由仲裁委员会提交给有管辖权的法院，这意味着财产保全的申请应最早在当事人申请仲裁之时。

由于从当事人将民商事争议提交仲裁至仲裁庭作出仲裁裁决，往往有较长的时间，在该时间段内，可能被裁决承担义务的当事人极有可能进行危害对方当事人财产权益的行为，如隐匿、转移、毁损有关财产等，或者存在自然因素，如标的物可能腐烂、变质，都可能导致仲裁裁决作出后不能或难以执行，从而使得享有仲裁裁决确定的权益的当事人的权益不能或难以实现。仲裁中的财产保全，正在于及时、有效地确保当事人合法权益在将来能够得以实现，维护当事人的合法权益，并体现出法院对仲裁的支持与协助。

本章实验教程依有关法律工作者角色的不同，分为仲裁代理人的任务和程序、仲裁员的任务和程序、法官的任务和程序。通过本章实验教程的各实验项目，意图使学生明确各角色的职责，掌握我国有关仲裁中财产保全的规定及熟悉财产保全的有关程序，并能进行相关的实务操作。本章主要知识点为当事人在仲裁中申请财产保全的条件及程序。

## 实验项目一：仲裁代理人的任务和程序

### 一、实验目的

通过本实验项目，使得学生了解实务操作中作为仲裁代理人如何处理涉及财产保全的事项及有关程序，理解仲裁中财产保全的重要性，掌握我国有关仲裁中财产保全的规定并能予以运用。

### 二、实验原理

如前所述，申请人申请财产保全的条件为对方当事人的行为或其他原因，可能使得仲裁裁决不能或难以执行。对方当事人的行为主要是针对自有财产或仲裁中的民商事法律关系的标的物，表现为财产行为。其他原因主要为自然原因，如标的物为季节性商品、鲜活、易腐烂变质以及其他不宜长期保存的物品。

具备了申请财产保全的条件，当事人即可在仲裁中提出财产保全的申请。根据《仲裁法》第28条第1款的规定，对于当事人而言，申请财产保全的具体步骤即向仲裁委员会提交财产保全申请书。同时，申请人也可以自己向仲裁委员会提交财产保全担保书，由自己提供担保，或与第三人约定，由第三人提供担保，以确保法院采取财产保全措施来保证将来的仲裁裁决能得以执行。在财产保全申请由仲裁委员会提交给法院后，法院如要求申请人提供相应担保的，申请人也应提供担保，否则法院将依法驳回其申请。至于财产保全的其他步骤，则由仲裁委员会与法院共同完成。申请人如不服法院财产保全裁定，可向法院申请复议一次。

需要注意的是，申请如有错误，申请人应当赔偿被申请人因财产保全所遭受的损失。此处的错误，我们认为可以结合《民事诉讼法》第94条第1款的规定，亦即财产保全限于请求的范围或者与本案有关的财物来理解。如果申请人申请财产保全的财产，与本案没有任何关系，或价值远远大于申请人可能享有的财产权益所具有的价值，因而给被申请人造成不应有的损失的，则申请人的申请存在错误。当事人申请财产保全错误造成案外人损失的，亦应当依法承担赔偿责任。

对于被申请人而言，在申请人申请了财产保全，并且法院裁定采取财产保全措施后，可以向法院提供担保，从而解除财产保全措施。如不服法院财产保全裁定的，还可向法院申请复议一次。

法律工作者，如作为申请人的仲裁代理人，应掌握有关规定，正确、及时地申请财产保全，既维护申请人的合法权益，也不因错误申请导致申请人的损失；如作为被申请人的仲裁代理人，则应依据有关规定，采取合理、合法的措施维护被申请人的合法权益。

## 三、实验要求

1. 研读本实验项目案例素材，了解有关案情；
2. 熟悉本实验项目法律文件素材中有关仲裁中财产保全的规定；
3. 结合案例，制作《仲裁保全申请书》、《仲裁保全担保书》；
4. 了解本实验项目实验过程。

## 四、实验素材

### （一）法律文件素材

主要为《中华人民共和国仲裁法》、《中华人民共和国民事诉讼法》等法律及《最高人民法院关于当事人申请财产保全错误造成案外人损失应否承担赔偿责任问题的解释》等相关司法解释。

### （二）案例素材

#### 广州市某实业发展有限公司申请仲裁财产保全案①

申请人：广州市某实业发展有限公司。

法定代表人：张××，董事长。

委托代理人：黄××，某律师事务所律师。

委托代理人：黄××，该公司职员。

被申请人：某有限公司。

法定代表人：何×。

广州仲裁委员会在受理广州市某实业发展有限公司与某有限公司仲裁

① 本案例来源于“北大法意网”：http：//www.lawyee.net/Case/Case_ Display.asp?RID=157617&Keyword=，最后访问时间：2009年3月21日。

一案中，于2007年8月23日将广州市某实业发展有限公司请求对被申请人公司所有的广东省广州市某路137号的24B房、24C房、24E房、某路139号的24B房、24D房、24E房、25B房、26B房等房产予以查封的申请提交广州市中级人民法院执行。后申请人向该院表示在本案中只要求查封上述某路137号的24B房、24C房、24E房、某路139号的24B房、25B房、26B房，放弃要求查封某路139号的24D房、24E房。申请人就其查封向本院提供了位于广东省广州市某路135号A区的301房、302房的房产作为担保。

（三）法律文书样式素材

## 仲裁保全申请书

申请人：×××

被申请人：×××

请求事项：×××

事实和理由：×××

申请人已就__________争议向你会提交仲裁申请书。根据《中华人民共和国民事诉讼法》及《中华人民共和国仲裁法》之有关规定，特向你会申请对被申请人采取冻结存款（或查封、扣押财产等）保全措施。如因采取保全措施不当，造成被申请人财产损失，由我单位承担责任。

此致

__________仲裁委员会

申 请 人：

法定代表人：

年 月 日

附：相关证据材料________份

## 仲裁保全担保书

（由申请人自己提供保证）

××仲裁委员会：

根据《中华人民共和国仲裁法》第28条及有关规定，我单位已向你会提出仲裁保全措施申请，请求你会提交人民法院对被申请单位采取冻结其银行存款________万元（或查封、扣押有关财物）的保全措施，以切实能够保护我单位合法权益的实现。我单位愿以银行存款________万元（或其他财产）作为保证。

担保人：
法定代表人：
年　月　日

附：担保财产情况

## 仲裁保全担保书

（由第三人提供担保）

××仲裁委员会：

根据《中华人民共和国仲裁法》第28条及有关规定，××（单位）已向你会提出仲裁保全申请，请求你会提交××人民法院对被申请××（单位）采取冻结银行存款________万元（或查封、扣押相应价值之其他财产）的保全措施。本单位愿意为××（单位）提供仲裁保全经济担保，总金额________万元，并承担连带经济责任。

担保人：
法定代表人：
年　月　日

附：1. 本单位营业执照（或其他身份证明书）复印件1份；
2. 担保财产情况。

## 五、实验过程

### 实验环节一：申请人仲裁代理人的任务和程序

步骤1：拟写《仲裁保全申请书》、《仲裁保全担保书》；
步骤2：准备证据材料及某有限公司合法所有与本案有关的财产的材料；
步骤3：要求广州市某实业发展有限公司提供担保物或寻找担保人；

步骤4：向广州仲裁委员会提交《仲裁保全申请书》及《仲裁保全担保书》。

实验环节二：被申请人仲裁代理人的任务和程序

步骤1：建议被申请人向法院提供担保，从而解除财产保全措施；

步骤2：对法院的财产保全裁定，向法院申请复议。

### 六、扩展思考

在我国，是否应设立仲裁前财产保全制度？为什么？

## 实验项目二：仲裁员的任务和程序

### 一、实验目的

通过本实验项目，使得学生了解实务操作中作为仲裁员如何处理涉及财产保全的事项及进行相关程序，了解有关规定。

### 二、实验原理

根据《仲裁法》第28条第2款的规定，仲裁庭在收到当事人的财产保全申请后，即应当依照民事诉讼法的有关规定提交有管辖权的法院，由法院来决定是否采取财产保全措施。从对该款的文义解释来看，仲裁庭无权主动提出财产保全申请，无权对当事人的申请进行审查及无权决定是否将当事人的申请提交法院，而是收到后即应提交法院，更无权决定是否采取财产保全措施。有管辖权的法院，依有关规定为被申请人住所地或被申请保全的财产所在地的基层人民法院；如仲裁具有涉外因素，则为被申请人住所地或被申请保全的财产所在地的中级人民法院。

如当事人另外还提交了仲裁保全担保书，仲裁庭亦应提交给有管辖权的法院。

### 三、实验要求

1. 阅读本实验项目案例素材，了解有关案情；
2. 熟悉本实验项目法律文件素材中有关仲裁中财产保全的规定；
3. 了解本实验项目实验过程。

## 四、实验素材

### （一）法律文件素材

主要为《中华人民共和国仲裁法》、《中华人民共和国民事诉讼法》及《最高人民法院关于人民法院执行工作若干问题的规定（试行）》等相关司法解释。

### （二）案例素材

同本实验教程实验项目一案例素材之案例。

## 五、实验过程

步骤1：接收广州市某实业发展有限公司提交的《仲裁保全申请书》及《仲裁保全担保书》；

步骤2：确定某有限公司住所地或被申请采取保全措施的房产的所在地；

步骤3：如仲裁无涉外因素，将申请人《仲裁保全申请书》及《仲裁保全担保书》提交某有限公司住所地基层法院；如仲裁有涉外因素，则将申请人提交的《仲裁保全申请书》及《仲裁保全担保书》提交某有限公司住所地中级人民法院。

## 六、扩展思考

仲裁庭是否应被赋予采取财产保全措施的权力？为什么？

# 实验项目三：法院的任务和程序

## 一、实验目的

通过本实验项目，使得学生了解实务操作中作为法官如何处理涉及仲裁中财产保全的事项及进行相关程序，综合掌握我国有关仲裁中财产保全的规定并能予以运用。

## 二、实验原理

有管辖权的人民法院对仲裁机构提交的财产保全申请，应当认真进行审查。在作出财产保全的裁定前，如果认为必要，可以责令申请人提供担保，申请人拒绝提供担保的，驳回申请人申请。法院确定申请符合法律规定的，即依法作出财产保全的裁定，且应当在裁定书中写明采取财产保全措施的事实和法律根据，及申请人提供担保的种类、金额或者免予担保的事实和法律根据。法院如认为申请不符合法律规定的，应依法裁定驳回申请，并在裁定书中写明有关事实和法律依据。

法院采取财产保全措施时，保全的范围应当限于当事人争议的财产，或者被申请人的财产。对非当事人的财产不得采取保全措施，对非当事人善意取得的与案件有关的财产，一般也不得采取财产保全措施。

在被申请人提供相应数额并可供执行的财产作担保的，法院应当及时作出裁定，解除财产保全措施。

对当事人不服财产保全裁定提出的复议申请，法院应及时审查。裁定正确的，通知驳回当事人的申请；裁定不当的，作出新的裁定变更或者撤销原裁定。

关于财产保全的其他事项，参照《民事诉讼法》及相关司法解释的规定处理。如，对于作出是否采取保全的期限，按照《民事诉讼法》第 92 条规定，人民法院可以根据对方当事人的申请，作出财产保全的裁定。人民法院接受申请后，对情况紧急的，必须在 48 小时内作出裁定，裁定采取财产保全措施的，应当立即开始执行。

## 三、实验要求

1. 研读本实验项目案例素材，了解有关案情；
2. 熟悉本实验项目法律文件素材中有关仲裁中财产保全的规定；
3. 结合案例，制作裁判文书；
4. 了解本实验项目实验过程。

## 四、实验素材

### （一）法律文件素材

主要为《中华人民共和国仲裁法》、《中华人民共和国民事诉讼法》等法律及《最高人民法院关于适用〈中华人民共和国民事诉讼法〉若干问题的意见》、《最高人民法院关于实施〈中华人民共和国仲裁法〉几个问题的通知》、《最高人民法院关于在经济审判工作中严格执行〈中华人民共和国民事诉讼法〉的若干规定》、《最高人民法院关于加强人民法院审判公开工作的若干意见》、《最高人民法院关于人民法院民事执行中查封、扣押、冻结财产的规定》等相关司法解释。

（二）案例素材

### 广东某房地产公司申请仲裁中财产保全案①

申请人广东某房地产公司，地址广州市某路××号某大厦。

法定代表人：王××，总经理。

委托代理人：朱××、宋××，广东某律师事务所律师。

被申请人：广州南沙经济开发区某房地产开发有限公司，住所地为广州南沙经济技术开发区某路××号。

法定代表人：张××。

被申请人：香港某投资有限公司，住所地为香港某大道中×号××室。

法定代表人：王××，总经理。

中国国际经济贸易仲裁委员会华南分会在受理广东某房地产公司与广州南沙经济开发区某房地产有限公司、某投资有限公司仲裁一案中，于2006年5月18日将广东某房地产公司请求对广州南沙经济开发区某房地产有限公司所属的财产：广州南沙开发区某路某房地产1号用地，使用权面积：30593.4平方米……予以查封的申请提交本院执行，申请人就其查封向本院提供担保（担保物清单见附表）。

（三）法律文书样式素材

### ××××人民法院
### 民事裁定书

（××××）×民保字第××××号

申请人：×××

法定代表人：×××

委托代理人：×××

委托代理人：×××

被申请人：×××

申请人×××与被申请人×××因××××仲裁一案向上海仲裁委员会提出财产保全申请，要求××××。××××仲裁委员会将该申请提交

① 本案例来源于“北大法律信息网”：http：//vip.chinalawinfo.com/Case/displaycontent.asp？Gid=117563552&Keyword=，最后访问时间：2009年3月21日。

我院，申请人已向本院提供担保。

本院经审查认为，申请人×××的申请符合法律规定。依照《中华人民共和国仲裁法》第28条、《中华人民共和国民事诉讼法》第94条第2款之规定，裁定如下：

查封（或扣押、冻结等）被申请人×××财产。

本裁定书送达后立即执行。

如不服本裁定，可以向本院申请复议一次。复议期间不停止裁定的执行。

审判长　×××
审判员　×××
审判员　×××
××××年××月××日
书记员　×××

××××人民法院
民事裁定书

（××××）×民保字第××××号

申请人：×××

法定代表人：×××

委托代理人：×××

委托代理人：×××

被申请人：×××

本院于××××年××月××日作出（××××）×民保字第××××号财产保全的裁定，现因被申请人提供担保，依照《中华人民共和国民事诉讼法》第95条第×款之规定，裁定如下：

解除对被申请人××××财产的查封（或扣押、冻结等）。

审判长　×××
审判员　×××
审判员　×××
××××年××月××日
书记员　×××

## 五、实验过程

步骤1：确认本院为有管辖权的法院。

步骤2：审查中国国际经济贸易仲裁委员会华南分会提交的广东某房地产公司财产请求对广州南沙经济开发区某房地产有限公司财产进行保全的财产保全申请。

步骤3：如认为广东某房地产公司申请符合法律规定，裁定采取财产保全措施，裁定前可要求广东某房地产公司提供担保，如广东某房地产公司不提供担保，则驳回其申请；如认为申请不符合法律规定，裁定驳回申请。

步骤4：采取财产保全措施后，如广州南沙经济开发区某房地产有限公司提供相应数额并可供执行的财产作担保，则及时作出裁定，解除财产保全措施。

步骤5：如当事人不服财产保全裁定提出复议申请，则及时审查。如认为裁定正确，通知驳回当事人的申请；如认为裁定不当，则作出新的裁定变更或者撤销原裁定。

## 六、扩展思考

我国仲裁中财产保全制度有无不完善之处？如有，如何改进？

# 第十章　仲裁中的证据保全

仲裁中的证据保全是指为保证仲裁案件能够公正、合理地进行审理并作出裁决，人民法院根据仲裁机构转交的当事人申请，对有可能灭失或以后难以取得的证据所采取的一种强制性固定及保护措施。一定意义上，仲裁的过程就是证据材料的提供、收集、审查、判断和运用的过程。在现实中，一方当事人出于某种原因，在另一方当事人提起仲裁之时可能会尽力消灭某些证据，特别是对自己不利的证据。这种做法给仲裁庭认定事实带来了极大地困难，也不正当地拖延了仲裁程序的进行，极大地损害了另一方当事人的权益。另外，某些证据由于自身性质，易于灭失或以后难以取得，如不及时保全，将对仲裁审理及当事人权益带来严重影响。因此，仲裁证据保全对一方当事人的权利保护和保证仲裁顺利地进行起着重要的作用。

本章实验教程依有关法律工作者角色的不同，分为仲裁代理人的任务和程序、仲裁员的任务和程序、法官的任务和程序三个实验环节。通过本章实验教程的各实验环节，意图使学生明确各角色的职责，掌握我国有关仲裁中证据保全的规定及熟悉证据保全的有关程序，并能进行相关的实务操作。本章主要知识点为当事人在仲裁中申请证据保全的条件及程序。

## 一、实验目的

通过本章实验教程，使得学生掌握有关仲裁证据保全的申请主体、提出仲裁证据保全的时间、提出仲裁证据保全的条件、仲裁证据保全的对象及措施以及相关文书的书写等。了解实务操作中作为仲裁代理人、仲裁委员会或法院各自如何处理涉及证据保全的事项及有关程序，理解仲裁中证据保全的重要性，掌握我国有关仲裁中证据保全的规定并能予以运用。

## 二、实验原理

### （一）仲裁代理人的任务和程序

如前所述，申请人申请证据保全的条件是证据有可能灭失或以后难以取得的证据材料，没有这些证据材料就会影响到仲裁庭公正、合理地进行审理并作出裁决。《仲裁法》第46条规定：在证据可能灭失或者以后难以取得的情况下，当事人可以申请证据保全。当事人申请证据保全的，仲裁委员会应当将当事人的申请提交证据所在地的基层人民法院。因此，当事人申请证据保全只能向仲裁委员会提交证据保全申请书。

对于提出申请的时间，通过对我国涉及仲裁的证据保全的规定的分析，我国并未规定申请保全的时间，也没有设置仲裁前的证据保全，《仲裁法》关于证据保全的规定载于第四章“仲裁程序”的第三节“开庭和裁决”中。因此，一般认为，当事人应当在仲裁委员会已经受理案件，仲裁庭成立前提出证据保全申请，因仲裁委员会受理案件前，其没有法定义务转交当事人申请；仲裁庭成立后，当事人可直接向仲裁庭提交证据或请求仲裁庭调查、收集有关证据，而无须申请证据保全。

法律工作者，如作为申请人的仲裁代理人，应掌握有关规定，正确、及时地申请证据保全，维护申请人的合法权益。

（二）仲裁委员会的任务和程序

根据《仲裁法》第46条的规定，仲裁委员会在收到当事人的证据保全申请后，即应当提交有管辖权的法院，由法院来决定是否采取证据保全措施。从对该款的文义解释来看，仲裁委员会无权主动提出证据保全申请，无权对当事人的申请进行审查及无权决定是否将当事人的申请提交法院，而是收到后即应提交法院，更无权决定是否采取证据保全措施。有管辖权的法院，依有关规定为被申请保全的证据所在地的基层人民法院；如仲裁具有涉外因素，则为被申请保全的证据所在地的中级人民法院。

（三）法院的任务和程序

有管辖权的人民法院对仲裁机构提交的证据保全申请，应当认真进行审查。法院确定申请符合法律规定和实际需要的，即依法作出证据保全的裁定，且应当在裁定书中写明采取证据保全措施的事实和法律根据。法院如认为申请不符合法律规定的，应依法裁定驳回申请，并在裁定书中写明有关事实和法律依据。依据《仲裁法》第46条的规定，法院在认定需要采取保全措施的证据必须具备以下3个条件：

（1）证据有可能灭失。这是指若不及时采取措施，证据材料可能不复存在，就会失去证据，从而给查明案件事实造成障碍，如证人因年老病重，有死亡的可能；物证有腐烂变质的可能等。遇到上述情况，应提前制作证人证言笔录或录音，对物品进行勘验。

（2）证据以后难以取得。证据以后难以取得并不是不能取得而是取证相当艰难。也就意味着将需要花费更多的时间、物力、人力，给调查证据造成很大的困难或不便。如，证人将要出国访问、留学、定居、探亲等。如果不提前进行调查取证，待证人出国，再去收集证据，人民法院不管是采用司法协助的方式收集证据还是等待证人回国，都将不可避免地导致案件审判迟延，宝贵的时间、物力、人力的浪费等。

（3）证据如不予以保全，将影响到案件处理。需要采取保全的证据必须是案件的关键证据，丧失该证据将影响到案件事实的认定，案件顺利的解决。因此，如果证据不是决定仲裁案件事实的主要证据，即使将来无法调查、收集到，也不会影响到仲裁案件的合理解决，就可以不予进行保全。

至于证据保全的对象及措施，我国《民事诉讼法》对哪些证据可以采取保全以及采取何种方法予以保全，并未作出明确的规定。根据《最高人民法院关于民事诉讼证据的若干规定》，当事人申请证据保全的，人民法院可以要求其提供相应的担保；人民法院进行证据保全，可以根据具体情况，采取查封、扣押、拍照、录音、录像、复制、鉴定、勘验、制作笔录等方法。而法院在审判实践中的对证据保全的具体操作方法各有不同。实际上，不同的证据采用的保全措施应该要有所不同。例如，对证人证言证据的保全，应采取制作证人证言笔录或录音的方法；对物证的保全，可以由人民法院进行勘验制作笔录、绘图、拍照、录像，或者采取保存原物。对易腐烂变质的物品，可以采用变卖，保存价款的措施；对于书证及视听资料，可以及时调取到法院保存等。

## 三、实验要求

1. 研读本章案例素材，了解有关案情；
2. 熟悉本章法律文件素材中有关仲裁中证据保全的规定；
3. 结合案例，制作《仲裁证据保全申请书》、《人民法院民事裁定书》；
4. 了解本章实验过程。

## 四、实验素材

### （一）法律文件素材

主要为《中华人民共和国仲裁法》、《中华人民共和国民事诉讼法》等法律及《最高人民法院关于民事诉讼证据的若干规定》等司法解释。

（二）案例素材

### 某市玻璃纤维厂申请仲裁中证据保全案①

申请人：××有限公司

被申请人：某市玻璃纤维厂（以下简称玻纤厂）

××公司与玻纤厂签订协议成立合资企业某服装有限公司（以下简称服装有限公司），××公司根据协议约定以及不断增资与扩股，在合资企业中控大股。因出资问题，××公司依据仲裁条款以玻纤厂出资不实为由向中国国际经济贸易仲裁委员会（以下简称贸仲会）申请合资争议仲裁。贸仲会予以受理，案号V20010246。玻纤厂收到仲裁申请书后，于2001年8月30日向贸仲会提出证据保全申请，要求对合资企业某服装有限公司2001年6月之前的所有账册凭证进行证据保全。理由：仲裁焦点在于是否存在出资不实的事实，此节事实合资企业某服装有限公司账上应该清楚反映，有据可查，因此合资企业某服装有限公司的账册、凭证在仲裁中起着至关重要的作用；而合资企业目前在××公司的控制下，极有可能被涂改、灭失，为维护合法权益，便于顺利仲裁和裁决公正，故申请。贸仲会收到玻纤厂的证据保全申请，根据《中华人民共和国仲裁法》（以下简称《仲裁法》）第68条的规定，于2001年9月6日将玻纤厂的证据保全申请一式一份提交给证据所在地中级人民法院——江苏省××市中级人民法院，同时表明"是否采取措施由××市中级人民法院根据仲裁法的有关规定予以裁定"。

在本起仲裁证据保全案过程中，就仲裁与司法在仲裁证据保全审查权的分配、可否对案外之第三人所持有的证据进行证据保全、证据材料的使用与保管等问题，合议庭存在不同意见。

第一种意见认为：根据《仲裁法》第46条"在证据可能灭失或者以后难以取得的情况下，当事人可以申请证据保全。当事人申请证据保全的，仲裁委员会应当将当事人的申请提交证据所在地的基层人民法院"，第68条"涉外仲裁的当事人申请证据保全的，涉外仲裁委员会应当将当事人的申请提交证据所在地的中级人民法院"的规定，法院拥有仲裁证据保全审查权和裁决权，即由法院根据当事人的申请对仲裁证据的三性和

① 本案例来源于"北大法律信息网"，http：//vip.chinalawinfo.com/，最后访问时间：2009年6月27日。

仲裁证据保全的必要性事实进行审查，进而决定是否作出裁定、实施相应仲裁证据保全措施。从形式上讲本案仲裁证据保全相对人为案外第三人（合资企业某服装有限公司在工商登记上为独立法人），但从玻纤厂提供的材料来看，合资企业目前在××公司的控制下，故本案仲裁证据保全实质是发生在仲裁当事人双方之间；且法律并未明确要求证据保全的对象为诉讼讼争或仲裁的当事人；《民诉法》和《仲裁法》规定证人有作证的义务，服装有限公司作为证据持有人亦不例外。经审查玻纤厂申请所保全证据与仲裁裁决有重要关系，其对仲裁证据的灭失或以后难以取得的担心是有一定理论依据的，故玻纤厂的仲裁证据保全申请应予以采纳。保全的仲裁证据，法院应移交给贸仲会使用。

第二种意见认为：玻纤厂所提出的仲裁证据保全申请，由于该仲裁证据被案外第三人所持有，证据保全应限于诉讼或仲裁的双方当事人之间，对第三人进行仲裁证据保全无法律依据。贸仲会在收到证据保全申请后不应只是被动地接收，机械地转给法院就结束，其应对当事人的证据保全申请进行初步审查，对是否应采取证据保全提出自己的初步意见，所欲保全的证据是否打算用于已经开始或即将开始的仲裁中，是否属于仲裁案关键性、重要性的证据。因为案件不在法院审理，法院对案件的未来走向无法有效预测和控制，极有可能造成司法资源的浪费。所以法院不能仅单纯依据当事人的申请，凭一方之言，就作出仲裁证据保全裁定。因本案涉及对不受仲裁协议约束的第三人所持有的证据进行保全，而且贸仲会对当事人的仲裁证据保全申请未作任何评论，对欲保全的仲裁证据使用未作表态，因此建议驳回仲裁证据保全申请。

第三种意见认为：根据我国现行有关法律的规定，证据保全分为诉讼证据保全和仲裁证据保全，诉讼证据保全由人民法院专门行使自无异议，但仲裁证据保全的审查权应进行必要的划分。仲裁应对所欲保全的仲裁证据“是否打算用于仲裁”作说明，不能单纯以司法的眼光进行审查所申请保全的证据应该用于仲裁而代替，因为仲裁与司法从逻辑上讲，双方既存在交叉部分，也存在不同部分，仲裁对仲裁案件的审理全过程有驾驭和控制条件，而法院仅限于事后监督或审查。故本案中贸仲会应对仲裁证据保全申请所涉及仲裁证据的关联性和重要性进行必要审查，并附上有效意见书供法院在裁定是否进行仲裁证据保全时参考。法院在收到贸仲会转来的申请书和初步意见书后，根据保全申请人所提供的仲裁证据保全“证据灭失或以后难以取得的”法律事实，实施必要性审查，行使裁决权和实施权。本案仲裁证据虽由案外第三人所持有，但仍然可以进行仲裁证据保全，理由同第一种观点的分析。鉴于本案贸仲会并未对仲裁证据保全作说明，可退回令其作相应的说明，进而再裁定是否进行证据保全，所保全的证据，由贸仲会使用，如系原件、原物等可由其直接或复制后使用，法院可视情形将证据留下归档或对相关证据作一定的记载将原物等证据材料归还于证据持有人。经向贸仲会征询意见后，贸仲会表示玻纤厂所申请的证据与仲裁有重要的关系，法院遂据此作出证据保全裁定，并通知贸仲会对证据进行了合理使用。

××市中院经审查并向江苏省高级人民法院请示，于 2002 年 2 月 6 日作出裁定，同意对某服装有限公司 2001 年 6 月之前的财务账册、凭证进行证据保全。鉴于财务账册凭证数量非常多，法院采取了就地封存的方式，并通知贸仲会派人交接，贸仲会接到通知后，组织专家在法院的陪同下对所保全的财务账册凭证进行了查看鉴定。

### （三）法律文书素材

## 仲裁证据保全申请书

申请人：×××，男，××岁，×族，××省××县人，××县××乡，现住××县××乡。

法定代表人：×××

委托代理人：×××

案由：××××纠纷

请求事项：

请求仲裁机构裁准保全证据，及时向证人×××提取证言。

事实和理由：

基于上述事实，根据《中华人民共和国仲裁法》规定，特请求仲裁机构裁准保全证据，并转由人民法院迅速向证人×××调取证言，以保证仲裁活动的顺利进行。

此致

××市仲裁委员会

申请人：×××

××××年××月××日

**××××人民法院**
**民事裁定书**

（××××）×民保字第××××号

申请人：×××
法定代表人：×××
委托代理人：×××
委托代理人：×××
被申请人：×××

申请人×××与被申请人×××因××××仲裁一案向××仲裁委员会提出证据保全申请，要求××××。××××仲裁委员会将该申请提交我院。

本院经审查认为，申请人×××的申请符合法律规定。依照《中华人民共和国仲裁法》第46条、《中华人民共和国民事诉讼法》第74条裁定如下：

查封（扣押、拍照、录音、录像、复制、鉴定、勘验、制作笔录等）被申请人×××证据。

本裁定书送达后立即执行。

如不服本裁定，可以向本院申请复议一次。复议期间不停止裁定的执行。

审判长　×××
审判员　×××
审判员　×××
××××年××月××日
书记员　×××

## 五、实验过程

实验环节一：仲裁代理人的任务和程序

步骤1：拟写《仲裁证据保全申请书》；

步骤 2：准备证据材料；

步骤 3：向中国国际经济贸易仲裁委员会提交《仲裁证据保全申请书》。

实验环节二：仲裁庭委员会的任务和程序

步骤 1：接收某市玻璃纤维厂提交的《仲裁证据保全申请书》；

步骤 2：确定被申请采取保全措施的证据的所在地；

步骤 3：如仲裁无涉外因素，将申请人的《仲裁证据保全申请书》提交江苏省××市证据所在地的基层人民法院；如仲裁有涉外因素，则将申请人的《仲裁证据保全申请书》提交江苏省××市中级人民法院。

实验环节三：法院的任务和程序

步骤 1：确认本院为有管辖权法院；

步骤 2：审查中国国际经济贸易仲裁委员会提交的某市玻璃纤维厂对合资企业某服装有限公司 2001 年 6 月之前的所有账册凭证进行证据保全的申请；

步骤 3：通过前述 3 个条件，判断某市玻璃纤维厂的申请是否符合法律规定，如符合法律规定，则裁定采取证据保全措施；如认为申请不符合法律规定，裁定驳回申请；

步骤 4：如当事人不服证据保全裁定提出复议申请，则及时审查。如认为裁定正确，通知驳回当事人的申请；如认为裁定不当，则作出新的裁定变更或者撤销原裁定。

## 六、扩展思考

1. 当事人可否在提起仲裁申请前向仲裁机构提起证据保全申请？

2. 在我国，仲裁庭是否应被赋予预先审查证据保全申请和采取证据保全措施的权力？为什么？

3. 我国仲裁中证据保全制度有无不完善之处？如有，如何改进？

# 第十一章 国际商事仲裁协议的效力

国际商事仲裁协议①是指双方当事人将他们之间已经发生或者将来可能发生的涉外争议交付仲裁解决的一种书面协议。国际商事仲裁协议与国内仲裁协议的区别在于解决的争议具有国际性，除此之外两者具有本质的一致性。

双方当事人合意达成的国际商事仲裁协议，其法律效力首先表现为将来一旦发生纠纷，仲裁协议即赋予仲裁员对纠纷的管辖权，同时排除了法院对该纠纷的管辖。当事人便负有将纠纷诉诸仲裁解决的义务，如果一方当事人违反仲裁协议约定的这一义务而向法院起诉，另一方当事人就有权依据仲裁协议要求法院终止司法诉讼程序，并将争议提交仲裁解决。国际商事仲裁协议的这一法律效力已经得到了世界各国商事仲裁立法和司法实践以及国际商事仲裁公约的普遍认可，并已经成为商事仲裁法律制度的一项基本制度。除排除法院管辖权的效力外，国际商事仲裁协议还是法院承认与执行仲裁裁决的依据。一般情况下，仲裁中的败诉方都能主动履行仲裁裁决，但在败诉方拒绝履行义务时，胜诉方可以向有关法院申请执行仲裁裁决，而法院在决定是否接受当事人的申请时首先要审查的便是仲裁裁决是否依据有效的仲裁协议作出的，如果根据法院的判断，仲裁协议是有效的，法院就会接受胜诉方的申请，如果根据法院的判断，仲裁协议无效，则法院便会拒绝承认仲裁裁决。因此，可以说国际商事仲裁协议是整个国际商事仲裁的基石，具有十分重要的意义。

本章实验教程依据有关法律工作者角色的不同，将实验项目分为诉讼代理人的任务和程序、法官的任务和程序、仲裁代理人的任务和程序以及仲裁庭的任务和程序。通过本章实验教程的各实验项目，意图使学生明确各角色的职责，掌握我国有关国际商事仲裁协议的有效要件、效力异议的受理机构、国际商事仲裁协议效力认定的法律适用问题以及外国法定查明等方面的规定，并能运用于实务操作。本章的主要知识点为国际商事仲裁协议的有效要件、国际商事仲裁协议效力认定的法律适用以及我国在认定国际商事仲裁协议效力中的

① 在我国也称涉外仲裁协议。

“预先报告”制度。

## 实验项目一：诉讼代理人的任务和程序

### 一、实验目的

通过本实验项目，使得学生了解实务操作中作为诉讼代理人向法院提出确认国际商事仲裁协议效力申请的相关程序，理解国际商事仲裁协议与国内仲裁协议的联系与区别，理解国际商事仲裁协议效力异议的重要性，掌握我国关于国际商事仲裁协议形式要件和实质要件，提出国际商事仲裁协议效力异议的法定期限等方面的规定，并能在实务操作中予以运用。

### 二、实验原理

（一）国际商事仲裁协议的形式要件

一份有效的国际商事仲裁协议必须形式合法，即必须要符合相关国家法律对此形式要件的要求和规定。1958 年《纽约公约》前的国际条约对商事仲裁协议形式均无明确规定。各国按照自己的要求各自立法。《纽约公约》首次为仲裁协议形式要求提供了国际统一标准。公约要求仲裁协议应该是书面形式，其第 2 条第 2 款将“书面协议”定义为当事人所签订的或在互换函电所包含的仲裁条款或仲裁协议。然而 1958 年《纽约公约》起草制定于 20 世纪 50 年代，当时所用的通信方式仅仅只有信件和电报。公约生效五十年来，电子通信技术飞速发展，电传、传真、电子邮件及其他电子通信工具在商业领域普遍运用。公约规定的“书面形式”无疑会使仲裁难以服务商业实践。1985 年联合国主持制定并通过的《联合国国际商事仲裁示范法》(以下简称《示范法》)扩大了公约规定的“书面形式”的范围。其仍要求仲裁协议必须是“书面形式”，但对“书面形式”作了新的界定，其第 7 条第 2 款规定：“仲裁协议应是书面的。协议或载于当事各方签字的文件中，或载于往来的书信、电传、电报或提供协议记录的其他电讯手段中，或在申请书和答辩书的交换中当事一方声称有协议而当事他方不否认，即为书面协议。在合同中援引载有仲裁条款的一项文件即构成仲裁协议，但该合同须是书面的，而且这种援引足以使该仲裁条款构成合同的一部分。”《示范法》在 2006 年被修正，其第 7 条提供了两个备选条文，备选条文一规定：“仲裁协议应为书面形式；若仲裁协议的内容以任何形式记录下来，则为书面形式，无论该仲裁协议或合同是以口头方式、行为方式还是其他方式订立的；电子通信所含信息可以调取以备日后查用的，即满足了仲裁协议的书面形式要求；另外，如在申请书和答辩书的交换中，一方当事人声称有仲裁协议而另一方当事人不予否认的，仲裁协议即为书面协议；在合同中援引载有仲裁条款的任何文件的，只要该援引可使该仲裁条款成为合同的一部分，即构成书面形式的仲裁协议。”备选条文二规定：“仲裁协议是指当事人同意将他们之间一项契约性或非契约性的法律关系中已经发生或可能发生的一切或某些争议提交仲裁的协议。”相比以前的条文，备选条文一对仲裁协议的书面形式作出了更为宽泛的界定，除包括此前条文规定的情形外，其他只要是能将仲裁协议的内容记录下来的任何形式，乃至可供调取以备日后查用的电子通信所含信息，都可认为满足了“书面形式”；备选条文二更是未对仲裁协议的形式作出要求，只是要求当事人的合意，至于当事人的合意是书面形式抑或口头形式则在所不问。上述备选条文既顺应了现代通信技术的发展，也体现了尽量宽泛解释仲裁协议的“书面形式”以使仲裁协议不因形式而无效的趋势及支持仲裁的态度。

各国仲裁法关于仲裁协议的形式要求虽然不尽相同，但绝大多数国家的仲裁立法都规定仲裁协议必须采用书面形式，否则仲裁协议无效。例如，英国1996年《仲裁法》规定仲裁协议必须采用书面形式；法国1981年《民事诉讼法典》规定仲裁条款应在主要协定中或主要协定所援引的文件中书面规定之，否则无效。瑞士1989年《瑞士联邦国际私法》中规定关于仲裁协议的形式，如果以电报、电传、传真或任何其他通信方式，其内容可以作为证据的书面形式作出，仲裁协议应为有效。我国《民事诉讼法》和《仲裁法》都规定，提交中国仲裁机构或者其他仲裁机构仲裁，应依据合同中的仲裁条款或者事后达成的书面仲裁协议，或其他在纠纷发生前或者发生之后达成请求仲裁的书面形式协议。

依照我国《合同法》第11条的规定，书面形式是指合同书、信件和数据电文（包括电报、电传、传真、电子数据交换和电子邮件）等可以有形地表现所载内容的形式。因此，当事人通过上述方式达成的仲裁协议，都是书面形式的仲裁协议。如果当事人订立的涉外合同援引适用的文件或者合同中载有明确的仲裁协议，则也符合书面形式的要求。《仲裁法》第16条第1款对仲裁协议的形式作了规定：仲裁协议包括合同中仲裁条款和以其他书面形式在纠纷前或者纠纷发生后达成的请求仲裁的协议。该条款包含有三层含义：1. 仲裁协议应具备“书面形式”；2. 书面形式多种多样；3. 仲裁协议须以“书面形式”达成，即不仅仲裁协议的内容须以书面形式表现出来，当事人仲裁合意也须表现在书面上。可见我国《仲裁法》排除了任何形式的口头仲裁协议的效力。我国法院在司法实践中也是持严格的文义解释。根据《仲裁法司法解释》第1条规定，仲裁法第16条规定仲裁协议的“其他书面形式”，包括以合同书、信件和数据电文（包括电报、电传、传真、电子数据交换和电子邮件）等形式达成的请求仲裁的协议。

（二）国际商事仲裁协议的实质要件

一个有效的仲裁协议除了要具备必要的形式要件，还必须具备相应的实质要件。然而对有效商事仲裁协议的实质要件，无论是在国际公约还是各国法律中都没有以概括或列举的方法直接规定。如《纽约公约》、《关于国际商事仲裁的欧洲公约》等都对国际商事仲裁协议的形式作出了直接的规定，但是对于国际商事仲裁协议的实质要件并未作出直接的规定。这主要是由于各国法律传统、国家政策以及经济发展水平等方面的差异，导致各国对于这一问题分歧太大，从而公约无法就国际商事仲裁协议的实质有效性作出直接的规定，而是将其留给各缔约国国内法解决。综合多数国家的仲裁立法和司法实践，一般认为一份有效的国际商事仲裁协议必须具备如下实质要件：当事人有相应行为能力，当事人请求仲裁意思表示真实以及争议事项具有可仲裁性。

1. 仲裁协议的当事人具有完全行为能力

此处当事人的行为能力是指当事人签订或者履行仲裁协议的资格。它是决定仲裁协议有效性的基本因素之一。1958年《纽约公约》第5条第1款规定，签订仲裁协议的当事人双方或一方在签订协议时，处于无行为能力的情况，那么被请求承认与执行该仲裁裁决的主管机关可以根据当事人申请，拒绝承认和执行依该仲裁协议作出的裁决。1985年《示范法》第36条第1款规定“仲裁协议的当事人有某种无行为能力情形”为仲裁裁决可以被法院拒绝承认和执行的理由之一。目前，世界上几乎所有的国家仲裁法律都规定，仲裁协议的当事人双方或一方在签订协议时无行为能力，该仲裁协议无效。

2. 请求仲裁意思表示真实

请求仲裁的意思表示是指双方当事人请求以仲裁方式解决存在于双方之间或将来存在于双方之间的纠纷的意思表示。国际商事仲裁协议属于契约中的一种，意思表示真实作为合同的有效要件，是意思自治原则的当然要求，所以签订国际商事仲裁协议的双方当事人的意思表示要真实，否则协议归于无效。意思表示真实包括三个方面的内容：（1）必须是双方当事人在协商一致基础上的共同的意思表示，而不只是一方当事人的意思表示；（2）必须是双方当事人自愿作出的意思表示，即当事人签订国际商事仲裁协议的行为是其内心意志的外部表达，而不是在外界影响或强制下所作出的非真实的意思表示；（3）将争议交付仲裁的意思表示必须明确、肯定。当今各国法律，已将当事人内心意思作为影响合同生效的重要因素。在当事人外在表示的意思与内心意思表示不一致的情况下，保护当事人内心的真实意思而否定外在表示意思的效力。故当事人因胁迫、欺诈或乘人之危等原因违背其内心意愿而订立的仲裁协议，法律将给予救济。

3. 争议事项的可仲裁性

争议事项的可仲裁性要求当事人通过仲裁协议提交的仲裁事项，必须符合有关国家仲裁立法的规定，即必须是有关国家仲裁立法所允许适用仲裁方式处理的事项。如果所提交的仲裁事项属于有关国家立法中不可仲裁的事项，当事人可以此为由，向有关国家法院提起诉讼并要求仲裁庭终止仲裁程序。在裁决作出后，当事人也可以此向法院申请撤销裁决或拒绝执行裁决。争议事项的可仲裁性要求实际上是一国通过国内立法对仲裁范围所施加的一种公共政策限制，从而排除那些国家认为因公共政策之原因只可提交本国的法院或行政机关解决而不可提交仲裁解决的事项。1958 年《纽约公约》第 5 条第 2 款规定：依据被要求承认和执行国的法律，仲裁之争议事项不能依仲裁解决者，承认和执行国可以拒绝承认和执行。1985 年《示范法》第 34 条第 2 款也作出相似规定。但是，《纽约公约》、《示范法》都对可仲裁性问题未作任何实体性规定，而完全由仲裁协议订立地法和仲裁地法规定。各国对争议事项可仲裁性问题立法中，都在不同程度上采用了一些标准确定可以提交仲裁解决的争议事项范围。如 1999 年《瑞典仲裁法》将“可仲裁性”限制为当事人可自由处分的任何争议，该法第 1 条规定：当事人可以自行解决的任何争议均可以依照仲裁协议提交仲裁解决。日本《民事诉讼法》规定，当事人约定仲裁时，以当事人就争议有进行和解的权利为限。“可仲裁性”事项不是一成不变的。传统上，涉及婚姻、继承、赡养、抚养等人身、家庭关系方面的争议，以及关于竞争法、证券、反垄断法、破产法以及知识产权等涉及国家经济管理方面的重大事项是不可仲裁的。但随着仲裁日益成为商业社会广泛使用的争议解决手段，各国的立法和司法已逐渐转变了对仲裁特别是国际商事仲裁的态度。许多国家，特别是发达国家近数十年来纷纷修改仲裁法律，不断扩大争议可仲裁范围。商标、专利、证券、反垄断等以前认为不可仲裁的事项，也在晚近一些国家的司法实践中逐步被认为是可仲裁事项。

我国《仲裁法》第 16 条规定：“……仲裁协议应当具有下列内容：1. 请求仲裁的意思表示；2. 仲裁事项；3. 选定的仲裁委员会。”第 17 条以列举的形式规定3种情形下仲裁协议无效：其一是约定的事项超出法律规定的仲裁范围；其二是无民事行为能力人或者限制行为能力人订立的仲裁协议；其三是一方采取胁迫手段，迫使对方订立仲裁协议的。同时第18条规定："仲裁协议对仲裁事项或者仲裁委员会没有约定或者约定不明确的，当事人可以补充协议。达不成补充协议的，仲裁协议无效。"可见，在我国，有效商事仲裁协议的实质要件包括当事人有行为能力、请求仲裁意思表示真实、争议事项具有可仲裁性及明确约定的仲裁委员会。我国《仲裁法》采用结合式的立法体例对可仲裁事项进行规范。第2条概括规定了"可仲裁事项"，即平等主体的公民、法人和其他组织之间发生的合同纠纷和其他财产权益纠纷可以仲裁。第3条以反面列举方式就不可仲裁事项作了规定，婚姻、收养、监护、抚养、继承纠纷以及依法应当由行政机关处理的行政争议不具有可仲裁性。对于临时仲裁，如果临时仲裁协议的仲裁地国法律允许临时仲裁，我国法院倾向于在一定条件下承认约定临时仲裁协议的效力。最高人民法院在1995年10月20日法函［1995］135号复函中指出："涉外案件，当事人事先在合同中约定或争议发生后约定由国外的临时仲裁机构或非常设仲裁机构仲裁的，原则上应当承认该仲裁条款的效力，法院不再受理当事人的起诉。"《最高人民法院关于人民法院处理涉外仲裁及外国仲裁案件的若干规定（征求意见稿）》第27条也规定："当事人约定临时仲裁的协议无效，但有关当事人的国籍所属国均为1958年联合国《承认与执行外国仲裁裁决公约》的成员且法律不禁止临时仲裁的除外。"因此，当事人之间约定临时仲裁的协议，并非一概无效，而是根据上述具体情况具体分析。

（三）受理国际商事仲裁管辖权异议的法院

1958年《纽约公约》第2条第3款规定，当事人就诉讼事项订有本条所称之协定者，缔约国法院受理诉讼时应依当事人一方之请求，命当事人提交仲裁，但前述协定经法院认定无效、失效或不能实行者不在此限。1985年《示范法》第16条第3款明确规定，如果仲裁庭作为一个初步问题裁定它有管辖权，当事任何一方均可在收到裁定通知后30天内要求第6条规定的法院对这一问题作出决定，该决定不容上诉；在等待对这种要求作出决定的同时，仲裁庭可以继续进行仲裁程序和作出裁决。这说明仲裁庭对案件的管辖权作出的决定只是一初步裁定或决定，最终的决定将由法院作出。

我国《仲裁法》第20条对法院享有的对仲裁协议的效力作出确认或裁定的权力作出了规定。即"当事人对仲裁协议的效力有异议的，可以请求仲裁委员会作出决定或人民法院作出裁定。一方请求仲裁委员会作出决定，另一方请求人民法院作出裁定的，由人民法院裁定”。可以看出，我国《仲裁法》将认定仲裁协议效力异议的权力赋予了仲裁机构和法院，且法院拥有最终决定权。而在两者发生冲突时，《最高人民法院关于确认仲裁协议效力几个问题的批复》第 3 条规定，当事人对仲裁协议的效力有异议，一方当事人申请仲裁机构确认仲裁协议效力，另一方当事人请求人民法院确认仲裁协议无效，如果仲裁机构先于人民法院接受申请并已作出决定，人民法院不予受理。对于受理国际商事仲裁协议效力案件的法院，根据《仲裁法司法解释》的规定，申请确认国际商事仲裁协议效力的案件，由仲裁协议约定的仲裁机构所在地、仲裁协议签订地、申请人或者被申请人住所地的中级人民法院管辖。涉及海事海商纠纷仲裁协议效力的案件，由仲裁协议约定的仲裁机构所在地、仲裁协议签订地、申请人或者被申请人住所地的海事法院管辖；上述地点没有海事法院的，由就近的海事法院管辖。

（四）对国际商事仲裁管辖权提出异议的期限

对于国际商事仲裁协议效力提出异议的期限，各国规定各不相同。我国《仲裁法》第 20 条第 2 款规定：“当事人对仲裁协议的效力有异议，应当在仲裁庭首次开庭前提出。”该条规定了当事人对仲裁协议效力提出异议的时限，该时限决定当事人是否行使或者放弃仲裁协议效力异议权利以及该权利的行使是否具有法律效力的关键所在。当事人未依规定提出异议的，视为承认该仲裁协议的效力。

## 三、实验要求

1. 研读本实验项目案例素材，掌握有关案情；
2. 熟悉本实验项目法律文件素材中有关国际商事仲裁协议有效要件的规定；
3. 结合上述规定对本实验项目案例中国际商事仲裁协议有效性进行分析；
4. 熟悉本实验项目法律文件素材中有关国际商事仲裁协议效力异议的受理机构，提出异议的期限等方面的规定；
5. 结合上述规定对本实验项目案例进行分析；
6. 了解本实验项目实验过程。

## 四、实验素材

（一）法律文件素材

主要有 1958 年《纽约公约》等国际法律文件，《中华人民共和国仲裁法》、《中华人民共和国合同法》、《中华人民共和国民事诉讼法》等法律及《最高人民法院关于适用〈中华人民共和国仲裁法〉若干问题的解释》、《最高人民法院关于确认仲裁协议效力几个问题的批复》等相关司法解释。

（二）案例素材

### 厦门某股份有限公司与某实业有限公司购销合同管辖权纠纷案①

申请人：厦门某股份有限公司。住所地：厦门市某大厦。

被申请人：某实业有限公司。住所地：香港某广场某室。

1993年3月3日，申请人与被申请人在厦门签订了一份买卖1500吨钢材中英文对照的合同。合同仲裁条款的中英文表述不一致，中文（手写）写明争议应提交双方同意的美国具有法律效力的仲裁机构按有关国际仲裁条例进行仲裁，仲裁地点在美国；英文（格式）则表明争议应提交中国国际经济贸易仲裁委员会仲裁解决，仲裁地点在中国北京。合同项下货物到达厦门后，经商检发现货物存在严重质量问题，双方发生纠纷，但双方未达成新的意思表示一致的仲裁协议。1996年3月1日，申请人向中国国际经济贸易仲裁委员会申请仲裁，被申请人依据合同仲裁条款中文的表述提出管辖权异议。申请人在对该管辖权异议的答辩中，要求中国国际经济贸易仲裁委员会驳回被申请人的异议。1996年8月16日，中国国际经济贸易仲裁委员会作出了仲裁协议手写条款效力高于格式条款，支持被申请人的管辖权异议的决定。

1996年8月26日，申请人隐瞒了仲裁委员会已就管辖权作出决定的事实，向厦门市中级人民法院申请确认合同仲裁协议中文条款无效，英文条款有效。

被申请人经法院通知未答辩，也未出庭应诉。

案件审理过程中，申请人提交了中国国际经济贸易仲裁委员会于1996年8月16日作出的管辖权决定书，表明该仲裁委员会对该合同争议仲裁无管辖权。

---

① 本案例来源于“北大法意网”：http：//www.lawyee.net/Case/Case_ Display.asp?RID=4151&Keyword=，最后访问时间：2009年6月27日。

## 五、实验过程

（一）申请人诉讼代理人任务和程序

步骤1：研读案例，掌握案情；

步骤2：对申请结果进行初步判断，确定有无胜诉可能；

步骤3：签署委托代理合同、授权委托书，接受申请人厦门某股份有限公司委托；

步骤4：拟写《管辖权异议申请书》；

步骤5：准备证据材料；

步骤6：向有管辖权的法院提交管辖权异议申请书；

步骤7：与被申请人在庭审过程中质证与辩论。

（二）被申请人诉讼代理人任务和程序

步骤1：研读案例，掌握案情；

步骤2：签署委托代理合同、授权委托书，接受被申请人某实业有限公司委托；

步骤3：向法院提出异议；

步骤4：准备相关可证明仲裁协议有效的材料；

步骤5：与申请人在庭审过程中质证与辩论。

# 实验项目二：法官的任务和程序

## 一、实验目的

通过本实验项目的实验，主要使学生了解法院如何审查并受理国际商事仲裁协议效力异议的申请，受理后又如何审查国际商事仲裁协议的效力并最终作出认定仲裁协议是否具有效力的裁定，熟悉并能运用我国法律和司法解释关于国际商事仲裁协议效力的相关规定。本次实验项目的重点是：掌握国际商事仲裁协议准据法的确立和“预先报告”制度。

## 二、实验原理

对于法院而言，收到申请人国际商事仲裁管辖权异议申请书后，首先应组成合议庭审查申请人的申请是否符合申请条件。对于不符合申请条件的申请，应裁定驳回申请。对于符合申请条件的申请，予以受理并对国际商事仲裁协议进行审查，以确定是否为有效的仲裁协议以确认仲裁庭的管辖权。

法院对涉外商事仲裁协议有效性之审查依据，实质上就是对涉外商事仲裁协议效力认定所适用的法律。它适用于仲裁协议的解释、仲裁协议有效、无效的认定以及确定是否解除等问题。此外，某一争议是否属于仲裁协议的范围，也受仲裁协议适用法律的支配。因此，法律适用问题是国际商事仲裁协议和国内仲裁协议在效力认定时的主要不同之处。

对于国际商事仲裁协议准据法的确定，仲裁实践与理论上有不同的主张和做法，如适用仲裁协议签订地法、仲裁庭所在地法、包含仲裁条款的主合同的准据法、仲裁裁决执行地国家的法律，等等。

通常认为，当事人约定的准据法应当优先予以适用，除非适用外国法违反内国公共秩序或规避了内国法律强制性规定。这是当事人意思自治原则的体现，已经得到世界各国普遍认可。例如，1958 年《纽约公约》第 5 条第 1 款中将仲裁协议“根据当事人选择适用的法律是无效的”规定为拒绝承认和执行的理由之一。1961 年《关于国际商事仲裁的欧洲公约》第 6 条第 2 款第 1 项规定：“缔约国的法院对仲裁协议的存在或有效性予以判决时，应当根据当事人选择适用的法律。”1975 年《美洲国家间关于国际商事仲裁的公约》也作了类似的规定，即根据双方当事人选择适用仲裁协议的法律确定仲裁协议的有效性。

当事人未对仲裁协议的准据法作出选择时，应当如何确定仲裁协议所适用的法律？国际公约和有关国家的仲裁法规定适用仲裁地法律。1958 年《纽约公约》第 5 条第 1 款规定，双方当事人没有规定适用于仲裁协议的法律，依作出裁决地国家的法律。1961 年《关于国际商事仲裁的欧洲公约》第 6 条第 2 款规定：双方当事人未选择适用仲裁协议的法律确定仲裁协议的有效性时，根据应作出裁决的仲裁地的法律判定仲裁协议的有效性。1975 年《美洲国家间关于国际商事仲裁的公约》也有同样内容的规定。需要注意的是，上述三个国际公约都使用的是“裁决作出地国法”这一措词，而不是“仲裁进行地国法”。由于实践中很少出现仲裁进行地与裁决作出地为不同国家的情形，因而，一般认为裁决作出地国就是指仲裁地国。

如果当事人没有明确选择仲裁协议的准据法，也未明确选择仲裁地，一方以仲裁协议无效向法院提出异议，该如何确定仲裁协议的准据法？在这种情况下，各国通常依据一般的冲突规则确定仲裁协议的准据法。1961 年《关于国际商事仲裁的欧洲公约》第 6 条第 2 款第 3 项规定：“如果当事人对适用仲裁协议的法律没有指定，并且在将争议诉诸法院时，作出裁决地国家无法确定，则依受理争议的法院地的冲突规则所指向的有效法律。”

我国《仲裁法》并未对仲裁协议法律适用作出立法上的明确规定。《仲裁法》第20条仅规定，当事人对仲裁协议效力有异议的，可以请求仲裁委员会作出决定或者请求人民法院作出裁定。但对仲裁委员会和人民法院适用什么法律判定仲裁协议的效力未作规定。由此造成司法实践中对仲裁协议效力法律适用问题上的一些混乱。主要的问题是在司法实践中缺乏统一的做法，在早期的仲裁实践中，法院往往不考虑案件的具体情况，直接对仲裁协议效力的判断以法院地法——中国仲裁法中对仲裁协议的规定为依据，如依据中国法判定未订明仲裁机构的仲裁条款无效，即使按照裁决地法香港法，该条款为有效。而在其他案件中又强调先以当事人选择的法律为认定仲裁协议效力的准据法，在当事人未对此作出选择时，则以仲裁地法来认定。

目前，《仲裁法司法解释》第16条已对国际商事仲裁协议准据法的问题作出明确规定，人民法院在审查国际商事仲裁协议效力时应遵守以下规定，即：对涉外仲裁协议的效力审查，适用当事人约定的法律；当事人没有约定适用的法律但约定了仲裁地的，适用仲裁地法律；没有约定适用的法律也没有约定仲裁地或者仲裁地约定不明的，适用法院地法律。

如果所确定的准据法是外国法律，接下来需要解决的是外国法的查明问题。所谓外国法的查明，是指一国法院根据本国缔结或参与的国际公约及本国冲突规范的指引应适用外国法时，如何查明该外国法的存在和内容。由于世界各国的法律千差万别，纷繁复杂，任何法官都不可能通晓世界各国的法律。因此，当一国法官在审理国际商事仲裁协议效力异议案件时，如依本国冲突规范的指定应适用外国法，就必须通过一定的方法来确定该外国法中有关规定的存在和了解其内容。

外国法的查明方法大致为三类：

其一，当事人举证证明。英、美等普通法系国家和部分拉丁美洲国家采用这种办法。这些国家把外国法视为当事人引用来主张自己权利的事实。外国法须由当事人举证证明，法官无依职权查明的义务。证明的方法可以是当事人在诉状中引证该外国法，或者请有关专家提供证言。双方当事人对该外国法的内容有争议时，由法院断定哪一方的主张是正确的。在英国的司法实践中，法院依照英国证据法的规定来评定当事人的引证或专家证言，但法院可以不受这些证据的约束。如果法官已经知道外国法，法官也可以直接认定。根据英国《1972年民事证据法》第4条第2款之规定，在高等法院、皇家法院、某些其他法院及其上诉法院或枢密院司法委员会的民事或刑事诉讼中得到确认的载有外国法内容的裁定或判决，可以在以后的民事诉讼中作为证明外国法内容的证据。

其二，法官依职权查明，无须当事人举证。欧洲大陆一些国家，如奥地利、德国等，把外国法视作法律，认为法官应该知道法律，主张法官负责调查认定，无须当事人举证证明。例如，1978 年《奥地利联邦国际私法法规》第 4 条第 1 款规定：外国法应由法官依职权查明。可以允许的辅助方法中有：有关的人的参加，联邦司法部提供的资料以及专家的意见。《德国民事诉讼法》第 293 条的规定：外国的现行法、习惯法和自治法规，仅限于法院所不知道的，应予以证明。在调查这些法规时法院应不以当事人所提出的证据为限；法院有使用其他调查方法并为使用的目的而发出必要的命令的权限。

其三，法官依职权查明，但当事人亦负有协助的义务。采取这种作法的国家，如瑞士、土耳其和秘鲁等，主张对外国法内容的查明，既不同于查明内国法律的程序，又不同于查明"事实"的程序，原则上应由法官负责调查，当事人也应负协助的责任。这种作法更重视法官的调查，对当事人提供的证据既可以确认，也可以限制或拒绝之。例如，1987 年《瑞士联邦国际私法法规》第 16 条规定：法官负责查明外国法的内容，法官可以要求当事人予以合作。

虽然我国立法对外国法的查明与适用没有明确规定，最高人民法院的司法解释对此有明确规定。《最高人民法院关于贯彻执行〈中华人民共和国民法通则〉若干问题的意见（试行）》第 193 条规定："对于应当适用的外国法律，可通过下列途径查明：（1）由当事人提供；（2）由与我国订立司法协助协定的缔约对方的中央机关提供；（3）由我国驻该国使领馆提供；（4）由该国驻我国使馆提供；（5）由中外法律专家提供。通过以上途径仍不能查明的，适用中华人民共和国法律。由此可知，我国以当事人查明外国法为原则，而以其他查明方法为补充。

我国在国际商事仲裁协议的确认程序中还采取了一种特殊制度——报告制度。最高人民法院于 1998 年 4 月 23 日发布了《最高人民法院关于人民法院撤销涉外仲裁裁决有关事项的通知》，决定对人民法院撤销我国涉外仲裁裁决建立"预先报告"制度，加强对撤销涉外仲裁裁决的内部监督。《最高人民法院关于人民法院处理与涉外仲裁及外国仲裁事项有关问题的通知》第 1 条规定了确认仲裁协议效力的法院预先报告制度："凡起诉到人民法院的涉外、涉港澳和涉台经济、海事海商纠纷案件，如果当事人在合同中订有仲裁条款或者事后达成仲裁协议，人民法院认为该仲裁条款或者仲裁协议无效、失效或者内容不明确无法执行的，在决定受理一方当事人起诉之前，必须报请本辖区所属高级人民法院进行审查；如果高级人民法院同意受理，应将其审查意见报最高人民法院。在最高人民法院未作答复前，可暂不予受理。”报告制度要求下级法院对国际商事仲裁协议效力行使司法审查权时必须逐级上报，并将认定国际商事仲裁协议无效的权力置于最高人民法院。

报告制度有以下几个特点：第一，仅对涉外仲裁建立报告制度，对国内仲裁则不涉及。第二，将预先报告的事项侧重于下级法院认为要“否定”仲裁协议效力的事项上，而对于下级法院自行判定应该“肯定”仲裁协议效力的事项，则不须报告，体现了最高人民法院对认定仲裁协议的审慎态度。第三，该制度总体上倾向于确认仲裁协议的效力，建立了以最高人民法院有最终决定权的司法监督体系，有利于法院在处理和仲裁的关系中摆脱各种地方因素的影响，有效地克服地方保护主义，提高仲裁的成功率。“预先报告”制度还重在预防，它要求受理法院在作出裁定之前就进行报告，这样便于及时发现问题，纠正错误，减少社会资源的浪费。但内部报告制度毕竟只是一种对司法程序漏洞的弥补手段，并不是长久之计。

## 三、实验要求

1. 仔细研读厦门某集团有限公司与某贸易公司确认仲裁条款效力案，掌握有关案情；

2. 熟悉本实验项目法律文件素材中有关仲裁协议效力认定、仲裁协议的法律适用的有关规定，熟悉我国最高人民法院规定的报告制度；

3. 制作确认国际商事仲裁协议效力的民事裁定书；

4. 了解本实验项目实验过程。

## 四、实验素材

### （一）法律文件素材

1958 年《纽约公约》、《中华人民共和国仲裁法》、《中华人民共和国民事诉讼法》等法律，及《最高人民法院关于适用〈中华人民共和国仲裁法〉若干问题的解释》、《最高人民法院关于适用〈中华人民共和国民事诉讼法〉若干问题的意见》、《最高人民法院关于贯彻执行《中华人民共和国民法通则》若干问题的意见》（试行）、《最高人民法院关于人民法院处理与涉外仲裁及外国仲裁事项有关问题的通知》及《最高人民法院关于人民法院撤销涉外仲裁裁决有关事项的通知》等相关司法解释。

（二）案例素材

## 厦门某集团有限公司与某贸易公司仲裁条款效力异议案①

申请人：厦门某集团有限公司。

法定代表人：王××，总裁。

被申请人：某贸易公司。

法定代表人：×××。

审判机关：福建省厦门市中级人民法院。

1. 申请人厦门某集团有限公司的请求及其理由

申请人与被申请人于2004年3月26日签署了一份合同号为85—413.2的钢材买卖合同。合同第5页的仲裁条款内容为：与本合同相关或因本合同引起的任何争议应根据国际商会仲裁院仲裁规则，并由依据可从网址www.iccwbo.org获得的上述规则指定的一名或多名仲裁员进行最终裁决。仲裁地点为中国北京，仲裁语言为中文或英文。仲裁规则副本将在要求时免费提供。

申请人认为：（1）在双方当事人未约定仲裁条款效力审查适用法律的情况下，该仲裁条款约定仲裁地点为中国北京，有关该条款效力的适用法律为中国法律；（2）根据《中华人民共和国仲裁法》第16条第2款第（3）项及第18条之规定，本案讼争的仲裁条款由于未约定明确的仲裁机构，不具备法律规定的仲裁条款必备要件，因此应认定为无效的仲裁条款；（4）最高人民法院1997年3月19日法函［1997］36号《关于仅选择仲裁地点而对仲裁机构没有约定的仲裁条款效力问题的函》也对此作了明确的规定，即只选择仲裁地点而没有约定仲裁机构的仲裁条款是无效的。

基于上述事实和理由，申请人申请本院裁定上述仲裁条款无效。

2. 被申请人某贸易公司在庭审中对申请人的请求提出如下答辩意见

（1）双方有将涉案合同项下争议提交仲裁解决的意思表示，且对仲裁机构的约定是明确的，双方选择了国际商会仲裁院作为仲裁机构；

（2）确认仲裁条款效力应适用合同约定的法律或者国际商会仲裁院总部所在地的法律，即瑞士法或法国法；

（3）即使适用中国法，《最高人民法院关于人民法院处理涉外仲裁及

① 本案例来源于“北大法意网”：http：//www.lawyee.net/Case/Case_ Display.asp?RID=107577&Keyword=，最后访问时间：2009年6月27日。

外国仲裁案件的若干规定（征求意见稿）》第26条也规定："当事人仅约定适用某一仲裁机构的仲裁规则但未约定由该仲裁机构仲裁的，人民法院应认定其规则应被适用的仲裁机构有权仲裁有关案件。"故本案的仲裁条款有效。

福建省厦门市中级人民法院经公开审理查明：以申请人为买受方和以被申请人为出卖方的双方当事人于2004年3月26日签署一份钢材买卖合同。合同第4、5页就法律适用规定："与本合同相关的一切法律争议应当受1980年4月11日制定的《联合国国际货物销售合同公约》管辖并据以解释。上述公约未规定的事项，则应参照国际统一私法协会1994年颁布的《国际商事合同通则》。如上述公约及通则仍未有规定的，则应当根据国际惯例及出卖方主要营业地的法律进行管辖和解释。"合同第5页仲裁条款内容："与本合同相关或由本合同引起的任何争议应根据国际商会仲裁院仲裁规则，并由依据可从网址www. iccwbo. org获得的上述规则指定的一名或多名仲裁员进行最终裁决。仲裁地点为中国北京，仲裁语言为中文或英文。仲裁规则副本将在要求时免费提供。"

双方还确认以下事实：（1）国际商会仲裁院已于2004年8月13日受理由某贸易公司作为申请人与厦门某集团有限公司作为被申请人的买卖钢材合同仲裁纠纷案；本案申请人已将本院受理本案一事通知该仲裁院；该仲裁院未就仲裁条款效力事宜作出裁决；（2）本院对本案享有管辖权；（3）《联合国国际货物销售合同公约》及《国际商事合同通则》系有关实体争议所应适用的法律；（4）买卖合同对有关仲裁条款效力争议应如何适用法律没有作出约定；（5）国际商会仲裁院的仲裁规则中没有涉及如何确定仲裁条款效力的规则；（6）讼争仲裁条款与国际商会仲裁院推荐的仲裁条款相类似。

被申请人对其所主张应适用的外国法，仅提交了由法国律师出具的《法律意见书》，法国律师认为上述争议的仲裁条款依照法国法应认定为有效仲裁协议。该《法律意见书》未办理公证和认证手续。被申请人当庭同意依照通行的仲裁法理论对本案争议进行处理。

厦门市中级人民法院确认本案争议焦点：有关仲裁条款效力争议应如何适用法律？讼争仲裁条款对于仲裁机构有无约定及其对仲裁条款效力的影响？对此，申请人认为，讼争仲裁条款约定仲裁地点为北京，依照最密切联系地的法律适用原则，本案争议应适用中国法律。根据《中华人民共和国仲裁法》以及最高人民法院有关司法解释的规定，仲裁条款必须约定明确的仲裁机构，否则仲裁条款无效。被申请人则认为，讼争仲裁条款系依照国际商会仲裁院推荐的条款制作，该条款依照法国法和仲裁惯例都应当被认定为有效。即使依照中国法，该条款亦应认定为有效。

（三）法律文书样式素材

## ××省××中级人民法院
## 民事裁定书

（××××）×中民××字第××号

申请人：×××。住所地：××××××。

法定代表人：×××。

委托代理人：×××。

委托代理人：×××。

被申请人：×××。住所地：××××××。

法定代表人：×××。

委托代理人：×××。

申请人×××与被申请人×××申请确认国际商事仲裁协议效力一案，本院受理后，依法组成合议庭进行了审理，现已审理终结。

申请人×××申请称：

被申请人×××辩称：

经审查，……

本院认为，××××。据此，依照《中华人民共和国仲裁法》第20条和《中华人民共和国民事诉讼法》第140条第1款第（11）项的规定，裁定如下：

驳回申请人×××请求确认与被申请人×××的《××××合同》中仲裁条款对其无效的申请。

本案受理费××元、其他诉讼费××元，合计××元，由申请人×××负担。

本裁定为终审裁定。

审　判　长 ×××
审　判　员 ×××
代理审判员 ×××
××××年××月××日
书　记　员 ×××

## ××省××市中级人民法院
## 民事裁定书

（××××）×中民××字第××号

申请人：×××，住所地：××××。

诉讼代理人：×××。

被申请人：×××，住所地：××××。

法定代表人：×××。

诉讼代理人：×××。

申请人×××与被申请人×××申请确认仲裁协议效力一案，本院于××××年××月××日立案受理后，依法组成合议庭，公开对本案进行了审理，本案现已审理终结。

×××申请称：

×××答辩称：

经审理，

针对双方就仲裁协议是否有效的争议。本院认为：××××。故×××与×××约定的仲裁条款无效。据此，根据《中华人民共和国民事诉讼法》第140条第1款第（11）项之规定，裁定如下：

申请人×××与被申请人×××于××××年××月××日签订的《××××合同》第10条第5款无效。

案件受理费××元，由申请人×××负担。

审　判　长　×××<br>
审　判　员　×××<br>
代理审判员　×××<br>
××××年××月××日<br>
书　记　员　×××

### 五、实验过程

步骤1：接收申请人仲裁管辖权异议的申请，审查本院是否为申请人、被申请人住所地或仲裁协议签订地有权受理涉外商事案件的中级人民法院管辖，从而确认管辖权；

步骤2：确认案件中国际商事仲裁协议条款的准据法；

步骤3：确认涉外仲裁条款中所表述的仲裁机构；

步骤4：认定国际商事仲裁协议条款的效力，作出裁定并制作民事裁定书。

## 实验项目三：仲裁代理人的任务和程序

### 一、实验目的

通过本实验项目，使得学生了解实务操作中作为仲裁代理人向仲裁委员会提出确认国际商事仲裁协议效力申请的相关程序，理解国际商事仲裁协议效力异议的重要性，掌握我国关于国际商事仲裁协议形式要件和实质要件等规定，提出国际商事仲裁协议效力异议的法定期限以及在外国法查明中应承担的责任，并能在实务操作中予以运用。

### 二、实验原理

仲裁代理人向仲裁委员会提出确认国际商事仲裁协议效力申请的相关任务和程序与诉讼代理人相类似。主要包括了解国际商事仲裁协议应包含的内容，掌握国际条约和相关国家法律对提出异议的期间和受理异议的机构的有关规定。

### 三、实验要求

1. 研读本实验项目案例素材，掌握有关案情；
2. 了解本实验项目法律文件素材中有关国际商事仲裁协议效力认定的相关规定；
3. 结合有关规定，对本实验项目案例进行分析，进而作出国际商事仲裁协议效力异议的认定；
4. 了解本实验项目的实验过程。

### 四、实验素材

#### （一）法律文件素材

主要为《中华人民共和国仲裁法》、《中华人民共和国仲裁法民法通则》等法律及《最高人民法院关于贯彻执行〈中华人民共和国民法通则〉若干问题的意见》(试行)、《最高人民法院关于适用〈中华人民共和国仲裁法〉若干问题的解释》等相关司法解释。

(二) 案件素材

## 日本S株式会社与中国郑州G公司国际商事仲裁协议效力异议案之一①

申请人:日本S株式会社

被申请人:中国郑州G公司

根据申请人日本S株式会社与被申请人中国郑州G公司于1995年4月13日签订的××号合同中的仲裁条款和申请人提交的书面仲裁申请,仲裁委员会受理了双方当事人关于上述合同所产生争议的本仲裁案。

在本案仲裁程序进行当中,被申请人向仲裁委员会提交了管辖权异议。

被申请人称:

申请人提交仲裁申请的依据是1995年4月13日与被申请人签订的××号合同中的仲裁条款,该条规定:"凡因执行本合同或与本合同有关事项所发生的一切争执,应由双方通过友好方式协商解决,如果不能取得协议时,则在被申请人国家根据被申请人国仲裁机构的仲裁程序规则进行仲裁,仲裁决定是终局的,对双方具有同等约束力。仲裁费除非仲裁机构另有决定外,均由败诉一方负担。"据此,被申请人认为,上述条款中所表述的被申请人国仲裁机构并未指明是中国国际经济贸易仲裁委员会,而中国国际经济贸易仲裁委员会亦不是中国唯一的仲裁机构。因此,该仲裁条款对于仲裁机构的约定是不明确的。依据《中华人民共和国仲裁法》第18条的规定:"仲裁协议对仲裁事项或者仲裁委员会没有约定或者约定不明确的,当事人可以补充协议,达不成补充协议的,仲裁协议无效。"双方在上述仲裁条款中并没有明确约定将合同项下的争议提交仲裁委员会仲裁,事后也未达成任何补充协议,因此,本案合同项下的仲裁条款是无效的。综上所述,被申请人请求仲裁委员会驳回申请人的仲裁申请。

对此,申请人反驳称:

① 本案例来源于"找法网":http://china.findlaw.cn/info/zhongcai/fa/39861.html,最后访问时间:2009年10月30日。

（1）本案申请人与被申请人之间的争议属于涉外的经济贸易争议，而在本合同订立时即1995年4月13日，中国国际经济贸易仲裁委员会是中国唯一能受理涉外经济贸易争议的仲裁委员会。故，申请人认为，依据合同规定，如被告是被申请人中国郑州G公司时，就应在中国国际经济贸易仲裁委员会仲裁。

（2）早在1955年5月4日，中日两国就签订了《中日贸易协议》。协议第8条规定：仲裁在被告所在国进行。目前绝大多数中日贸易合同中的仲裁条款都遵循这一原则。

（3）被申请人以《仲裁法》第18条之规定来否定仲裁委员会对本条的管辖，是没有根据的。《仲裁法》是于1995年9月1日起才开始实施，而合同是在1995年4月13日签订的《仲裁法》中关于仲裁协议的规定对本案合同中的仲裁条款没有溯及既往力；其次，在合同签订之时，仲裁委员会是中国唯一有权受理涉外经济贸易争议的仲裁机构，故这时合同中仲裁条款规定的被申请人所在国仲裁机构即是中国国际经济贸易仲裁委员会。

据此，申请人认为被申请人对本案管辖提出的异议不成立。

## 五、实验过程

（一）本案中被申请人仲裁代理人的任务和程序

步骤1：接受委托，与中国郑州G公司接洽，查阅合同及其他材料，了解本实验项目案例案情；

步骤2：拟写《仲裁管辖权异议申请书》；

步骤3：准备相关证据材料；

步骤4：向仲裁机构提交国际商事仲裁管辖权异议申请书；

步骤5：与被申请人在庭审过程中质证与辩论。

（二）本案中申请人仲裁代理人的任务和程序

步骤1：接受委托，与日本S株式会社接洽，查阅合同及其他材料，了解案情；

步骤2：向仲裁机构提出异议；

步骤3：准备相关可证明仲裁协议有效的材料；

步骤4：与申请人在庭审过程中质证与辩论。

# 实验项目四：仲裁委员会的任务和程序

## 一、实验目的

通过本实验项目，使得学生了解作为仲裁委员会或仲裁员如何处理申请人或被申请人提出的国际商事仲裁协议效力异议及如何进行相关程序。

## 二、实验原理

为了提高仲裁效率，保障仲裁庭顺利开展工作，贯彻当事人意思自治原则，各国及有关国际立法纷纷将仲裁协议的异议管辖权交给仲裁庭，规定仲裁庭有权就仲裁协议的有效性及其管辖权问题作出裁定。例如，《示范法》第 16 条第 1 款规定：仲裁庭可以对其管辖权包括对仲裁协议的存在或效力的任何异议，作出裁决。其他许多国际仲裁机构的仲裁规则也都对此作出了明确的规定。例如，伦敦国际仲裁院《仲裁规则》第 14 条第 1 款规定，仲裁庭有权对其本身的管辖权作出决定，包括对有关仲裁协议的存在或有效性的异议作出决定。联合国贸发会 1976 年《仲裁规则》第 21 条，世界知识产权组织仲裁与调解中心 1994 年《仲裁规则》第 36 条，美国仲裁协会《国际仲裁规则》第 51 条都有类似规定。即便在以保守著称的英国，也允许仲裁庭就其管辖权及仲裁协议的有效性作出决定。

依照我国《仲裁法》第 20 条规定，仲裁委员会有权审查当事人提出的国际商事仲裁协议是否具有效力。我国仲裁委员会制定的仲裁规则一般都规定仲裁委员会有权对仲裁协议的存在、效力作出决定，同时委员会也可以授权仲裁庭作出决定。例如，2007 年《武汉仲裁委员会仲裁规则》第 8 条第 1 款规定："本会有权对仲裁协议的存在、效力以及仲裁案件的管辖权作出决定。本会也可以授权仲裁庭作出决定。" 2004 年《北京仲裁委员会仲裁规则》第 6 条第 4 款规定："当事人对仲裁协议或者仲裁案件的管辖权提出异议的，可以由本会或者由本会授权仲裁庭作出决定。仲裁庭的决定可以中间裁决的形式作出，也可以在终局裁决中作出。" 仲裁委员会在收到仲裁申请后，如果经审查后依表面证据认为存在由本会进行仲裁的协议，则可根据表面证据作出本会有管辖权的决定，仲裁程序继续进行。但是，仲裁委员会依表面证据作出的管辖权决定并不妨碍其根据仲裁庭在审理过程中发现的与表面证据不一致的事实或者证据重新作出管辖权决定。如果一方提出国际商事仲裁协议异议，则仲裁委员会可以依据我国有关规定，结合根据双方当事人提交的证据及自己收集的证据所认定的事实，对当事人的国际商事仲裁协议效力进行审查。一经认定国际商事仲裁协议有效，则应作出裁决驳回当事人的申请；如果认定无效，则作出确认无效的决定。仲裁委员会也可授权仲裁庭进行审查并作出国际商事仲裁协议效力异议的认定。应当注意的是，在对仲裁协议效力和管辖权异议作出决定前，仲裁程序可以继续进行。

## 三、实验要求

1. 研读本实验项目案例素材，掌握有关案情；

2. 了解本实验项目法律文件素材中有关国际商事仲裁协议效力认定的相关规定；

3. 结合有关规定，对本实验项目案例进行分析，进而作出国际商事仲裁协议效力异议的认定；

4. 了解本实验项目的实验过程。

## 四、实验素材

### （一）法律文件素材

主要为《中华人民共和国仲裁法》、《中华人民共和国民法通则》等法律及《最高人民法院关于贯彻执行〈中华人民共和国民法通则〉若干问题的意见》（试行）等相关司法解释，相关仲裁委员会《仲裁规则》。

### （二）案例素材

### 日S株式会社与中国郑州G公司国际商事仲裁协议效力异议案之二

仲裁委员会决定：因本案合同签订时（1995年4月13日）《仲裁法》尚未生效，当时我国有权受理涉外经济贸易争议的仲裁机构仅为本仲裁委员会，当被申请人国为中国时，根据双方当事人在仲裁条款中的约定，有权受理本案的仲裁机构只能是本仲裁委员会。被申请人就仲裁委员会对本案的管辖权提出的抗辩，予以驳回。

## 五、实验过程

步骤1：审阅日S株式会社与中国郑州G公司提交的书面材料，了解案情；

步骤2：开庭审理，庭审调查结束后，认定本案有关国际商事仲裁协议的证据；

步骤3：结合证据认定的事实，确定确认仲裁协议效力依据的准据法，并依据准据法确定本案争议的国际商事仲裁协议的效力；

步骤4：如认为日本S株式会社与中国郑州G公司于1995年4月13日签订的××号合同中的仲裁条款有效，则作出驳回中国郑州G公司提出的仲裁管辖权异议的决定；如认为仲裁条款无效，则作出确认无效的决定。

**六、扩展思考**

你对《仲裁法司法解释》第16条有关国际商事仲裁协议效力审查的规定有何评价？

# 第十二章　国际商事仲裁管辖权

国际商事仲裁管辖权，是指仲裁庭、仲裁员依据当事人授权和法律授权（机构仲裁时还包括仲裁规则）对特定的国际商事争议进行审理并作出有拘束力的裁决的权力。仲裁管辖权对国际商事仲裁有着极为重要的意义：首先，除法院依照法定程序对仲裁进行监督外，有效的仲裁管辖权排除了法院对特定案件的管辖权。当事人之间若存在有效的仲裁协议，则丧失就特定争议事项向法院提起诉讼的权利，承担不得向法院起诉且将争议提交仲裁的义务，除非当事人又另行达成协议修改先前达成的合意，决定将争议诉诸司法解决。其次，有效的仲裁管辖权决定仲裁程序能否正常进行。只有拥有有效的管辖权，仲裁庭才能组成并对案件进行审理，否则，当事人可提出管辖权异议。再次，仲裁管辖权的有效性决定仲裁裁决的有效性。如果没有有效的管辖权，仲裁裁决的有效性将遭受质疑，当事人可以仲裁庭无管辖权为由申请撤销或不予承认和执行仲裁裁决。

国际商事仲裁管辖权异议是指国际商事争议的当事人对仲裁庭对国际商事争议进行仲裁的权力提出抗辩，从而否认仲裁机构或仲裁庭的管辖。商事仲裁管辖权异议是阻却仲裁庭进一步行使仲裁权的有效手段，是当事人用以维护自己诉权的有力武器。在商事仲裁实践中，仲裁管辖权异议发挥着重要作用。当事人正是通过对商事仲裁管辖权提出异议，使纠纷是否通过仲裁解决处于一种不确定的状态，从而为以诉讼方式或其他方式解决纠纷提供了一种可能性。

本章实验教程分为诉讼代理人的任务和程序与法院的任务和程序二个实验项目，知识点主要为国际商事仲裁管辖权异议的主体，提出异议的期限，提出异议的依据，受理国际商事仲裁管辖权异议的机构以及我国法院的“预先报告”制度。

# 实验项目一：诉讼代理人的任务和程序

## 一、实验目的

通过本实验项目的实验，使得学生了解国际商事仲裁管辖权异议和提出国内管辖权异议的不同之处，了解实务操作中作为仲裁代理人提出国际商事仲裁管辖权异议的过程，理解提出国际商事仲裁管辖权异议的意义及重要性，熟悉并能运用我国法律和司法解释关于提出国际商事仲裁管辖权异议的相关规定。

## 二、实验原理

作为诉讼代理人，应当熟悉有关享有提起国际商事仲裁管辖权异议权利的主体、国际商事仲裁管辖权提出的期间、提出的依据以及受理国际商事仲裁管辖权异议的机关等的规定，以有效保护委托人的合法权利，争取利益最大化。同时又防范对方当事人为了谋求私利，恶意利用管辖权异议进行抗辩，拖延仲裁程序的进行，增大委托人的成本，影响仲裁的效率。

（一）提出国际商事仲裁管辖权异议的主体

除仲裁的申请人与被申请人外，有权提出国际商事仲裁管辖权异议的还有撤销仲裁裁决申请人和仲裁裁决执行中的被申请执行人。因为，当仲裁裁决作出后，进入裁决的异议和撤销阶段，大多数国家法院均规定当事人可以以仲裁庭无管辖权为由申请撤销或不予承认和执行仲裁裁决。依照我国《仲裁法》第70条、《民事诉讼法》第258条第1款的规定，仲裁庭无仲裁权的，申请人可依法申请法院撤销仲裁裁决。同样，依据1958年《纽约公约》以及我国相关立法规定，仲裁庭在无管辖权的情况下作出的裁决是不会被法院承认与执行的，因此，在涉外仲裁裁决的承认和执行程序中，被申请执行人也可成为国际商事仲裁管辖权的异议者。

（二）提出国际商事仲裁管辖权异议的期限

对于仲裁程序中提出国际商事仲裁管辖权异议的期限，大多数国家仲裁法和仲裁机构的仲裁规则均要求国际商事仲裁管辖权异议人应当及时提出对仲裁庭的管辖权异议。但世界各国对如何理解“及时”有不同规定。我国仲裁法将以仲裁协议效力有异议为由提出仲裁管辖权异议的期限限定为首次开庭前。我国《仲裁法》第20条规定，当事人对仲裁协议的效力有异议的，应当在仲裁庭首次开庭前提出。中国国际经济贸易仲裁委员会2005年《仲裁规则》第

6条规定，当事人对仲裁协议及或仲裁案件管辖权提出抗辩，应当在仲裁庭首次开庭前提出。

对仲裁裁决作出后能否提出管辖权异议，各国立法主要通过撤销仲裁裁决程序和承认或执行仲裁裁决程序这两种程序予以肯定。在以上两种程序中，异议人可以以仲裁无管辖权为由要求撤销仲裁裁决或请求拒绝承认和执行该仲裁裁决。对于请求拒绝承认和执行仲裁裁决的情况，提出的期限一般是在对方提起承认和执行仲裁裁决后的程序中进行。对于以仲裁管辖权异议为由申请撤销仲裁裁决的期限，各国规定不尽相同，一般均要求在短期内提出。依照我国《仲裁法》第59条，“当事人申请撤销裁决的，应当自收到裁决书之日起6个月内提出”，依据此规定可以得出两个结论：其一，当事人以仲裁无管辖权为由提出撤销仲裁裁决的起算点为“收到裁决书之日”；其二，当事人以仲裁无管辖权为由提出撤销仲裁裁决的期限为“收到仲裁裁决书起六个月内”。

（三）提出国际商事仲裁管辖权异议的依据

当事人可以提出管辖权异议的情形，国际公约或法律文件及各国法律规定不尽一致。1958年《纽约公约》第5条规定五种情形下仲裁裁决可以被拒绝承认与执行的情形，其中有三种是和管辖权相关的，分别是：（1）当事人依对其适用之法律有某种无行为能力情形者，或该项协定依当事人作为协定准据之法律系属无效，或未指明以何法律为准时，依裁决地所在国法律系属无效者；（2）裁决所处理之争议非为交付仲裁之标的或不在其条款之列，或裁决载有关于交付仲裁范围以外事项之决定者；（3）依该国法律，争议事项系不能以仲裁解决者。1985年《示范法》第36条也作有类似规定。根据我国《仲裁法》第70条、第71条及《民事诉讼法》第258条的有关规定，对中华人民共和国涉外仲裁机构作出的裁决，被申请人提出证据证明仲裁裁决有下列情形之一的，经人民法院组成合议庭审查核实，裁定不予执行：（1）当事人在合同中没有订有仲裁条款或者事后没有达成书面仲裁协议的；（2）被申请人没有得到指定仲裁员或者进行仲裁程序的通知，或者由于其他不属于被申请人负责的原因未能陈述意见的；（3）仲裁庭的组成或者仲裁的程序与仲裁规则不符的；（4）裁决的事项不属于仲裁协议的范围或者仲裁机构无权仲裁的。人民法院认定执行该裁决违背社会公共利益的，裁定不予执行。

其中，与管辖权有关的事项为第一项及第四项。另外，我国《最高人民法院关于人民法院处理与涉外仲裁及外国仲裁事项有关问题的通知》也提到“凡起诉到人民法院的涉外、涉港澳和涉台经济、海事海商纠纷案件，如果当事人在合同中订有仲裁条款或者事后达成仲裁协议，人民法院认为该仲裁条款或者仲裁协议无效、失效或者内容不明确无法执行的，在决定受理一方当事人起诉之前，必须报请本辖区所属高级人民法院进行审查”。综上所述，在我国，可以将当事人提出管辖权异议的理由概况为：国际商事仲裁协议不存在、无效、失效、内容不明确无法执行及裁决的事项仲裁庭无权仲裁。

1. 仲裁协议不存在

仲裁协议不存在是指仲裁协议自始未成立，即双方当事人并未达成将争议提交仲裁的合意。

2. 仲裁协议无效

仲裁协议无效包括仲裁协议的形式要件和实质要件不符合法定情形，相关要求已经在国际商事仲裁协议的效力一节中论述，在此不再赘述。

3. 仲裁协议失效

仲裁协议的失效是指一项有效的仲裁协议因特定事由的发生而丧失其原有的法律效力。仲裁协议的失效不同于仲裁协议的无效，它们的根本区别在于，仲裁协议的失效是原本有效的仲裁协议在特定条件下失去了其效力，而仲裁协议的无效是该仲裁协议自始就没有法律效力。

仲裁协议在下列情形下失效：(1) 附期限的仲裁协议因期限届满而失效；(2) 仲裁协议约定的提交仲裁的争议事项得以解决，仲裁协议因完成其使命而失效；(3) 基于仲裁协议，仲裁庭作出的仲裁裁决被法院裁定撤销或不予执行，该仲裁协议失效；(4) 当事人明示或默示地放弃已签订的仲裁协议而使该仲裁协议失效。

4. 仲裁协议内容不明确无法执行

当事人签订的仲裁协议的内容不够明确、完整，如提交仲裁的事项、提交的仲裁委员会或组建仲裁庭、指定仲裁员的方法不明确导致仲裁协议无法执行的，仲裁庭可能无法组建，当然也就谈不上仲裁庭的管辖权了。

5. 裁决的事项仲裁庭无权管辖

仲裁庭无权管辖的事项，此处主要为：(1) 仲裁庭所裁决的事项，虽然具有可仲裁性，但超出了仲裁协议的范围。(2) 仲裁庭裁决的事项，虽具有可仲裁性且在仲裁协议范围内，但超出了当事人请求的范围。如当事人请求仲裁庭裁定系争贷款利息的金额，但仲裁庭却裁定当事人违约。对于上述事项，如果仲裁庭作出裁决，当事人可以之为理由提出管辖权异议。

(四) 受理国际商事仲裁管辖权异议的机构

在撤销仲裁裁决程序及承认与执行仲裁裁决程序中涉及的与管辖权异议受理机构有关的内容，见本书第十四章及第十五章，此处只涉及仲裁协议效力异议的受理机构。

依照我国相关立法规定，可以受理国际商事仲裁管辖权异议的机构为仲裁委员会和人民法院。我国《仲裁法》第20条规定，当事人对仲裁协议的效力有异议的，可以请求仲裁委员会作出决定或者请求人民法院作出裁定。一方请求仲裁委员会作出决定，另一方请求人民法院作出裁定的，由人民法院裁定。1998年《最高人民法院关于确认仲裁协议效力几个问题的批复》第3条指出，当事人对仲裁协议的效力有异议，一方当事人申请仲裁机构确认仲裁协议效力，另一方当事人请求人民法院确认仲裁协议无效，如果仲裁机构先于人民法院接受申请并已作出决定，人民法院不予受理；如果仲裁机构接受申请后尚未作出决定，人民法院应予受理，同时通知仲裁机构终止仲裁。

为确定法院就仲裁管辖权作出决定的程序，首先必须确定仲裁管辖权异议问题的级别管辖和地域管辖。就国际商事仲裁协议效力问题，最高人民法院在《最高人民法院关于适用〈中华人民共和国仲裁法〉若干问题的解释》第12条中规定，申请确认涉外仲裁协议效力的案件，由仲裁协议约定的仲裁机构所在地、仲裁协议签订地、申请人或者被申请人住所地的中级人民法院管辖。涉及海事海商纠纷仲裁协议效力的案件，由仲裁协议约定的仲裁机构所在地、仲裁协议签订地、申请人或者被申请人住所地的海事法院管辖；上述地点没有海事法院的，由就近的海事法院管辖。

## 三、实验要求

1. 认真研读本项目实验案例素材，掌握案情；
2. 熟悉本实验项目法律文件素材中有关提出国际商事仲裁管辖权异议的规定；
3. 根据案情制作《管辖权异议申请书》；
4. 了解本实验项目实验过程。

## 四、实验素材

### （一）法律文件素材

主要为《承认和执行外国仲裁裁决公约》(《纽约公约》)、《关于我国加入〈承认和执行外国仲裁裁决公约〉的决定》、《中华人民共和国仲裁法》、《中华人民共和国民事诉讼法》等法律，及《最高人民法院关于适用〈中华人民共和国仲裁法〉若干问题的解释》、《最高人民法院关于适用〈中华人民共和国民事诉讼法〉若干问题的意见》、《最高人民法院关于执行我国加入的

〈承认及执行外国仲裁裁决公约〉的通知》、《最高人民法院关于涉外民商事案件诉讼管辖若干问题的规定》、《最高人民法院关于确认仲裁协议效力几个问题的批复》等司法解释。

（二）案例素材

## 厦门某木制品有限公司与台湾某企业有限公司购销合同纠纷管辖权异议案之一①

原告：台湾某企业有限公司。

被告：厦门某木制品有限公司。

1995年4月25日，台湾某企业有限公司（以下简称台湾公司）与厦门某木制品有限公司（以下简称厦门公司）在厦门签订了一份购销合同。合同约定由厦门公司向台湾公司出售600立方米福建柏木，单价每立方米160美元，价格条件FOB厦门，并对柏木的质量要求以及验货方式进行了约定。合同同时还约定了解决合同纠纷的方式，即“双方进行友好协商解决或以国际商会仲裁为准”。

合同签订后，台湾公司依合同规定开出了总金额9.6万美元的信用证，履行了买方的全部合同义务。但是，台湾公司依据合同约定派员到厦门公司要求验货时，发现厦门公司未按双方的约定履行合同，双方遂发生纠纷。台湾公司于1995年8月15日向厦门市开元区人民法院起诉、请求厦门公司返还货款31180美元并赔偿损失27520美元；判令厦门公司支付验货费用9.8万港元和公证费3000港元。

厦门公司在提交答辩状期间对管辖权提出异议，认为双方在所签订的合同第7条中明确约定了解决合同纠纷的方式，即“双方进行友好协商解决或以国际商会仲裁为准”，请求法院依法驳回原告起诉。

台湾公司对厦门公司提出的管辖权异议没有提交答辩状。

（三）法律文书样式素材

## 管辖权异议申请书

申请人：×××

① 本案例来源于“北大法意网”：http：//www.lawyee.net/Case/Case_ Display.asp?RID=35309&Keyword=，最后访问时间：2009年6月27日。

法定代表人：×××

住所地：×××

申请人因……依法向贵院提出管辖权异议。

申请事项：将本案移送至……市人民法院进行审理。

事实与理由：(省略)

综上所述，申请人按照《民事诉讼法》之相关规定，特请求贵院将本案依法移送管辖，交由申请人所在地××××人民法院。请予准许。

此致

××人民法院

申请人：×××

法定代表人：××

××××年××月××日

### 五、实验过程

申请人的诉讼代理人的任务和程序：

步骤1：详细了解厦门某木制品有限公司与台湾某企业有限公司购销合同纠纷管辖权异议案案情；

步骤2：对申请结果进行初步判断，确定有无胜诉可能；

步骤3：准备证据材料，包括与台湾企业签订的包含有争议解决方式条款的购销合同、《国际商会仲裁规则》等；

步骤4：在提出管辖权异议的期限内选择有管辖权的人民法院提出申请。

(实验环节中的步骤仅供参考，下同)

### 六、扩展思考

我国《仲裁法》第20条第2款规定："当事人对仲裁协议有异议的，应当在仲裁庭首次开庭前提出。"将该管辖权异议的时限定为"首次开庭前"有何不妥之处？

## 实验项目二：法院的任务和程序

### 一、实验目的

通过本实验项目的实验，主要使学生了解法院如何审查并受理国际商事仲裁管辖权异议的申请，受理后又如何审查国际商事仲裁管辖权并最终作出仲裁庭是否对涉外案件具有管辖权的裁定，熟悉并能运用我国参与或缔结的国际条约、我国法律和司法解释关于国际商事仲裁管辖权的相关规定。

## 二、实验原理

有效的仲裁协议是仲裁庭管辖权的基础和前提。因此，法院在审理国际商事仲裁管辖权异议案件时，主要是对国际商事仲裁协议有效性的审理。若受诉法院认为，涉案当事人双方间签订了有效的仲裁协议，则一般作出驳回当事人有关仲裁庭无管辖权异议申请的裁定。有关国际商事仲裁协议效力法院认定的部分已经在“国际商事仲裁协议效力”章中谈及，本节主要讨论在我国，仲裁机构和法院在认定国际商事仲裁管辖权上，何者具有优先效力。

当前我国《仲裁法》在确定仲裁管辖权问题上确立的是法院决定优先的制度。我国《仲裁法》第 20 条规定：“当事人对仲裁协议的效力有异议的，可以请求仲裁委员会作出决定或者请求人民法院作出裁定。一方请求仲裁委员会作出决定，另一方请求人民法院作出裁定的，由人民法院裁定。”最高人民法院在其 1998 年 10 月发布的《关于确认仲裁协议效力几个问题的批复》中确认：当事人对仲裁协议的效力有异议，一方当事人申请仲裁机构确认仲裁协议效力，另一方当事人请求人民法院确认仲裁协议无效，如果仲裁机构先于人民法院接受申请并已作出决定，人民法院不予受理；如果仲裁机构接受申请后尚未作出决定，人民法院应予受理，同时通知仲裁机构终止仲裁。一方当事人就合同纠纷或者其他财产权益纠纷申请仲裁，另一方当事人对仲裁协议的效力有异议，请求人民法院确认仲裁协议无效并就合同纠纷或者其他财产权益纠纷起诉的，人民法院受理后应当通知仲裁机构中止仲裁。人民法院依法作出仲裁协议有效或者无效的裁定后，应当将裁定书副本送达仲裁机构，由仲裁机构根据人民法院的裁定恢复仲裁或者撤销仲裁案件。因此，《仲裁法》的规定实际上确定了法院在确定仲裁庭管辖权问题上的优先权。

## 三、实验要求

1. 仔细研读本章实验环节一中的案例，掌握有关案情；

2. 熟悉本实验项目法律文件素材中有关国际商事仲裁管辖权异议的有关规定，熟悉我国最高人民法院规定的报告制度；

3. 制作有关国际商事仲裁管辖权异议认定的民事裁定书；

4. 了解本实验项目实验过程。

## 四、实验素材

### （一）法律文件素材

主要为《承认和执行外国仲裁裁决公约》(《纽约公约》)、《关于我国加入〈承认和执行外国仲裁裁决公约〉的决定》、《中华人民共和国仲裁法》、《中华人民共和国民事诉讼法》等法律，及《最高人民法院关于适用〈中华人民共和国仲裁法〉若干问题的解释》、《最高人民法院关于适用〈中华人民共和国民事诉讼法〉若干问题的意见》、《最高人民法院关于执行我国加入的〈承认及执行外国仲裁裁决公约〉的通知》、《最高人民法院关于涉外民商事案件诉讼管辖若干问题的规定》、《最高人民法院关于确认仲裁协议效力几个问题的批复》等司法解释。

### （二）案例素材

**【案例 1】**

### 厦门某木制品有限公司与台湾某企业有限公司购销合同纠纷管辖权异议案之二

厦门市开元区人民法院对厦门公司的管辖权异议经审查认为：原、被告在购销合同中，虽就解决合同纠纷的方式作了约定，但未就具体的仲裁委员会或仲裁机构作出明确约定，嗣后，双方亦未就解决合同纠纷协商一致，故被告厦门公司提出的管辖权异议的申请不能成立。依照《中华人民共和国民事诉讼法》第 38 条的规定，于 1995 年 10 月 27 日裁定：

驳回厦门公司对管辖权提出的异议。

一审裁定后，厦门公司不服，向厦门市中级人民法院提起上诉，认为双方签订的合同对解决纠纷的方式已约定“以国际商会仲裁为准”。该仲裁条款符合《中华人民共和国仲裁法》第 16 条规定的 3 项要素：1. 请求仲裁的意思表示明确；2. 仲裁的事项明确，即双方的合同纠纷；3. 选定的仲裁委员会明确，即国际商会。原审认定合同未就具体的仲裁委员会或仲裁机构作出明确约定，显然是错误的。请求依法裁定将此案提交国际商会仲裁。

厦门市中级人民法院经审查认为：上诉人厦门公司与被上诉人台湾公司在其合同中约定“解决合同纠纷的方式为双方进行友好协商解决或以国际商会仲裁为准”。国际商会仲裁规则第 8 条规定：“双方当事人约定提交国际商会仲裁时，则应视为事实上接受本规则。”国际商会仲裁院是执行国际商会仲裁规则的唯一仲裁机构，故双方当事人合同中的仲裁条款实际上约定了由国际商会仲裁院依据国际商会仲裁规则对本案当事人之合同纠纷进行仲裁，该仲裁条款有效，厦门市开元区人民法院对本案没有管辖权。上诉人提出的管辖权异议符合有关法律规定，理由成立，原审裁定驳回厦门公司提出的管辖权异议不当。依照《中华人民共和国民事诉讼法》第153条的规定，于1996年5月5日裁定：

1. 撤销厦门市开元区人民法院民事裁定。
2. 驳回原告台湾某企业有限公司的起诉。

**【案例2】**

## 吉林某工业股份有限公司诉美国某发展公司、吉林市某有限公司侵权损害赔偿纠纷管辖权异议案①

上诉人吉林某工业股份有限公司（以下简称吉林工业公司），因与被上诉人美国某发展公司（以下简称美国公司）、原审被告吉林市某有限公司（以下简称吉林公司）侵权损害赔偿纠纷管辖权异议一案，不服吉林省高级人民法院（以下简称原审法院）（2004）吉民二初字第31-1号民事裁定，向最高人民法院提起上诉。最高人民法院依法组成由审判员×××担任审判长，代理审判员×××、××参加评议的合议庭审理了该案。该案已于2005年5月审理终结。

经最高人民法院查明：1999年10月31日，美国公司与吉林工业公司签订《合作经营合同》，约定共同出资成立的中外合作经营企业吉林公司。该合同第41条约定：“凡因执行本合同所发生的或与本合同有关的一切争议，双方应首先通过友好协商解决，如果协商不能解决，应提请中国国际经济贸易仲裁委员会依照其仲裁规则仲裁。仲裁的裁决是终局的，对双方都有约束力。”

2004年8月11日，美国公司以吉林工业公司和吉林公司为共同被告起诉至原审法院，称吉林公司在生产经营过程中，与吉林工业公司互相串通，共同采取提高原材料价格，为其他企业承担不合理费用，虚拟亏损事

① 本案例来源于“中国涉外商事海事审判网”：http://www.ccmt.org.cn/showws.php?id=1622，最后访问时间：2009年11月12日。

实，拒提折旧费等方式，欺骗美国公司。吉林公司是侵害美国公司合法权益的直接行为人，没有吉林公司的侵权行为，吉林工业公司的侵权目的亦实现不了。为此，要求吉林工业公司和吉林公司共同承担侵权损害赔偿责任。

吉林工业公司在答辩期内提出管辖权异议，认为按照《合作经营合同》的约定，本案应当由仲裁机构通过仲裁解决纠纷，请求将本案移送仲裁机构。

原审法院认为：美国公司与吉林工业公司虽然在合作合同中签有仲裁条款，但该条款只对美国公司与吉林工业公司有约束力，该条款不能约束美国公司同时起诉吉林公司的管辖权。美国公司虽然与吉林公司没有合同，但亦不影响对其侵权行为的诉讼，美国公司起诉吉林公司符合《中华人民共和国民事诉讼法》第108条关于“原告是与本案有直接利害关系的公民、法人和其他组织；有明确的被告；有具体的诉讼请求和事实、理由；属于人民法院受理民事诉讼的范围和受诉人民法院管辖”之规定，原审法院对此案有管辖权，吉林工业公司对此案管辖权提出异议不能成立，不予支持。该院依据《中华人民共和国民事诉讼法》第38条之规定，裁定驳回吉林工业公司对本案管辖权提出的异议。

吉林工业公司不服原审裁定，向最高人民法院提起上诉。其上诉理由为：(1) 本案应为中外合作经营合同纠纷，并非侵权赔偿纠纷；(2) 上诉人与被上诉人在合作经营合同中约定有仲裁条款，原审法院不应受理本案，被上诉人即使以侵权为由起诉上诉人，亦属于执行合作经营合同中所发生的争议，应受仲裁条款约束；(3) 被上诉人将吉林公司列为原审共同被告，并不能使被上诉人不受合作经营合同仲裁条款的约束；(4) 原审裁定所述原审法院对此案有管辖权的理由明显不成立。故请求二审法院依法撤销原审裁定，驳回被上诉人的起诉或裁定将本案提交中国国际经济贸易仲裁委员会仲裁。

美国公司答辩称：(1) 美国公司与两原审被告之间没有共同的仲裁条款；(2) 吉林工业公司与吉林公司系共同侵权人，美国公司将其同时起诉符合法律规定；(3) 侵权纠纷的案由并无不当。故请求二审法院驳回吉林工业公司的上诉，维持原裁定。

最高人民法院经审理认为：美国公司是以吉林工业公司与吉林公司共同实施了侵权行为为由提起的侵权之诉。根据我国《民事诉讼法》第29条之规定，因侵权行为提起的诉讼，由侵权行为地或者被告住所地人民法院管辖。本案中美国公司诉称的侵权行为地与吉林工业公司、吉林公司的住所地均在原审法院管辖范围内，原审法院对本案有管辖权。该案中美国公司主张吉林工业公司与吉林公司构成共同侵权，没有吉林公司的侵权行为，吉林工业公司的侵权目的亦实现不了，故美国公司对吉林工业公司和吉林公司提起的侵权诉讼是必要的共同侵权之诉。吉林工业公司作为原审被告，无权变更美国公司的诉讼请求，故其关于本案应为中外合作经营合同纠纷，并非侵权赔偿纠纷的上诉理由，不应予以支持。美国公司与吉林工业公司之间的《合作经营合同》虽约定有仲裁条款，但该仲裁条款不能约束本案中三方当事人之间的必要共同侵权纠纷，故吉林工业公司关于本案应基于合同约定移送仲裁机构管辖的上诉理由缺乏事实和法律依据，不应予以支持。综上，吉林工业公司的上诉理由缺乏事实和法律依据，对其上诉请求，应予驳回。

最终最高人民法院依照《中华人民共和国民事诉讼法》第153条第1款第（1）项、第154条之规定，裁定驳回上诉，维持原裁定。

（三）法律文书素材

**××××人民法院**
**民事裁定书**

（××××）×民初字第××号

原告×××（写明姓名或名称等基本情况）。

被告×××（写明姓名或名称等基本情况）。

本院受理×××（写明当事人姓名或名称和案由）一案后，被告×××在提交答辩状期间对管辖权提出异议，认为……（写明异议的内容及理由）。

经审查，本院认为，××××（写明异议成立或异议不成立的根据和理由）。依照《中华人民共和国民事诉讼法》第38条的规定，裁定如下：

（写明裁定结果。分两种情况：）

被告×××对管辖权提出的异议成立，本案由××××仲裁委员会管辖。(异议成立的)

驳回被告×××对本案管辖权提出的异议。(异议不成立的)

如不服本裁定，可在裁定书送达之日起十日内，向本院递交上诉状，并按对方当事人的人数提出副本，上诉于××××人民法院。

审判员　×××
××××年××月××日
(院印)

本件与原本核对无异

书记员　×××

××××人民法院
民事裁定书
(对管辖权有异议的上诉案件用)

(××××) ×民终字第××号

上诉人 (原审××) ××× (写明姓名或名称等基本情况)。

被上诉人 (原审××) ××× (写明姓名或名称等基本情况)。

上诉人×××不服××××人民法院 (××××) ×民初字第××号民事裁定，向本院提出上诉。…… (概述上诉请求与理由、被上诉人的答辩)。

本院经审查认为，×××× (简要写明二审驳回上诉或者撤销原裁定的事实根据和理由)。依照×××× (写明裁定所依据的法律条款项) 的规定，裁定如下：

写明裁定结果。分两种情况：

第一，维持原裁定的，写：

驳回上诉，维持原裁定

第二，撤销原裁定的，写：

一、撤销××××人民法院（××××）×民初字第××号民事裁定；

二、本案由××××仲裁委员会管辖。

本裁定为终审裁定。

审判长　×××
审判员　×××
审判员　×××
××××年××月××日
（院印）

本件与原本核对无异

书记员　×××

**五、实验过程**

步骤1：接收《管辖权异议申请书》，审查本院是否为仲裁协议约定的仲裁机构所在地、仲裁协议签订地、申请人或者被申请人住所地的中级人民法院，从而确认管辖权；

步骤2：审查申请书的形式是否符合要求，符合的，继续以下步骤；不符合的，要求申请人予以完善，申请人不予以完善的，不予受理；

步骤3：审查厦门某木制品有限公司是否具有提起国际商事仲裁管辖权异议的主体资格；

步骤4：审查申请是否在管辖权异议期限内提出；

步骤5：申请不符合涉仲裁外管辖权异议条件的，制定驳回国际商事仲裁管辖权异议申请的《民事裁定书》，裁定驳回申请；申请符合条件的，予以受理，并进行购销合同中仲裁条款效力的认定。

步骤6：若认定仲裁条款有效，则作出驳回原告台湾某企业有限公司的起诉的裁定；若认定仲裁条款无效，则在履行报告制度后，根据最高人民法院的同意答复，作出驳回厦门公司对管辖权提出异议的裁定，并制作相关法律文书。

## 六、扩展思考

1. 结合本章案例1，你认为厦门市开元区人民法院对案件有没有管辖权？理由如何？

2. 结合本章案例2，你认为法院应如何对案件争议进行定性？案件争议是否属于该案中仲裁协议的范围？美国公司增列吉林公司为共同被告对仲裁协议的效力有无影响？该案的管辖权如何确定较为适当？

3. 结合本章案例2，试评析最高人民法院的判决。

# 第十三章　国际商事仲裁的法律适用

国际商事仲裁的法律适用问题是国际商事仲裁中一个十分重要的问题。国际商事仲裁中，由于商事争议可能涉及多个国家，而各国的法律，无论是仲裁协议适用的法律、仲裁程序适用的法律，还是解决争议的实体法律，均存在差异，因而需要确定国际商事仲裁中各问题的法律适用，以确保国际商事仲裁公正顺利地进行。正确处理国际商事仲裁的法律适用问题，关系到我国仲裁立法的定位，关系到良好仲裁环境的确立及发展，关系到增强我国仲裁机构在国际社会的吸引力。

国际商事仲裁适用的实体法是仲裁庭据以作出裁决的实体法律。它是确定争议双方当事人权利义务、判定争议是非曲直的主要法律依据，对争议的最终裁决结果具有决定性的意义。在国际商事仲裁中，对于实体问题的法律适用，基本上与法院确定国际合同的法律适用相类似。然而，由于国际商事仲裁的民间性与自治性，仲裁实体法的确定与法院确定国际合同的法律适用仍有着许多不同的地方。一般来说，如果当事人选择了仲裁实体法，仲裁庭将尊重当事人的选择，适用当事人选择的法律；在当事人未作法律选择时，仲裁庭可适用仲裁地国的冲突规则、仲裁员本国的冲突规则或仲裁员认为适当的其他国家的冲突规则，来确定仲裁适用的实体法。此外，仲裁员还可不援引任何冲突规则，而直接适用他认为适当的实体法规则。

国际商事仲裁程序问题的法律适用也是原则上以当事人选择确定，当事人未作明确选择的情况下，一般由仲裁庭决定仲裁应适用的程序法。仲裁庭可以通过各种因素去推定当事人的选择，通常适用的是仲裁地的仲裁法。及于仲裁协议的法律适用，详见本书第十一章相关内容。

本章的主要知识点为国际商事仲裁程序问题的法律适用及实体问题的法律适用。

## 一、实验目的

通过本章实验教程，意图使学生了解相关国际公约、主要外国和我国对国际商事仲裁实体问题和程序问题的法律适用的规定，思考我国在有关国际商事仲裁实体问题和程序问题的法律适用规则立法方面的不足。

## 二、实验原理

### （一）国际商事仲裁程序问题的法律适用

1. 适用当事人选择的程序法①

关于仲裁程序法的确定，原则上当事人可以选择确定已为大多数国家立法和实践以及有关国际法律文件所承认的程序法，如在法国、瑞士、英国、德国等国的国内立法及《纽约公约》、1961 年《欧洲公约》、1975 年《美洲公约》、《国际商事仲裁示范法》等国际法律文件中都有明确规定。现行的 2005 年《中国国际经济贸易仲裁委员会仲裁规则》第 4 条第 2 款规定："凡当事人同意将争议提交仲裁委员会仲裁的，均视为同意按照本规则进行仲裁。当事人约定适用其他仲裁规则，或约定对本规则有关内容进行变更的，从其约定，但其约定无法实施或与仲裁地强制性法律规定相抵触者除外。" 2004 年《中国海事仲裁委员会仲裁规则》第 7 条也规定："当事人协议将争议提交仲裁委员会或其物流争议解决中心或渔业争议解决中心仲裁的，适用本仲裁规则的规定；渔业争议同时适用《中国海事仲裁委员会仲裁规则关于渔业争议案件的特别规定》。但当事人对仲裁程序另有约定并经仲裁委员会同意的，从其约定。" 这两个仲裁规则的实施使得仲裁当事人在中国涉外仲裁机构进行仲裁的案件中选择外国仲裁规则或自行拟订仲裁规则成为可能。但是，当事人的这种意思自治要受到一定限制，即不得与仲裁地强制性法律相抵触，或者要经过仲裁委员会的同意。

2. 当事人未选择时仲裁程序法的确认

实践中，当事人选择仲裁程序法并不多见，当事人未作明确选择的情况下，一般由仲裁庭决定仲裁应适用的程序法。我国《仲裁法》并未规定当事人或仲裁庭可以决定适用其他国家的仲裁程序法，或不适用任何仲裁法。因此，从我国仲裁立法的各项相关规定来看，在当事人未就仲裁程序作出选择的情况下，仲裁庭只能适用我国仲裁程序法和仲裁规则以支配在我国进行的仲裁程序。也就是说，在我国的仲裁机构进行国际商事仲裁，如果当事人未约定仲裁程序所适用的法律或规则时，则依据我国的仲裁程序法和该仲裁机构的仲裁

---

① 本章的程序法为广义上的程序法，既包括国家制定的有关仲裁的立法，也包括一国的仲裁机构根据该国仲裁法制定的仲裁规则。

规则来进行。而我国各仲裁机构的仲裁规则都是根据我国的即仲裁地的法律而制定的，所以也可以说是适用仲裁地法。但无论当事人约定适用哪一个国家的程序法，该仲裁裁决要得到我国的承认与执行则必须受我国法律的拘束，若违反我国仲裁法的强制性规定时，法院可以以程序有瑕疵而撤销该裁决或不予承认与执行。

（二）国际商事仲裁实体问题的法律适用

1. 适用当事人选择的实体法

当事人意思自治原则是国际私法中被普遍接受的原则之一，同时也被广泛地用来指导国际商事仲裁庭确定应适用于国际商事合同的法律。但各国对当事人选择仲裁实体法的时间、方式和限制的规定有所不同。

（1）当事人选择仲裁实体法的时间

当事人在最初订立合同以仲裁作为解决争议的方式时，可以自由选择解决他们之间争议的法律。对于当事人在订立合同、发生争议以后能否选择仲裁实体法，学者有不同的看法，从各国的立法来看，大多数国家允许当事人在合同订立之后对原来支配合同的法律进行变更。在仲裁实践中，一般认为，当事人在将争议提交仲裁时或在仲裁过程中就仲裁实体法作出选择，其目的是为了选择支配其间关系的法律规则，为仲裁员选择评判是非曲直的准则，那么，仲裁员就应该尊重当事人的选择，即使当事人对原已作出的法律选择作出更改，仲裁庭也应尊重当事人更改原有选择的意愿。

（2）当事人选择仲裁实体法的方式

当事人选择法律的方式有明示选择和默示选择。明示选择方式已得到各国的普遍接受。但对默示选择方式，各国的态度不一致。在国际商事仲裁实践中，仲裁员通过案件的相关情况或合同所使用的语言来判定当事人默示选择的情况是非常罕见的，而大多数采用的是依据当事人选择的仲裁地来推定当事人意图适用仲裁地国法。这种方法在国际商事仲裁实践中曾得到长期和普遍的采用。随着时代的发展，它逐渐暴露出不合理和不正确的一面：当事人之所以选择某仲裁机构仲裁，也许并不意味着当事人同意或期望适用仲裁地国法律解决争议；或者当仲裁地不是由当事人指定而是由仲裁员指定的，则仲裁地可能与争议没有多大联系，也不能反映当事人的意图等。由此，对默示选择法律的推定就失去了其理论依据与实践的支持。尽管如此，仍然有一些国家如美国承认默示选择方式。

（3）当事人选择仲裁实体法的限制

对于当事人选择仲裁实体法的限制，各国规定不尽相同，但是，一般都要求当事人选择仲裁的实体法律不得违反本国国家的公共政策和强制性规定。当事人选择仲裁实体法不得违反法院地国、仲裁地国、当事人所选择法律的所属国、裁决承认与执行地国以及其他与该纠纷有重大关联的国家的公共政策和强制性规定。在上述前提下，当事人选择的法律，无论是特定国家的国内法，还是非国内法律体系，如国际法、国际贸易惯例、商事习惯法、一般法律原则等，一般都可以得到适用，而并不局限于特定国家的国内法。

2. 当事人没有选择时国际商事仲裁实体法的确认

在当事人未作选择仲裁实体法时，仲裁员确定仲裁实体法有两种方法：一是依冲突规则确定仲裁实体法；二是根据案件情况直接确定仲裁实体法。

（1）依冲突规则确定仲裁实体法

仲裁员在运用冲突规则确定仲裁实体法时，与法官不同，他可以在多种冲突规则之间进行选择。仲裁员通常选择的冲突规则有：仲裁地国冲突规则、其认为最为适当或可适用的冲突规则、最密切联系国家的冲突规则。

①适用仲裁地国冲突规则

仲裁地国冲突规则在国际商事仲裁实践中曾得到广泛适用，其优点就在于具有统一性和可预见性，并尊重了当事人的意愿。但这种方法受到了两方面的批评：其一，仲裁地作为确定可适用的冲突规则的联结因素不一定具有合理性。因为无论是当事人选择的仲裁地还是仲裁员指定的仲裁地，多是出于中立或便利的考虑，往往具有一定的偶然性，仲裁地的选择与仲裁地的冲突规则之间并不存在任何联系，仲裁地与合同并不一定有某种主观或客观的必然联系。这样，以仲裁地国的冲突规则来确定仲裁实体法，必然也具有一定的偶然性；其二，适用仲裁地冲突规则存在着许多技术性困难。如在多个国家进行仲裁的，或通过信函方式进行仲裁的，或在网上进行仲裁的，则仲裁地难以确定。仲裁地发生变更，是否影响仲裁实体法的适用，也是个问题。

②适用仲裁员认为可适用的冲突规则

在当事人未作法律选择的情况下，国际上较普遍的做法是适用仲裁庭认为适当的法律。例如，1961 年《欧洲国际商事仲裁公约》第 7 条第 1 款规定："当事人可通过协议自行决定仲裁员就争议所适用的实体法。如果当事人没有决定应适用的法律，仲裁员可按照其认为可适用的冲突规则的规定，适用某种准据法。"一些机构仲裁规则也采纳了这种主张。一般情况下，可适用的冲突规则主要有：仲裁地国冲突规则、仲裁员本国的冲突规则、裁决执行地国家的冲突规则、国际私法公约中的冲突规则以及国际私法的一般冲突规则。

③适用最密切联系国家的冲突规则

最密切联系原则是20世纪50年代逐渐兴起的一项国际私法原则，各国均不同程度地接受了该原则。在国际商事仲裁中，当事人未作法律选择，仲裁庭可以适用与争议有最密切联系国家的冲突规则确定仲裁实体法。虽然最密切联系原则在确定实体法方面取得了相当大的成功，但在国际商事仲裁中，由于仲裁庭已经具有较大的自由裁量权可以在当事人没有选择的情形下适用其认为可以适用的冲突规则，因此，用最密切联系国家的冲突规则来确定仲裁实体法仍没有人们所想象的那么重要。

（2）直接确定仲裁实体法

在当事人未作法律选择时，传统的方法是依冲突规则确定仲裁实体法，这种方法仍然是当今仲裁庭确定仲裁实体法的主要方法。但该传统方法存在诸多缺陷，如依冲突规则确定解决争议的实体法，首先须对冲突规则本身进行选择，难免增加仲裁庭的负担；实践中提出的上述适用冲突规则的方法，都存在不足，难以实际操作和满足实践的需要；依冲突规则确定实体法，会排除“非法律性”实体规则的适用等。于是，有学者提出赋予仲裁庭直接确定仲裁实体法的自由裁量权，以保证仲裁实体法的合理性和正当性。这种“直接适用的方法”为众多学者所接受，有关国家的仲裁实践、仲裁立法、机构仲裁规则以及国际条约也都反映了这一方法，并成为当代国际商事仲裁法律适用理论的发展趋势之一。仲裁员直接确定仲裁实体法，他所考虑的不仅包括国内实体法，而且还会考虑到有关的国际法、一般法律原则和现代商人法等非国内法规则。

在我国的仲裁实践中，如果当事人未选择争议应适用的实体法，则适用仲裁地的冲突规则来确定应适用的法律，或者直接适用与争议有最密切联系的实体法。在所有情况下，均应参考国际惯例或相关的行业惯例，并考虑到公平合理原则。例如在中国海事仲裁委员会的仲裁实践中，从理论上来说，如果当事人没有在合同中约定应适用的法律，在争议发生提交仲裁后双方当事人也没有就争议应适用的法律达成协议时，仲裁庭将直接依据最密切联系原则适用与争议合同有最密切联系的国家的法律。但实践中这样的案例并不多，因为在许多情况下，当事人在合同中对许多问题都有明确的规定，仲裁庭只需要根据合同规定即可对争议问题作出裁决。

## 三、实验要求

1. 认真研读本项目实验案例素材，掌握案情；

2. 熟悉《仲裁法》、国内仲裁机构的仲裁规则中有关国际商事仲裁问题的法律适用部分的法律规定；

3. 了解本实验项目实验过程。

## 四、实验素材

（一）法律文件素材

主要有1958年《纽约公约》等国际条约，1994年《中华人民共和国仲裁法》、《中华人民共和国民法通则》以及《中华人民共和国民事诉讼法》等法律，还包括相关国内国际商事仲裁委员会的仲裁规则等。

（二）案例素材

### 陕西×××有限公司与×××公司签订的销售合同纠纷案①

申请人诉称：

申请人与被申请人签署本案合同，约定：申请人向被申请人出售硅锰合金3000吨，锰含量68%，硅含量17%，合同单价USD430/MTFOB ST ZHAN JIANG PORT，CHINA，交货期1998年11月中旬，信用证方式付款。

与被申请人磋商的同时，申请人积极联系货源，与中国供货方×××公司（下称供货方）正式签署了合作出口协议书，后者负责安排组织货源，申请人则向其提供300万元配套资金作为购货款（其中100万元作为定金首期付出）。

1998年8月4日，被申请人开出货值5%的履约保证金计USD64500。就在申请人向被申请人对开履约保证金时，被申请人却来电提出改变产品规格，为此，申请人于1998年9月11日传真被申请人要求执行原合同。被申请人以经办人外出推托。

此时，申请人已向供货方首期付出100万元定金，工厂方面已按申请人要求的规格生产出硅锰合金2000吨。由于此规格不同于国内标准，供货方于1998年9月17日、9月21日多次来电来函催促申请人确定交货期，最终于9月29日向申请人提出索赔清单，扣下申请人的定金。

此种情况下，申请人于1998年9月16日、9月21日、10月7日多次发函要求被申请人执行合同，但被申请人无任何履约诚意，双方合作破

① 本案例来源于“中国投资指南网”：http：//www. fdi. gov. cn/pub/FDI/zcfg/cases/civil_case/t20080321_90673. jsp，最后访问时间：2009年11月2日。

裂，申请人依约扣下被申请人保证金USD64500。

本案合同项下，由于被申请人违约造成申请人对其下家供货方违约，申请人损失惨重。依据《国际货物销售合同公约》以及《中华人民共和国涉外经济合同法》，提出索赔如下：

（1）被申请人违约造成申请人损失人民币2281725元，约合274900美元，减去申请人已扣的保证金，约合210400美元。

（2）申请人与被申请人，供货方签约差价的利润损失（430－425）×3000＝15000美元。

（3）被申请人承担全部仲裁费用。

（4）被申请人承担申请人为办理本案支出的差旅费、律师费。

对于申请人的仲裁请求以及所依据的事实和理由，被申请人提出如下答辩：

1. 适用的法律

据本案合同第四页最后一段规定，可适用的法律为中国法律。中国已加入《联合国国际货物买卖合同公约》（下称公约），被申请人所在国德国也是公约成员国之一，因此，公约也是中国法律一部分。本案合同及其任何合同争议适用公约而非中国国内法律。中国国内法律只适用公约未包括的部分。

……

（三）仲裁庭意见

1. 关于适用法律

被申请人要求：据本案合同第四页最后一段规定，可适用的法律为中国法律。中国已加入《联合国国际货物合同买卖公约》（下称公约），被申请人国家德国也是公约成员国之一，因此，公约也是中国法律一部分。本案合同及其任何合同争议适用公约而非中国国内法律。中国国内法律只适用公约未包括的部分。对此，申请人未提出任何意见，但申请人在其仲裁申请书中同时援引了公约及中华人民共和国涉外经济合同法。

仲裁庭认为，关于法律适用问题，本案合同已有明确规定，适用的法律为中国法律，鉴于合同是双方当事人的真实意思表示，据此，仲裁庭尊重合同规定，本案适用中国法律。又鉴于本案合同签署于《中华人民共和国合同法》实施之前，因此，根据《最高人民法院关于适用〈中华人民共和国合同法〉若干问题的解释》，本案应适用本案合同签署时有效实施的《中华人民共和国涉外经济合同法》，对于《中华人民共和国涉外经济合同法》没有规定的，本案适用《中华人民共和国合同法》；而对于《中华人民共和国合同法》没有规定的，仲裁庭尊重双方当事人的意愿，本案将适用《联合国国际货物买卖合同公约》。

……

**五、实验过程**

步骤1：确定案件程序问题的法律适用；
步骤2：确定案件实体问题的法律适用。

**六、扩展思考**

1. 本章案例中，仲裁庭对于实体问题应适用什么法律？

2. 我国在国际商事仲裁实体问题和程序问题的法律适用的立法方面有何不足之处，你建议如何完善。

# 第十四章　国际商事仲裁裁决的撤销

国际商事仲裁裁决的撤销，是指对于具有法律规定情形的国际商事仲裁裁决，经当事人向有管辖权的法院提出申请，法院在受理申请并组成合议庭审查核实后，如认为仲裁裁决依法无法补救，裁定撤销国际商事仲裁裁决的行为。因本书第六章已从国内仲裁裁决的角度就仲裁裁决的撤销的一般问题作了阐述，本章主要阐述国际商事仲裁裁决的撤销与内国仲裁裁决撤销的不同之处。

本章实验教程分为诉讼代理人的任务和程序与法院的任务和程序，知识点主要为国际商事仲裁裁决撤销的法定情形及法院的“报告制度”。

## 实验项目一：诉讼代理人的任务和程序

### 一、实验目的

通过本实验项目，使得学生了解实务操作中作为诉讼代理人如何处理涉及申请撤销国际商事仲裁裁决的事项及进行有关程序，掌握我国关于申请撤销仲裁裁决的条件、撤销仲裁裁决的法定情形等规定，并能予以运用。

### 二、实验原理

在我国，国际商事仲裁裁决分为中国涉外仲裁裁决和外国仲裁裁决。对于中国涉外仲裁裁决，当事人可依据我国有关规定申请撤销。对于外国仲裁裁决，根据对《纽约公约》规定的解释，我们认为，如果该裁决是依据我国法律作出的，当事人也可向我国法院申请撤销，但因我国对此没有明确规定相应的管辖法院及程序，当事人申请撤销外国仲裁裁决只能说是于法无据，无法进行，亦即当事人不能申请撤销外国仲裁裁决。

所谓中国涉外仲裁裁决，依据最高人民法院《关于人民法院处理涉外仲裁及外国仲裁案件的若干规定（征求意见稿）》第 38 条规定，是指中国国际经济贸易仲裁委员会及其分会、中国海事仲裁委员会以及依照仲裁法规定组建的仲裁委员会作出的具有涉外因素的仲裁裁决。在实践中，判断仲裁裁决是否具有涉外因素，基本上采取的是最高人民法院《关于贯彻执行〈中华人民共和国民法通则〉若干问题的意见（试行）》中确定的标准。依该标准，凡民事关系的一方或者双方当事人是外国人、无国籍人、外国法人的；民事关系的标的物在外国领域内的；产生、变更或者消灭民事权利义务关系法律事实发生在外国的，均为涉外民事关系，相应地，有关仲裁裁决即属于中国涉外仲裁裁决。

根据《仲裁法》及《民事诉讼法》的有关规定，当事人提出证据证明中国涉外仲裁裁决有下列情形之一的，经法院组成合议庭审查核实，裁定撤销，亦即法定申请撤销涉外仲裁裁决的情形为：（1）当事人在合同中没有订有仲裁条款或者事后没有达成书面仲裁协议的；（2）当事人没有得到指定仲裁员或者进行仲裁程序的通知，或者由于其他不属于当事人负责的原因未能陈述意见的；（3）仲裁庭的组成或者仲裁的程序与仲裁规则不符的；（4）裁决的事项不属于仲裁协议的范围或者仲裁机构无权仲裁的。另外，根据仲裁法第65条“本章没有规定的，适用本法其他有关规定”的规定精神，人民法院认定涉外仲裁裁决违背社会公共利益的，也应裁定撤销。

上述情形与国内仲裁裁决撤销的法定情形相比较，减少了有关实体事项的规定，均涉及的是程序事项，与国际上弱化法院对仲裁的干预的趋势保持了一致。当事人认为中国涉外仲裁裁决具有上述情形时，即可依法向有管辖权的法院，亦即仲裁机构所在地的中级人民法院提出撤销申请。需要注意的是，此处的中级人民法院，是指依最高人民法院《关于涉外民商事案件诉讼管辖若干问题的规定》第1、3条所确定的中级人民法院，亦即省会、自治区首府、直辖市所在地的中级人民法院、经济特区、计划单列市中级人民法院、最高人民法院指定的其他中级人民法院，亦即“集中管辖”确定的中级人民法院。

## 三、实验要求

1. 研读本实验项目案例素材，掌握有关案情；
2. 熟悉本实验项目法律文件素材中有关申请撤销涉外仲裁裁决的规定；
3. 结合案例，制作《撤销仲裁裁决申请书》；
4. 了解本实验项目实验过程。

## 四、实验素材

### （一）法律文件素材

主要为《中华人民共和国仲裁法》、《中华人民共和国民事诉讼法》等法律及《最高人民法院关于适用〈中华人民共和国仲裁法〉若干问题解释》、《最高人民法院关于适用〈中华人民共和国民事诉讼法〉若干问题的意见》、《最高人民法院关于审理当事人申请撤销仲裁裁决案件几个具体问题的批复》、《最高人民法院关于人民法院处理涉外仲裁及外国仲裁案件的若干规定（征求意见稿）》、《最高人民法院关于贯彻执行〈中华人民共和国民法通则〉若干问题的意见（试行）》等有关司法解释。

（二）案例素材

### 黑龙江某国际货物运输代理有限公司申请撤销涉外仲裁裁决案（法院最终撤销涉外仲裁裁决）①

申请人：（原仲裁被申请人）黑龙江某国际货物运输代理有限公司。

被申请人：（原仲裁申请人）某省轮船总公司。

被申请人：（原仲裁被申请人）美国某海运有限公司。

申请人黑龙江某国际货物运输代理有限公司（以下简称黑龙江公司）于2003年9月18日向天津海事法院提出撤销中国海事仲裁委员会（以下简称仲裁委员会）2003年4月15日作出的（2003）海仲裁字第002号裁决的申请，天津海事法院于2003年9月22日受理。

申请人的理由是：（1）申请人对仲裁委员会关于“××”轮租金案的整个裁决过程毫不知情。申请人在仲裁案中为第二被申请人，在该案整个仲裁裁决过程中，申请人从未收到任何仲裁委员会的仲裁文件。申请人直到黑龙江省延寿县人民法院执行庭携带执行通知书和（2003）海仲裁字第002号裁决书，执行申请人的财产时方知申请人涉及所谓的“××”轮租金仲裁一案。在整个仲裁过程中，申请人没有收到任何指定仲裁员或进行仲裁程序的通知，申请人未能陈述意见。（2）裁决所依据的证据是伪造的。仲裁庭依据仲裁申请人某省轮船总公司（以下简称轮船公司）与仲裁第一被申请人美国某海运有限公司（以下简称美国公司）、第二被申请人黑龙江公司签订的“还款协议”，经简易程序的书面审理认定第二被申请人即本案申请人应承担连带保证责任。实际上本案申请人与被申请人轮船公司、美国公司从未签订过还款协议，该“协议”上的本案申请人的印章是虚假的，与真实印章不相吻合。据此申请人请求撤销仲裁裁决。

① 本案例来源于“北大法意网”：http：//www. lawyee. net/Case/Case_ Display. asp? RID=75339&Keyword=，最后访问时间：2009年6月27日。

被申请人轮船公司向本院寄交了书面异议书。被申请人称，仲裁委员会的仲裁完全符合仲裁程序，适用法律得当。被申请人还提出其持有黑龙江公司正本的“还款协议”，能够证明黑龙江公司与美国公司负有连带付款责任。黑龙江公司所述与事实完全不符。请求依法驳回申请人的请求，维持仲裁委员会的仲裁裁决。

被申请人美国公司在本院审查期间内未提出异议。

仲裁委员会针对该案的仲裁程序和文件送达向天津海事法院作了以下说明：仲裁委员会于2002年11月29日受理了“××”轮租金纠纷案，并根据仲裁规则将仲裁通知等文件以特快专递方式向被申请人黑龙江公司进行送达，因“迁移新址不明”被邮政部门退回。仲裁委员会秘书处遂致函轮船公司请其核查黑龙江公司的地址，但轮船公司未提供。仲裁委员会根据《中国海事仲裁委员会仲裁规则》(以下简称《仲裁规则》）第81条：“向当事人或其代理人发送的任何书面通信，如经当面递交收信人或投递至收信人的营业地点、惯常住所或通讯地址，或者经合理查询不能找到上述任一地点而以挂号信或能提供作过投递企图的记录的其他任何手段投递给收信人最后一个为人所知的营业地点、惯常住所或通讯地址，应视为已经送达”的规定，委托北京市某律师事务所宋××律师向黑龙江公司再次送达仲裁通知及附件材料。此后该案所有仲裁文件（包括裁决书）均通过宋××律师以平信方式向黑龙江公司寄送。由于各当事人未在规定期间共同选定或共同委托仲裁委员会主任指定一名独任仲裁员，根据仲裁规则，仲裁委员会主任指定一名独任仲裁员组成仲裁庭，仲裁庭对该案进行了书面审理并作出裁决，第一、第二被申请人承担连带付款责任。对黑龙江公司提出的没有得到指定仲裁员和进行仲裁程序通知的问题，仲裁委员会认为，仲裁与法院诉讼存在本质的差异，仲裁的管辖与仲裁程序的进行是以当事人的意思自治为基础，不具备诉讼中司法强制的性质。这就决定了仲裁程序的操作与法院诉讼程序在很多方面不同。对于文书的送达，在诉讼法中对于被告地址不明或拒绝接受的情况规定了公告送达和留置送达，而仲裁就不适用。在处理被申请人地址不明（包括地址搬迁）的送达问题上，我国海事仲裁委员会本着与国际接轨的原则，完全参照联合国《仲裁示范法》第3条第1款的规定，制定《仲裁规则》第81条，即委托送达仲裁文件的送达方式。而且这种方式为国内外法院广泛认可。仲裁委员会认为该案的送达合法，对当事人具有法律拘束力。

天津海事法院受理该案后，组织合议庭进行了书面审理。经审理查明：仲裁委员会于2002年11月29日受理“××”轮租金纠纷案，并于当天将仲裁文件以特快专递方式向本案申请人黑龙江公司进行送达，送达地址为某市某区某路某号。因“迁移新址不明”被邮政部门退回。仲裁委员会秘书处遂致函轮船公司请其核查本案申请人的地址，但轮船公司未提供。仲裁委员会根据《仲裁规则》第81条的规定，委托北京市某律师事务所宋××律师向本案申请人再次送达仲裁通知及附件材料。此后该案所有仲裁文件均通过宋××律师以平信方式向本案申请人原址寄送。

另查明，2002年10月以前，本案申请人黑龙江公司的住所为某市某区某路某号，2002年10月17日本案申请人在黑龙江省工商行政管理局两次变更其住所。上述事实有申请人提供的黑龙江省工商行政管理局出具的企业登记材料予以证明。故仲裁委员会及其委托人向黑龙江公司原住所送达的仲裁文件，本案申请人黑龙江公司均未收到。

（三）法律文书样式素材

## 撤销仲裁裁决申请书

申请人：名称

住所地：

法定代表人（或主要负责人）：姓名、职务、电话等

申请撤销事项：

事实和理由：

本申请人提供如下担保：

1. ……

2. ……

此致

__________人民法院

申请人：名称（加盖公章）

法定代表人（或主要负责人）：

（签名或盖章）

年　月　日

附：1. 本申请书副本________份；

2. 经公证认证的裁决书原本及中文翻译；

3. 证据________件。

## 五、实验过程

（一）申请人诉讼代理人的任务和程序

步骤1：研读本实验项目案例，掌握案情；

步骤2：对申请结果进行初步判断，确定有无胜诉可能；

步骤3：签署委托代理合同、授权委托书，接受申请人黑龙江公司委托；

步骤4：拟写《撤销中国海事仲裁委员会（2003）海仲裁字第×××号裁决申请书》；

步骤5：准备证据材料、仲裁裁决书；

步骤6：向有管辖权的法院，亦即天津海事法院提交撤销仲裁裁决申请书；

步骤7：与被申请人轮船总公司在庭审过程中质证与辩论。

（二）被申请人诉讼代理人的任务和程序

步骤1：向法院提出异议；

步骤2：与黑龙江公司在庭审过程中质证与辩论。

## 六、扩展思考

在我国，涉外仲裁裁决的撤销与无涉外因素的仲裁裁决的撤销的联系与区别有哪些？

# 实验项目二：法官的任务和程序

## 一、实验目的

通过本实验项目，使得学生了解作为法官如何处理涉及撤销涉外仲裁裁决的有关事项并进行相关程序，综合掌握有关撤销涉外仲裁裁决的规定并能予以运用。

## 二、实验原理

依据我国司法解释确立的“报告制度”，一方当事人按照仲裁法的规定向有管辖权的法院申请撤销我国涉外仲裁裁决，法院在受理后，如经审查认为涉外仲裁裁决具有法定应予撤销情形的，在裁定撤销裁决或通知仲裁庭重新仲裁之前，须报请本辖区所属高级人民法院进行审查。如高级人民法院同意撤销裁决或通知仲裁庭重新仲裁，应将其审查意见报最高人民法院。待最高人民法院答复后，有管辖权的法院方可裁定撤销裁决或通知仲裁庭重新仲裁。有管辖权的法院如认为应予撤销裁决或通知仲裁庭重新仲裁的，应在受理申请后30日内报其所属的高级人民法院，该高级人民法院如同意撤销裁决或通知仲裁庭重新仲裁的，应在15日内报最高人民法院。

## 三、实验要求

1. 研读本实验项目案例素材，掌握有关案情；
2. 熟悉本实验项目法律文件素材中有关申请撤销涉外仲裁裁决的规定；
3. 结合案例，制作有关法律文书；
4. 了解本实验项目实验过程。

## 四、实验素材

### （一）法律文件素材

主要为《中华人民共和国仲裁法》、《中华人民共和国民事诉讼法》及《最高人民法院关于适用〈中华人民共和国仲裁法〉若干问题解释》、《最高人民法院关于适用〈中华人民共和国民事诉讼法〉若干问题的意见》、《最高人民法院关于人民法院撤销涉外仲裁裁决有关事项的通知》、《最高人民法院关于人民法院处理涉外仲裁及外国仲裁案件的若干规定（征求意见稿）》、《最高人民法院关于贯彻执行〈中华人民共和国民法通则〉若干问题的意见（试行）》等相关司法解释。

### （二）案例素材

#### 日本某株式会社与某钢铁公司申请撤销涉外仲裁裁决案<br>（法院驳回申请人撤销涉外仲裁裁决申请）①

申请人：日本某株式会社（下称某株式会社）。

法定代表人：益××，董事长。

委托代理人：黄××，江苏苏州某律师事务所律师。

① 本案例来源于“北大法律信息网”：http://vip.chinalawinfo.com/Case/displaycontent.asp?Gid=117541023&Keyword=，最后访问时间：2009年3月21日。

委托代理人：毛××，江苏苏州某律师事务所律师。

被申请人：某钢铁有限公司。

法定代表人：沢××，董事长。

申请人某株式会社申请撤销苏州仲裁委员会（2004）苏仲裁字第163号裁决书一案，苏州市中级人民法院受理后，依法组成合议庭于2007年12月3日公开开庭审理了该案，申请人某株式会社委托代理人黄×到庭参加了诉讼，被申请人某钢铁公司经本院合法传唤未到庭。该案现已审理终结。

申请人某株式会社诉称，对申请人与被申请人之间因履行《苏州××公司关于股份转让的协议》(下称股权转让协议）产生之争议，苏州仲裁委员于2005年6月9日作出（2004）苏仲裁字第×××号裁决书，因仲裁庭无权裁决且裁决程序违法，请求法院撤销苏州仲裁委员会(2004）苏仲裁字第×××号裁决书。申请撤销的理由是：1. 某株式会社与某钢铁公司签订的股权转让协议仲裁条款无效，苏州仲裁委员会无权仲裁；2. 苏州仲裁委员会无权受理涉外仲裁案件；3. 仲裁程序中，某株式会社曾多次向仲裁庭提出，有关某钢铁公司投资设备是否应由其进行初调试和微调试，某钢铁公司是否应提供该设备能实际生产出相关产品的生产操作手册等相关技术资料，该设备实际生产出相关产品所需的生产技术是否指向的是生产操作手册、维护手册等问题。这些专业技术问题应由权威机构进行专业技术鉴定、评判。仲裁庭在仲裁程序中并未就上述问题聘请权威专家组进行鉴定，严重违反了仲裁法定程序。

被申请人某钢铁公司未作答辩。

经审理查明，2003年6月30日，某株式会社与某钢铁公司签订股权转让协议，约定由某钢铁公司以价值64万美元的设备投资于某株式会社在中国独资设立的苏州××公司（下称苏州公司)，并约定因执行股权转让协议或与协议有关的一切争议，协商不能解决的，提交中华人民共和国江苏省苏州市的仲裁机构，根据该仲裁机构的仲裁程序规则进行仲裁。协议签订后，因双方履行股权转让协议发生争议，某株式会社于2004年10月27日向苏州仲裁委员会申请仲裁，仲裁请求为1. 裁决某钢铁公司继续履行股权转让协议，对其所投资的设备进行调试；2. 裁决某钢铁公司提供股权转让协议所约定的生产技术。苏州仲裁委员会受理后，被申请人某钢铁公司于2005年1月7日提出反请求仲裁申请，请求裁决某株式会社履行2004年3月8日苏州公司董事会决议，经苏州仲裁委员会同意受理后，苏州仲裁委员会依据《苏州仲裁委员会仲裁规则》组成仲裁庭进行审理并作出裁决书裁决：1. 驳回申请人某株式会社的仲裁请求；2. 由于反请求被申请人主体不适格，驳回反请求申请人的仲裁反请求；3. 原请求仲裁费人民币 39641 元，由申请人承担；反请求仲裁费人民币 2000 元，由反请求申请人承担。

再查明，仲裁庭审理过程中，仲裁庭就案件所涉及的某钢铁公司出资设备是否由××机械（上海）有限公司（下称上海公司）负责调试进行了调查取证，并将调查取得的证据送达某株式会社。2005 年 5 月 11 日，某株式会社向苏州仲裁委员会提交《关于调查证据的回函》一份，称对苏州仲裁委员会寄交的有关上海公司出示的证据概不认可，认为某钢铁公司出资设备是否应调试及是否需要相应的生产技术支持，应按商业惯例、设备特性及合资合同约定来确认，某株式会社不反对苏州仲裁委员会委托技术专家组对此设备进行评审，以利于解决争议。2005 年 6 月 9 日仲裁庭庭审过程中，某株式会社当庭表示某钢铁公司出资设备需要技术手册支持，某株式会社不反对仲裁庭委托专家鉴定。同日，苏州仲裁委员会作出裁决书，裁决书于 2005 年 6 月 18 日送达某株式会社。裁决书作出至送达期间，某株式会社于 2005 年 6 月 13 日向苏州仲裁委员会递交了《关于调试、生产技术的代理意见》提出：就某钢铁公司投资的旧设备，是否需要微调试、设备实际生产出产品所需生产技术是否所指向的是生产操作手册、维护手册、模具、工夹具调控手册，甚至是专利技术。这些问题都应由中国钢结构协会所辖设的技术专家组进行评判，不能由同类型设备的生产型公司作出说明，认为有必要委托中国钢结构协会专家组对设备进行相关鉴定。

另查明，《苏州仲裁委员会仲裁规则》(2000 年) 第 34 条规定仲裁庭对专门性问题认为需要鉴定的可以交由当事人约定的鉴定部门鉴定，也可以由仲裁庭指定的鉴定部门鉴定。

苏州市中级人民法院认为，根据《中华人民共和国仲裁法》第 70 条的规定，当事人提出证据证明涉外仲裁裁决有民事诉讼法第 260 条第 1 款规定的情形之一的，经人民法院组成合议庭审查核实，裁定撤销。苏州市中级人民法院就苏州仲裁委员会在仲裁程序中是否违反《中华人民共和国民事诉讼法》第 260 条第 1 款之规定进行了审查。

申请人某株式会社申请撤销的理由是苏州仲裁委员会在仲裁程序中存在《中华人民共和国民事诉讼法》第 260 条第 1 款第（1）、（3）、（4）

项规定的情形。

一、关于苏州仲裁委员会是否有权受理涉外仲裁案件

……

二、关于股权转让协议仲裁条款是否有效

2003年6月30日股权转让协议明确约定因执行合同或与合同有关的一切争议，双方协商不能解决的，提交仲裁。请求仲裁的意思表示清楚，仲裁事项明确。虽然协议约定的机构为江苏省苏州的仲裁机构而非苏州仲裁委员会，但双方发生争议后，申请人某株式会社实际向苏州仲裁委员会提出仲裁申请，经苏州仲裁委员会受理后，被申请人某钢铁公司未提出管辖异议且按照仲裁规则的要求指定仲裁员并进行了实体答辩……

三、关于仲裁庭就某钢铁公司出资设备是否需进行调试及提供生产技术手册等问题未提交鉴定是否违反法定程序

根据《中华人民共和国仲裁法》第44条规定，仲裁庭对专门性问题认为需要鉴定的，可以交由当事人约定的鉴定部门鉴定，也可以由仲裁庭指定的鉴定部门鉴定。因此，仲裁程序中仲裁庭有权决定对专门性问题是否提交鉴定。虽然仲裁程序中，申请人某株式会社多次陈述就某钢铁公司出资设备是否需调试及提供生产技术手册等问题，不反对苏州仲裁委员会委托技术专家组进行评审或提交鉴定，但并未书面提出正式的鉴定申请，其提交有必要委托鉴定的代理意见时，苏州仲裁委员会仲裁庭已于收到代理意见前作出裁决书。且苏州仲裁委员会仲裁庭在裁决书中对申请人某株式会社提出的是否需调试及提供生产技术手册等问题进行了实体上的认定……

### （三）法律文书样式素材

本实验项目法律文书样式素材请参考本书第六章。

## 五、实验过程

### 实验环节一：审查申请人的申请是否符合法定条件<br>（结合本实验项目案例素材之案例）

步骤1：接收某株式会社《撤销仲裁裁决申请书》，确认仲裁裁决为涉外仲裁裁决；

步骤2：审查本院是否为仲裁委员会所在地中级人民法院，从而确定管辖权；

步骤3：审查申请书的形式是否符合要求，符合的，继续以下步骤；不符合的，要求申请人某株式会社予以完善，某株式会社不予以完善的，不予受理；

步骤4：审查某株式会社是否为当事人；

步骤5：审查申请是否在申请撤销仲裁裁决时效内提出申请；

步骤6：审查某株式会社是否提出证据证明裁决有法定应予撤销的情形；

步骤7：如认为某株式会社申请不符合法定条件，裁定不予受理；如认为申请符合条件，则予以受理，并进行以下实验环节。

实验环节二：审查仲裁裁决是否存在法定应予撤销的情形

步骤1：组成合议庭对日本某株式会社申请及苏州仲裁委员会（2004）苏仲裁字第163号裁决书进行审查；

步骤2：询问某株式会社及被申请人某钢铁有限公司，如认为必要，要求苏州仲裁委员会作出说明或者向其调阅仲裁案卷；

步骤3：结合认定的证据，依据我国有关规定，审查仲裁裁决是否存在法定应予撤销的情形，并视情形进行以下实验环节。

实验环节三：驳回撤销涉外仲裁裁决的申请

步骤：如审查核实仲裁裁决不具有法定应予撤销的情形，则在受理申请之日起2个月内裁定驳回日本某株式会社申请。

实验环节四：撤销涉外仲裁裁决

步骤1：如审查核实仲裁裁决具有法定应予撤销的情形，如欲裁定撤销裁决，履行报告制度，报请本辖区高级人民法院，即江苏省高级人民法院进行审查；

步骤2：如江苏省高级人民法院不同意撤销裁决，本院则裁定驳回撤销仲裁裁决的申请。如江苏省高级人民法院同意撤销该裁决，则由其向最高人民法院报告，本院等待最高人民法院答复；

步骤3：如最高人民法院同意撤销该裁决，本院裁定撤销仲裁裁决；如最高人民法院答复不予撤销，本院裁定驳回撤销仲裁裁决的申请。

## 六、扩展思考

1. 结合本实验项目案例素材之案例，其中的涉外仲裁裁决是否应被撤销？为什么？

2. 我国有关涉外仲裁裁决撤销的规定有无不足之处？如有，应如何完善？

# 第十五章　国际商事仲裁裁决在我国的承认与执行

国际商事仲裁裁决在我国的承认与执行，指对于具有法律效力的国际商事仲裁裁决，包括中国涉外仲裁裁决和外国仲裁裁决，如果一方当事人不自动履行，另一方当事人在法定期限内向我国有管辖权的法院申请承认与执行该裁决，① 以及我国法院对该申请依法进行审查并作出决定的活动。

国际商事仲裁裁决在我国的承认与执行，因其具有涉外因素，且我国加入了《承认与执行外国仲裁裁决公约》(以下简称《纽约公约》) 及同一些国家签订了有关仲裁裁决的承认与执行的双边司法协助协议，其承认与执行的条件较之国内仲裁裁决的执行有所不同，如国际商事仲裁裁决的承认与执行通常只审查程序问题，而不审查实体问题。

因本书第七章已从国内仲裁裁决的角度就仲裁裁决的执行的一般问题作了阐述，本章主要阐述国际商事仲裁裁决的执行与内国仲裁裁决执行的不同之处。

本章实验教程依据法律工作者角色的不同，将实验项目分为申请人的诉讼代理人的任务和程序、被执行人的诉讼代理人的任务和程序以及法官的任务和程序。通过本章各实验项目的实验过程，意图使学生明确作为申请人的诉讼代理人、被执行人的诉讼代理人或法官时的各自的职责，熟悉我国相关的规定及程序，增强运用有关规定进行实务操作的能力。本章的主要知识点为国际商事仲裁裁决的承认与执行的条件、仲裁裁决国籍的认定、拒绝承认与执行国际商事仲裁裁决的情形、《纽约公约》的相关规定、国际商事仲裁裁决在我国承认

① 承认与执行的关系主要在于：承认是执行的前提，执行是承认的结果；承认并不一定必然导致执行，如财产方面的确认性裁决或创设性裁决就只需承认而不须执行。另外，在我国，对于中国涉外仲裁裁决，不存在承认问题，只有执行问题。对于外国仲裁裁决及非内国仲裁裁决，才存在承认与执行问题。为了行文方便，本章在谈及涉外仲裁裁决时，不作上述区分，一律采用承认与执行。

与执行的程序及“报告制度”等。

在仲裁裁决作出后，当事人最关心的是裁决的执行问题。一般情况下，败诉方能自动履行裁决。在败诉方不履行裁决的情况下，胜诉方可主要通过两种方法使裁决得到执行，一是从商事或其他方面对败诉方施加压力，使其认识到不履行裁决将对自己不利，迫使败诉方为了以后的利益而履行裁决。二是向法院提出强制执行仲裁裁决的申请。这是因为仲裁庭本身没有强制执行裁决的权力，所以胜诉方只能通过法院强制执行裁决。一般是在被执行人住所或财产所在地国申请承认与执行。

## 第一节　概　　述

### 一、仲裁裁决的概念与种类

关于仲裁裁决的定义，国内外均存在不同的认识①，概括起来可以说商事仲裁裁决的概念有狭义和广义之分。狭义的仲裁裁决是指，在仲裁案件审理过程中或审理终结后，仲裁庭就当事人提交仲裁的争议事项所作出的对双方当事人均具有约束力的终局性的决定；而广义的仲裁裁决还包括仲裁庭对于本身的管辖权或任何其他程序问题所作的决定。这种定义上的纷争，主要是由于仲裁庭就实体问题和程序问题所作裁定的效力存在差异。前者具有可执行性，而后者虽然在推动仲裁程序进行方面有重大作用，但并不具有可执行性，严格地讲，这些决定虽然有时也被冠以裁决之名，但并不具有可以被承认与执行的仲裁裁决的地位，实际上它们也不需要被承认与执行。

关于仲裁裁决的种类，各国有不同的划分和称谓，概括起来主要有以下几种：

（1）最终裁决。处理当事人之间一项或多项争议，其作出表明仲裁员已履行完毕其职责的裁决称为最终裁决。最终裁决作出后，仲裁员和仲裁当事人之间在仲裁进行期间所存在的特别关系即告终止。根据有些国家的国内法，最终裁决作出后，在一定的时限内，当事人仍可以要求仲裁庭或仲裁庭自行修改

① 参见黄进、徐前权、宋连斌编著：《仲裁法学》(修订本)，中国政法大学出版社1999年版，第140页；宋航著：《国际商事仲裁裁决的承认与执行》，法律出版社2000年版，第51~52页；谭兵主编：《中国仲裁制度研究》，法律出版社1995年版，第242页；刘想树著：《中国涉外仲裁裁决制度与学理研究》，法律出版社2001年版，第159~161页。

某些错误，如改正誊写、打印和计算错误，仲裁庭还可以对裁决中不够明确或含糊的内容作出解释，对裁决中的漏裁事项作出补充裁决。

(2) 临时裁决，是指在涉及某些需要先行解决的问题时，仲裁庭作出的裁决。例如，仲裁庭针对仲裁庭管辖权、法律适用、采取临时保全措施所作的裁决。临时裁决又可细分为初步或预裁决和中间裁决。初步裁决，是指针对仲裁庭管辖权和法律适用等需要预先加以解决的问题作出的裁决。中间裁决通常是指对有关程序问题和证据问题作出的裁决，常常是以程序命令或指令的形式作出，以确立当事人所须遵循的程序。

(3) 部分裁决，是指对当事人提交的争议中的某一部分作出的裁决。实践中，有时很难区分部分裁决与临时裁决。一些国际商事仲裁机构的仲裁规则对这两个术语是经常混用的。但在有些国家，部分裁决特指处理当事人之间关于货币款项争议问题的裁决。一般仲裁庭可能会在下列情况下作出部分裁决，争议中的部分问题可以先行作出决定，而对其余部分作出决定需要较长时间。

(4) 合意裁决，是指以当事人在仲裁程序中达成的和解协议为内容作出的裁决，即通过仲裁裁决的形式确认和解协议的内容，以便所达成的和解协议能够得到切实的执行。

(5) 缺席裁决，是指在一方当事人没有参加仲裁程序，仲裁庭在进行缺席审理后作出的裁决。仲裁庭在作出缺席裁决时应特别谨慎小心，确保程序公正，以便有利于出庭当事人的裁决得到执行，否则，缺席当事人可能会以仲裁程序不当为由对仲裁裁决提出异议。

## 二、国际商事仲裁裁决的形式与内容

根据各国立法和仲裁规则的规定，仲裁裁决书须以书面形式作成，除非当事人另有约定。

仲裁协议一般应包括以下内容：①

(1) 仲裁机构的名称和地址，仲裁员的姓名和地址，双方当事人的姓名和住址及代理人和其他参与人的姓名，以及作出仲裁裁决的准确日期和地点；

(2) 有关仲裁裁决背景的事实情况；

(3) 仲裁庭根据当事人的申诉、抗辩、证据和可适用的法律对案件作出的评价或分析，以及从该评价或分析中得出的关于判定双方当事人权利和义务

---

① 具体内容参见韩健著：《现代国际商事仲裁的理论与实践》，法律出版社 2000 年版，第 335 页以下。

的结论；

（4）当事人需支付的仲裁费用和仲裁员报酬；

（5）最后由仲裁员在裁决书上签名。

除了应包括一般裁决书的内容外，在国际商事仲裁中还应特别注意裁决书附具理由的问题。有些国家的仲裁实践中存在大量的不附具理由的裁决，例如伦敦海事仲裁就常常作出没有理由的裁决书。

对不附具理由的仲裁裁决是否合理，在理论界曾引起很大争议，反对裁决附具理由的人，尤其是来自英美法系国家的人认为，作出附具理由的仲裁裁决将拖延仲裁进程，增加仲裁费用；将裁决理由写在裁决书上，将使仲裁的重要优点之一“秘密性”大打折扣；作出的裁决不附具理由，将使法院无法对裁决中的“法律错误”提出异议，这样将有效避免司法干预，维护仲裁的独立性。英国大法官 Mansfield 曾经说过“依你所认为的公正要求作出决定，但永远不要说明你的理由，因为你的判决可能是正确的，但你的理由通常有误”。① 支持仲裁员作出附具理由裁决的人也提出了自己的观点：当事人不仅应该知道裁决结果，而且还应该知道它是如何作出的，这是一种基本权利；② 要仲裁员对自己的决定给予充分的理由有利于仲裁员作出公正的裁决。③

在各国的立法与实践中，英美法系国家对仲裁裁决是否须附具理由一向持比较宽松的态度。仲裁员作出裁决而不附具理由，在古老的英国普通法中就已出现。与英美法系国家相比，大陆法系国家立法与实践中对内国仲裁裁决附具理由的要求一般比较严格，而对外国仲裁裁决是否必须附具理由则要求比较宽松。法国 1981 年《民事诉讼法典》规定国内仲裁裁决必须说明理由，否则无效，当事人可以向法院提起上诉，要求撤销仲裁裁决。国内裁决必须附具理由，这在法国被看做是一个公共政策问题。而国际仲裁，只有在其受法国法律管辖时，且当事人没有特别约定时，才要求附具理由，否则并不要求裁决必须附具理由。对于在外国作出的仲裁裁决，法国法院也不以仲裁裁决未附具理由为由拒绝承认与执行。

纵观各国立法、有关国际公约和仲裁规则，现在的趋势是原则上裁决应附

① Bingham, Reasons and Reasons for Reasons: Differences Between a Court Judgement and Arbitral Award, (1988) 4 Arbitration International, p. 141，转引自宋航：《国际商事仲裁裁决的承认与执行》，法律出版社 2000 年版，第 62 页。

② Alan Redfen and Martin Hunter, Law and Practice of International Commercial Arbitration, SWEET&MAXWELL Ltd., 1986, p. 295.

③ 杨良宜：《国际商务仲裁》，中国政法大学出版社 1997 年版，第 519 页。

具理由，但当事人另有约定的除外，即由当事人自己决定裁决是否需要附具理由。当事人未约定时，才要求裁决附具理由。实质上，这种折中正反映了仲裁的首要基本特征：始终贯穿于仲裁进程中的当事人合意。这样的合意不仅有利于提高仲裁作为代替司法救济的方式的效率，也有利于争议解决结果的实质公平。

我国《仲裁法》第 54 条明文规定裁决书应写明裁决理由，当事人协议不愿写明争议事实和裁决理由的，可以不写。我国许多仲裁机构仲裁规则中也规定仲裁庭在其作出的仲裁裁决中应当争议事实，裁决理由。当事人协议不愿写明争议事实和裁决理由的，可以不写明争议事实和裁决理由。可见，我国的立法与实践与目前的国际趋势是一致的。

### 三、仲裁裁决的国籍问题

关于裁决是否应具有国籍的问题，曾经存在激烈的争论。目前一般认为裁决应当具有一个国籍，也就是说应区分一个裁决是内国裁决还是外国裁决。这种区分的意义主要表现在两个方面：一是一国法院只能撤销具有其本国国籍的裁决即内国裁决；二是在裁决的执行方面许多国家区分内国裁决和外国裁决，采取不同的审查标准，对内国裁决几乎所有国家都规定了比较简易的执行程序，而对于执行外国裁决，许多国家在法律中都规定了诸如以互惠为条件、不违反执行地国公共秩序等条件。因此，确定仲裁裁决国籍的标准就变得十分重要。

关于确定仲裁裁决的标准主要有下述三种。

1. 领土标准（又称地域标准）

从被请求承认与执行地国的角度看，在该国以外作出的裁决就是外国裁决。在一些国家，裁决作出的地点对于确定仲裁裁决的国籍具有决定性的作用，如《奥地利执行令》第 1 条第 16 款和第 79 条规定："在奥地利，仲裁裁决的国籍由仲裁裁决作出的地点决定。"据此，在奥地利以外作出的仲裁裁决被视为外国裁决。1958 年《纽约公约》也以领土标准为确定裁决国籍的首要标准。

2. 非内国裁决标准（又称程序标准）

有些国家主张仲裁裁决的国籍可以根据仲裁所依据的程序法规则确定，这就是说，即使仲裁程序在内国进行，但如果适用的是另一国家的仲裁法的话，据此作出的仲裁裁决也不属于内国裁决，而是外国裁决，即仲裁程序所适用的法律的国家的裁决。1958 年《纽约公约》以该标准作为确定裁决国籍的第二标准。

如前所述，《纽约公约》项下的外国裁决指在申请承认与执行地国以外的国家境内作出的裁决，而非内国裁决是指申请人向执行地国法院申请承认与执行在该法院地国境内作出的裁决，而根据裁决执行地国（也是裁决作出地国）的法律，该裁决不属于当地裁决的情况。非内国裁决既不是本国裁决，也不是外国裁决。如一些学者认为，在德国旭普林中，ICC 裁决可以被视为《纽约公约》项下的非内国裁决，理由是裁决根据 ICC 规则在 ICC 仲裁院的管理下在我国境内作出，但根据我国现行法律又找不出该裁决为我国裁决的法律依据。

3. 其他标准

一些国家还采用了其他标准。如仲裁员的国籍标准、仲裁所适用的实体法标准等。①

由于各国关于确定裁决标准的存在差异，有时就会产生一项裁决具有多国国籍的情况，对此，一些著名学者认为应根据最密切联系原则来判定裁决的国籍。

## 四、对国际商事仲裁裁决的异议

仲裁裁决作出后，对胜诉的当事人而言，无疑希望仲裁裁决能尽快地得到执行；而对败诉方而言，如对裁决不满，则会希望通过对裁决提出异议而阻止裁决的执行。综观各国立法，各国仲裁法都允许当事人对仲裁裁决提出异议。

1. 提出异议的途径

当事人提出异议的途径主要有以下两种：一是向由专人组成的仲裁上诉庭上诉，这主要是在某些专业性仲裁中，特别是商品贸易仲裁领域中的做法。在这类仲裁实践中，当事人可以在仲裁协议中约定就仲裁的实质问题向上一级的仲裁庭或上诉委员会提起上诉程序。二是向有关国家的法院提出异议。在国际商事仲裁中，通常是向裁决作出地国的法院提起异议程序。

2. 提出异议的范围

至于当事人可以依据的提出异议的理由在各国则有所不同。一些国家的仲裁法允许当事人就仲裁裁决的是非曲直（merits）提出异议；一些国家只允许对程序缺陷提出异议，如瑞士；除程序缺陷外，一些国家还允许对实体法错误提出异议，如根据现行英国法，经仲裁当事人协议或经法院许可，仲裁当事人可以就法律问题对裁决提出异议，意大利法也规定当事人就实体法适用错误对

① 参见宋航著：《国际商事仲裁裁决的承认与执行》，法律出版社 2000 年版，第 30~31 页。

裁决提出异议，但当事人可以用协议排除提出异议的权利。①

在国际商事仲裁领域，目前普遍的观点是不应该允许至少是不鼓励当事人在仲裁裁决作出后，再就事实或法律问题向法院对仲裁裁决提出异议。从各国仲裁立法的发展趋势来看，只允许对仲裁程序缺陷问题提出异议是多数国家的做法。少数国家则区分国际仲裁裁决与国内仲裁裁决，对国际仲裁裁决只允许就程序问题提出异议，而对国内仲裁裁决则允许当事人就事实或法律问题提出异议。

至于可以提出异议的具体理由，一般包括：裁决本身的问题，如裁决不符合仲裁地法的正式要求；管辖权问题，包括仲裁庭没有管辖权、仲裁庭超越权限、仲裁庭未充分行使管辖权；程序问题，如未适当地组成仲裁庭、未给当事人适当的开庭和听审通知等；公共政策问题。

## 第二节　承认与执行国际商事仲裁裁决的程序与条件

### 一、承认与执行国际商事仲裁裁决的程序

由于世界上大多数国家都已经参加了 1958 年《纽约公约》，所以我们以 1958 年《纽约公约》为例，介绍关于承认与执行外国仲裁裁决的程序。该公约规定：缔约国相互承认仲裁裁决具有约束力，并应依照承认与执行地的程序规则予以执行，执行时不应在实质上比承认与执行本国的仲裁裁决规定更繁琐的条件或更高昂的费用。这说明，公约并未规定统一的程序规则，仲裁裁决执行应该按照执行地国的法律进行。由于《纽约公约》的广泛适用性，可以说，这一规则已成为一条普遍承认的规则。一般说来，各国执行公约裁决的程序主要有以下三种：

（1）在立法上予以特别规定，采用较为简易的程序。如美国《仲裁法》第 9 篇第 2 章专列一章规定了如何实施公约，其中有关公约裁决的执行程序较非公约裁决的执行程序要简易得多。

（2）将公约裁决视为一般的外国裁决加以执行。大多数公约缔约国对于公约裁决的承认与执行采取与外国裁决相同的程序规则，如意大利。

（3）对公约的裁决执行程序采取与国内裁决相同的程序。采取这种做法

① ［意］莫鲁·鲁比诺·萨马塔诺著：《国际仲裁法律与实践》(第二版)，中信出版社 2003 年版（影印本），第 869~870 页。

的国家很少，如日本。

### 二、承认与执行国际商事仲裁裁决的一般条件

在国际联盟主持下制定于1923年的《仲裁条款议定书》、1927年的《关于执行外国仲裁裁决的公约》和在联合国主持下1958年于纽约签订的《承认与执行外国仲裁裁决公约》(又称《纽约公约》)是国际上有关国际商事仲裁的重要公约。其中1958年的《纽约公约》实际上已取代了前两个公约，成为目前国际上关于承认与执行外国仲裁裁决的最主要的公约。我国于1986年加入了该公约，该公约已于1987年4月22日对我国生效。下面以《纽约公约》为例，阐述承认与执行国际商事仲裁裁决的一般条件：

按照公约第5条第1款的规定，凡外国仲裁裁决有下列情形之一时，被请求承认与执行地的国家的主管机关可依被执行人的申请，拒绝承认与执行：(1) 签订仲裁协议的当事人，根据对他们适用的法律，当时是处于某种无行为能力的情况下；或者根据仲裁协议所选定的准据法，或在未选定准据法时依据裁决地法，该仲裁协议无效；(2) 被执行人未接到关于指派仲裁员或关于仲裁程序的适当通知，或者由于其他情况未能在案件中进行申辩；(3) 裁决所处理的事项不是当事人交付仲裁的事项，或者不包括在仲裁协议规定之内，或者超出了仲裁协议的范围；(4) 仲裁庭的组成或仲裁程序与当事人之间的协议不符，或者当事人之间没有这种协议时，与仲裁地所在国法律不符；(5) 裁决尚未发生法律效力，或者裁决已经由作出裁决的国家或根据其法律作出裁决的国家的主管机关撤销或停止执行。按照公约第5条第2款的规定，如果被请求承认与执行地国的主管机关依职权主动查明有下列情形之一时，也可以拒绝承认与执行：(1) 依照执行地国的法律，争议事项不可以用仲裁的方式加以解决(例如，我国《仲裁法》第3条规定婚姻、收养、监护、扶养、继承纠纷以及依法应当由行政机关处理的行政争议不能用仲裁的方式加以解决)；(2) 承认与执行该裁决违反承认与执行地国的公共政策。

## 第三节　中国与国际商事仲裁裁决的承认与执行

### 一、中国涉外仲裁裁决的承认与执行

#### (一) 中国仲裁机构涉外仲裁裁决在我国的执行

根据我国《民事诉讼法》第258条、《仲裁法》第70、71条以及最高人

民法院的有关司法解释的规定，凡败诉方不能自动履行裁决，胜诉方可以向败诉方住所地或财产所在地的中级人民法院申请强制执行。当被申请人提出证据证明涉外仲裁裁决有下列情形之一的，经人民法院组成合议庭审查核实，法院应裁定不予执行：(1) 当事人在合同中没有订有仲裁条款或者事后没有达成书面仲裁协议的；(2) 被申请人没有得到指定仲裁员或者进行仲裁程序的通知，或者由于其他不属于被申请人负责的原因未能陈述意见的；(3) 仲裁庭的组成或者仲裁的程序与仲裁规则不符的；(4) 裁决的事项不属于仲裁协议的范围或者仲裁机构无权仲裁的。人民法院认定执行该裁决违背社会公共利益的，裁定不予执行。另外，人民法院认定执行该裁决违背社会公共利益的，也得裁定不予执行。

一方当事人申请执行裁决，另一方当事人申请撤销裁决，人民法院应当裁定中止执行。在这种情况下，被执行人应该提供财产担保。人民法院裁定撤销裁决的，应当裁定终止执行。人民法院驳回撤销裁决申请的，应当裁定恢复执行。如果人民法院裁定撤销或不予执行的，当事人可以根据双方达成的书面协议重新申请仲裁，也可以向人民法院起诉。

(二) 中国仲裁机构涉外仲裁裁决在外国的承认与执行

我国仲裁机构的涉外仲裁裁决需要在外国承认与执行的，可分为两种情况：(1) 如果该国为1958年《纽约公约》成员国，则当事人应根据公约规定的程序和条件，直接向被执行地国有管辖权的法院提出请求承认与执行的申请，然后由该国法院对裁决进行审查，作出是否承认与执行的裁定。截止到2009年10月1日《纽约公约》有142个成员国，我国仲裁机构作出的涉外仲裁裁决在这些国家可依公约的规定比较方便地得到承认与执行。(2) 如果该外国为非《纽约公约》的成员国，则当事人应当直接向有管辖权的外国法院申请承认与执行，由该国法院根据有关司法协助条约或其本国法律裁定是否承认与执行。

## 二、外国仲裁裁决在我国的承认与执行

外国仲裁裁决在我国的承认与执行。根据我国《民事诉讼法》第267条的规定，国外仲裁机构的裁决，需要中华人民共和国人民法院承认和执行的，应当由当事人直接向被执行人住所地或者其财产所在地的中级人民法院申请，人民法院应当依照中华人民共和国缔结或者参加的国际条约，或者按照互惠原则办理。也就是说，外国仲裁裁决的承认与执行可分为：依据国际条约承认与执行；在没有可适用的国际条约时，按照互惠原则办理。

由于我国已加入1958年《纽约公约》，因此对于在另一缔约国领土内作出的仲裁裁决应适用公约的有关规定。在适用公约的规定时，应注意我国作了两项保留：(1) 互惠保留，即我国只对在另一缔约国领土内作出的裁决适用该公约。我国民诉法与公约有不同规定的，按公约的规定办理。(2) 商事保留，即我国仅对按照我国法律属于契约性或非契约性商事法律关系所引起的争议所作的裁决适用公约的规定。对于符合上述两个条件的外国仲裁裁决，当事人可直接向我国有管辖权的法院申请承认与执行。对于非缔约国领土内作出的仲裁裁决，需要我国法院承认与执行的，按照互惠原则办理。我国有管辖权的法院收到当事人的申请后，应按照我国缔结或参加的国际条约或《民事诉讼法》的有关规定进行审查，裁定是否承认与执行该裁决，如果认为符合承认与执行的条件，应当裁定其效力，并按照《民事诉讼法》规定的程序执行。如果作出仲裁裁决的仲裁机构所在地国与我国既没有缔结也没有共同参加的国际条约，当事人向我国法院提出承认与执行裁决的申请时，当事人应该以该裁决为依据向有管辖权的人民法院起诉，由法院作出判决，予以执行。

当事人依照《纽约公约》规定的条件申请承认和执行外国仲裁裁决的，受理申请的人民法院决定予以承认和执行的，应在受理申请之日起2个月内作出裁定，如无特殊情况，应在裁定后2年内执行完毕；决定不予承认和执行的，须按最高人民法院1995年8月28日《关于人民法院处理与涉外仲裁及外国仲裁事项有关问题的通知》的有关规定，在裁定不予执行或者拒绝承认和执行之前，必须报请本辖区所属高级人民法院进行审查；如果高级人民法院同意不予执行或者拒绝承认和执行，应将其审查意见报最高人民法院。待最高人民法院答复后，方可裁定不予执行或者拒绝承认和执行。该审查意见应在受理申请之日起2个月内上报最高人民法院。

当事人应当在《民事诉讼法》规定的申请执行的期限内提出申请，申请执行的期限为2年。

### 三、我国内地与港、澳、台地区相互承认与执行仲裁裁决

目前我国各法域相互执行外法域仲裁裁决的问题，已得到较好的解决。各法域都已单方制定了相关的法律或规定。其中，内地与港澳地区之间执行外法域仲裁裁决的实质性条件基本类似，其内容与1958年《纽约公约》的相关规定基本相同；内地与台湾地区之间的相关规定稍有不同。下面以《最高人民法院关于内地与香港特别行政区相互执行仲裁裁决的安排》(2000年2月1日起施行）为基础，仅介绍内地与香港特别行政区之间相互执行仲裁裁决的有

关问题。

（1）申请承认与执行的管辖法院。在内地该法院为被申请人住所地或其财产所在地的中级人民法院，在香港为香港高等法院。被申请人住所地或财产所在地在内地不同的中级法院辖区内的，申请人可以选择其中一个法院申请执行裁决，不得分别向两个或两个以上的法院提出申请。被申请人的住所地或财产所在地，既在内地又在香港的，申请人不能同时分别向两地有关法院提出申请。只有一地法院执行不足以偿还其债务时，可就不足部分向另一地法院申请执行。两地法院先后执行的总额，不得超过裁决总数。

（2）申请人向有关法院申请执行仲裁裁决时，应提交以下文书：执行申请书；仲裁裁决书；仲裁协议。执行申请书应以中文提出，裁决书或仲裁协议没有中文本的，申请人应提交正式证明的中文译本。执行申请书应当载明下列事项：

①申请人或被申请人为自然人的情况下，该人的姓名、地址；申请人或被申请人为法人或其他组织的情况下，该法人或其他组织的名称、地址及法定代表人姓名；

②申请人为法人或其他组织的，应当提交企业注册登记的副本。申请人是外国籍法人或其他组织的，应当提交相应的公证和认证材料；

③申请执行的理由与请求的内容，被申请人的财产所在地及财产状况。

（3）申请人申请执行内地或香港特区仲裁裁决的期限依据执行地法律有关时限的规定。有关法院接到申请人申请后，应当按照执行地法律程序处理及执行。

（4）被申请人接到法院的执行通知后，提出证据证明内地或香港仲裁裁决具有下列情形之一的，经审查核实，有关法院可裁定不予执行：

①仲裁协议当事人依对其适用的法律处于某种无行为能力的情形，或该项仲裁协议依约定的准据法无效；或者未指明应适用的法律，依裁决地的法律是无效的。

②被申请人未接到指派仲裁员的适当通知，或因他故未能陈述案件的。

③裁决所处理的争议不是交付仲裁的标的或者不在仲裁协议范围之内，或者裁决载有关于交付仲裁范围以外事项的决定的。但交付仲裁事项的决定可予未交付仲裁的事项划分时，裁决中关于交付仲裁事项的决定部分应当予以执行。

④仲裁庭的组成或仲裁程序与当事人之间的协议不符，或者在有关当事人没有达成这种协议时与仲裁地的法律不符。

⑤裁决对当事人尚无约束力，或者业经仲裁地法院或者按仲裁地的法律撤销或停止执行的。

⑥如执行法院认定，依执行地法律，争议事项不能以仲裁方式解决的，或者执行裁决将违背法院地社会公共利益或公共政策的，则可不予执行该裁决。

（5）1997年7月1日以后申请执行内地或香港仲裁裁决的按本安排执行。1997年7月1日至本安排生效之日，因故未能向内地法院申请执行仲裁裁决的，如申请人为法人或其他组织，可在本安排生效后6个月内提出执行申请；如申请人为自然人的，可在本安排生效后一年内提出执行申请。香港或内地法院在1997年7月1日至本安排生效之日拒绝受理或拒绝执行仲裁裁决的案件，应允许当事人重新提出执行申请。

## 第四节　非内国裁决的执行问题

非内国裁决有时又被称为“跨国的”，“无国籍”或“浮动的”裁决，是指非依仲裁地的程序法，甚至使仲裁不依附于任何特定国内法律体系所作出的裁决。这种裁决在国际商事仲裁实践中虽然少见，但确实存在。一些国际公约、国内法及国际商事仲裁机构的仲裁规则中也出现了承认仲裁非国内化的规定，一些被认为是非内国的裁决，在有些国家也得到了承认与执行。

### 一、从有关国际公约的规定看

从《纽约公约》等公约来看，非内国裁决的承认与执行已具备了一定的法律基础：

首先，从起草公约的目的看，起草者注意到有关国家认为1923年《仲裁条款议定书》和1927年《执行外国仲裁裁决公约》这两份公约过分注重仲裁地法。由此，扩大承认与执行仲裁裁决的范围是《纽约公约》的主要目标之一。由于大陆法国家与普通法国家、东欧国家及发展中国家在领域范围上存在严重分歧，妥协结果是增加了“非内国裁决”标准，公约的“准备工作文件”为之提供了一个有力的依据，即公约的最终立场是应尽可能扩大《纽约公约》所适用的裁决类型。①

其次，从公约的适用范围来看，其第1条第1款的规定表明，公约不仅适

① 参见朱克鹏：《“非国内仲裁裁决”的承认与执行探析》，载《安徽大学学报》（哲社版）1996年第5期，第15页。

用于“在一个国家领土内作成，而在另一个国家请求承认与执行”的仲裁裁决，也适用于“被请求承认和执行仲裁裁决的国家不认为是内国裁决的”仲裁裁决。可见，公约在确定适用范围时，采取了“领域标准”和“非内国裁决标准”。因此，公约的上述规定可以成为缔约国执行“非国内化裁决”的法律依据。

如前所述，《纽约公约》在仲裁程序法律适用问题上只是规定了当事人选择的仲裁法优先于仲裁地法，而1961年《关于国际商事仲裁的欧洲公约》则首次包含了目前已广为接受的确定仲裁程序准据法的现代原则。根据1961年《关于国际商事仲裁的欧洲公约》第4条的规定，当事人有权制定仲裁员应该遵守的程序规则，如果当事人没有规定，仲裁员自己可以决定应该适用的程序规则，如果仲裁员未能确定程序规则时，则根据公约对组织进行仲裁负有责任的当局可以直接确定或参照一常设仲裁机构的仲裁规则确定仲裁员应该适用的程序规则。这样该公约规定了当事人和仲裁员可以自由确定怎样进行仲裁程序而根本未提及仲裁地国法。公约第9条还规定，缔约国法院只有依据公约规定的事由撤销仲裁裁决时，才构成在其他缔约国不予执行的理由，否则，其他缔约国可以执行裁决。这些规定使国际商事仲裁摆脱了互有歧义的各国国内法的干预，为非内国裁决在缔约国的承认与执行提供了可能。

1965年《华盛顿公约》对于仲裁程序法律适用的确定也采用了与1961年《关于国际商事仲裁的欧洲公约》类似的现代方法。在当事人没有选择时，仲裁员享有解决程序性困难的完全的权力。在确定程序问题准据法时，仲裁员可以选择是否适用任何特定法（particular law）。此外该公约规定：裁决对双方有约束力，不得进行任何上诉或采取其他除本公约规定外的补救方法；每一缔约国应承认依照本公约作出的裁决具有约束力，并在其领土内履行该裁决所科以的金钱义务，如同该裁决是该国法院的终局判决一样。① 因此，公约为各国与其他国家国民间的“非国内化”仲裁裁决的执行提供了法律根据。

## 二、从有关国家的实践看

20世纪80年代以后，为数不少的国内立法已经明确赋予了当事人选择或仲裁庭确定仲裁程序法的权利或权力，这在理论上为“非国内化”裁决的产生提供了更多的可能。非内国裁决是国际商事仲裁程序摆脱仲裁地法绝对控制的必然结果，“非国内化”仲裁裁决的承认与执行关系到“非国内化”理论的

① 1965年《华盛顿公约》第53条、54条。

存在及发展，因此无论是“非国内化”理论的支持者还是反对者均对此给予了特别的关注。① 根据美国、瑞典、瑞士、荷兰和法国等国法院主要是20世纪80年代的司法实践，“非内国”裁决已经在有关国家依据1958年《纽约公约》得到承认与执行，这对“非国内化”理论的倡导者和支持者而言无疑是巨大的鼓舞。②

## 第五节 已被撤销的仲裁裁决的承认与执行问题

### 一、有关执行已被撤销的仲裁裁决的争论

仲裁裁决在一国被撤销后，能否在另一国得到承认与执行？这是一个素有争议的问题。对此，有两种针锋相对的主张：一种观点认为，仲裁裁决在一国被撤销后，就不能在另一国得到承认与执行，其主要理由是据以执行的根据仲裁裁决已不存在，何谈执行？皮之不存，毛将焉附？另一种观点则认为，在一国已被撤销的仲裁裁决在另一国仍可以得到承认与执行，其主要理由有：（1）一项国际裁决并不必然地隶属于仲裁地国的法律制度，仲裁裁决的效力并不仅仅来源于仲裁地，甚至提出，国际商事仲裁裁决“无国籍”，即使在仲裁地国被撤销，裁决仍然存在。（2）根据《纽约公约》第5条第1款第（5）项规定，裁决如果经裁决所在地国或裁决所依据的主管机关撤销，承认与执行地国法院可（may）拒绝承认与执行该裁决，即可以自由裁量是否拒绝承认与执行。（3）根据《纽约公约》第7条更优惠权利的规定，如果承认与执行地国的国内法或承认与执行地国与仲裁裁决国间的国际条约，对承认与执行仲裁裁决规定的条件优于《纽约公约》，则承认与执行地国可不考虑《纽约公约》的规定。而事实上，法国、黎巴嫩、荷兰、加拿大魁北克等承认与执行的条件就比《纽约公约》更优惠。根据上述两条规定，在一缔约国法院已经被撤销的裁决，在承认与执行地国仍有可能获得承认与执行。

### 二、有关国家的做法

至于在何种条件下才应该承认与执行已被撤销的裁决，主要有以下几种做

① 有关理论纷争和各国立法与实践参见郭玉军、陈芝兰：《论国际商事仲裁中的“非国内化”理论》，载《法制与社会发展》2003年第1期。

② 参见朱克鹏：《“非国内仲裁裁决”的承认与执行探析》，载《安徽大学学报》（哲社版）1996年第5期，第13~15页。

法：一项裁决尽管被撤销但仍是可执行的，只要该裁决符合执行地国有关执行的条件；一项裁决尽管被撤销但仍是可执行的，只要该裁决符合执行地国有关执行的条件，并且当事人约定不得上诉；除非裁决被撤销的理由是国际公认的，否则一项已被撤销的裁决仍可得到执行，仅仅根据本国标准的撤销行为，不应该在其他国家得到重视；一项撤销仲裁裁决的判决应得到执行（即拒绝执行已被撤销的裁决），除非撤销裁决的裁定程序不公或有违正义的根本概念。①

实践中，已有一些国家的法院承认与执行了被外国法院撤销的裁决。例如法国的法院就认为，承认与执行这类裁决并不违反国际公共政策。在 SEEE 申请执行案中，法国里昂上诉法院于 1984 年承认与执行了被瑞士法院撤销的仲裁裁决。不仅如此，法国法院还根据《法国民事诉讼法典》第 1502 条“外国仲裁裁决被撤销，不是法国不承认和执行该裁决的理由”，于 1994 年，在 Hilmarton Ltd. v. Omnium de Fraitement et de Valorisation（OTV）案中，执行了被瑞士最高法院撤销的仲裁裁决。在 Chromalloy 案中，法国法院于 1997 年承认与执行了被埃及法院（仲裁地法院）撤销的仲裁裁决。在 Chromalloy 案中，美国法院也于 1996 年执行了被埃及法院撤销的仲裁裁决。② 这种做法的依据是：仲裁地国撤销裁决的决定以法院裁定的形式作出，该裁定在外国是否具有域外效力，需由被申请承认与执行地国决定。在奥地利，一仲裁裁决在前南斯拉夫作出后，为斯洛文尼亚最高法院以违反公共政策为由撤销，而奥地利最高法院裁定该裁决在奥地利可以获得执行，因为公共政策不是《欧洲国际商事仲裁公约》第 9 条第 1 款规定的足以使该裁决得以撤销的理由。③ 比利时布鲁塞尔初审法院也曾执行了为阿尔及利亚上诉法院撤销的国际商会仲裁院的仲裁裁决。

---

① Christopher R. Drahozal, Enforcing Vacated International Arbitration Awards: An Economic Approach, The American Review of International Arbitration, 11 Am. Rev. Int'l arb. 451, 2000, pp. 451-453.

② Dana H. Freyer, United States Recognition and Enforcement Annulled Foreign Arbitral Awards, The Journal of Int'l Arbitration, Vol. 17, No. 2, 2000, p. 2.

③ Andreas Reiner, Some Recent Austrian Court Decisions in the Field of Arbitration, Journal of Int'l Arbitration, Vol. 17, No. 2, 2000, p. 85.

## 第六节 仲裁裁决承认与执行中的国家豁免问题

随着国际经济交往的日益频繁，国家越来越多地参加国际商事关系，在国际商事仲裁中出现了一些以主权国家为一方当事人的情况。由于主权国家的介入，产生了一些一般国际商事仲裁所不具有的特殊问题，国家豁免问题就是私人方当事人不得不经常面对的一个问题。国际商事仲裁中的私人方当事人获得对自己有利的仲裁裁决，并不表示就赢得了最后的胜利，更复杂、更棘手的问题将是如何将裁决付诸执行。向外国国家财产所在地的法院要求承认与执行仲裁裁决的过程中，该外国将有可能主张国家豁免。裁决的承认及最终的执行将取决于被请求国法院所采取的主权豁免规则及管辖权行使规则。

### 一、国家豁免与裁决承认程序的性质

在执行问题被考虑之前，应先解决一个前提问题，即裁决承认程序的性质，这仍是一个颇有争议的问题。显然，执行仅在裁决被承认之后采取。它是仲裁程序的最后阶段还是执行程序的初始阶段?① 这种争论的意义在于：如果认为承认裁决属于仲裁程序的最后阶段，则国家签订仲裁协议即视为默示放弃豁免的理论将适用于裁决的承认阶段；如果认为承认裁决程序为执行阶段的开始程序，则上述默示放弃豁免的理论不适用于承认阶段。国家当事人常常支持第二种观点。但是，各国法院的实践并不赞同该观点。荷兰、美国和法国的法院曾主张：当一个国家同意仲裁从而放弃豁免时，其放弃豁免的范围及于对裁决的确认和承认。从理论上看，这些法院决定所代表的观点更值得赞赏，因为若采用第二种观点，即裁决的承认为执行的初始阶段，则主权豁免可能会造成对仲裁程序的一种歪曲。有学者认为，仲裁裁决的承认是任何仲裁协议都具有的约束力特征的自然补充，不应被仅适合于执行事项的国家豁免问题所影响和削弱。② 仲裁裁决的承认与执行是两个不同的概念。对国家当事人而言，裁决承认程序涉及的是管辖豁免，而执行程序涉及的是执行豁免。实践中有一些国家对这二者加以区分，其中最具代表性的国家是法国。法国法院，以发布许可

① Delaume, State Contracts and Transnational Arbitration, American Journal of International Law, Vol. 75, No. 4, 1981, p. 815.

② Delaume, State Contracts and Transnational Arbitration, American Journal of International Law, Vol. 75, No. 4, 1981, p. 816.

令的方式来承认仲裁裁决，许可令较为容易取得，但是，对于执行仲裁裁决，法院仍采取较为严谨的立场。

其他一些国家也对外国国家的执行豁免问题采取了更为谨慎的态度，因为执行对国家主权和尊严的损害比判决更强。一方面人们担心敏感的外交纠纷的产生，另一方面如果本国法律不承认对本国国家财产的执行措施，则如何能够否认外国政府也享有这种豁免？现实情况也表明，当一个国家在仲裁裁决的承认程序中主张豁免未获支持时，它马上就会寻求执行豁免，且往往能获得成功。对争议双方来说，它们在争议裁判中能够地位平等，但是最终国家主权仍处于优势地位。①

## 二、仲裁裁决承认与执行中有关国家豁免的实践

关于执行豁免的规则远比有关管辖豁免的规则更为杂乱。有的国家继续拒绝执行外国国家财产，甚至在判决或裁决作出后也是这样，这往往是一些仍坚持绝对豁免论的发展中国家；有些国家要求对外国国家财产实施执行措施之前要先获得政府部门的同意，如意大利、希腊和荷兰；即使在那些认为在国家不享有管辖豁免时就不享有执行豁免的国家里，这个一般原则往往要受到很多例外情况的限制，或要满足一些特殊要求，如要求涉诉的交易和被要求执行国之间有合理的领土联系等。②

Liamco 公司所要求执行的针对利比亚的 1977 年 5 月 12 日的仲裁裁决在美国、法国、瑞典和瑞士的命运，说明了执行豁免方面的混乱局面。③ 各国法院在确定是否执行仲裁裁决的过程中通常所考虑的因素或者称为审查标准有：

### （一）仲裁当事国对仲裁裁决执行豁免的放弃

如果在仲裁双方当事人之间存在关于执行豁免放弃的约定，则问题会简单很多。在很多案例中，被请求执行仲裁裁决的法院以仲裁当事国放弃了仲裁裁决执行豁免为由，最终对当事国国家财产采取强制措施。对仲裁当事国的执行豁免的放弃的考察，在裁决的执行问题的处理中是一个重要的因素。当事人之间并无相关约定时，国家通过签订仲裁协议是否也可以构成对执行豁免的默示

① Brotons：La reconnaissance et l'execution des sentences arbitrales etrangeres，p. 257.

② Delaume，State Contracts and Transnational Arbitration，American Journal of International Law，Vol. 75，No. 4，1981，p. 817.

③ A. Remiro Brotons，La reconnaissance et l'execution des sentences arbitrales etrangeres，Recueil des cours，Tome. 184，1984（Ⅰ），p. 257.

放弃呢？对此，国际社会并无统一做法，不仅各国立场不同，就是同一国家的法院在相同的案件中都可能作出前后相反的判决。在 Eurodif et Sofidif v. Etat iranien 案中，巴黎上诉法院认为仲裁程序采用的 ICC 规则中的第 24 条“构成一种自愿服从判决和承认其强制力的保证，并不构成对执行豁免的任何暗示”。这种传统做法遭到了有些学者的批评：按此种标准，则除了明文的和字面上的明示放弃以外，再也没有其他的放弃执行豁免的方式了。① 较为激进的做法和前者刚刚相反。1980 年瑞典上诉法院在“利美石油公司素利比亚”案中，就认为利比亚通过仲裁协定放弃了执行豁免，因而判决准予执行仲裁裁决的请求。② 不容忽视的是，保守的做法受到了越来越多的挑战。1988 年美国国会通过对《联邦仲裁法》和《外国主权豁免法》的修正案明确规定，不得基于“国家行为说”拒绝执行就确认仲裁裁决作出的判决，也即不得基于“国家行为说”拒绝执行仲裁裁决。而在欧洲，具有代表性的国家如法国的法院似乎也在向美国成文法所体现的立场靠拢：一个外国主权国家，签订仲裁条款要求进行在本国法院管辖范围内的仲裁或主动参加仲裁，则可以认为该国在本国法院放弃了对该仲裁裁决的执行豁免。③

在 Creighton v. Qatar 一案中，Creighton 是一家营业所在美国田纳西州的公司，1982 年它和卡塔尔城市事务和农业部签订了在卡塔尔的多哈建设医院的合同。合同中规定：所有争议将“最终根据 ICC 的仲裁调解规则解决”。1986 年，卡塔尔城市事务和农业部因不满意 Creighton 公司对合同的执行而要求 Creighton 公司停止了工程建设。1987 年 Creighton 公司提起了要求卡塔尔方赔偿损失的仲裁。由于双方的合同未规定仲裁地点，ICC 仲裁庭根据其规则决定在巴黎进行仲裁。据后来美国法院的一项判决称，卡塔尔主动参加了仲裁。1993 年仲裁庭作出了两项裁决，要求卡塔尔支付 Creighton 公司损失外加利息和仲裁费用总计 800 万美元。1994 年，卡塔尔以 Creighton 公司指定的仲裁员在其独立性声明中，未披露他以前与该公司之间的接触为由，向法国法院提起诉讼要求撤销这两项根据法国法无效的裁决。次月，Creighton 公司控制了在巴黎的卡塔尔国家银行和法兰西银行中卡塔尔城市事务和农业部账户上的存款，

---

① A. Remiro Brotons, La reconnaissance et l'execution des sentences arbitrales etrangeres, Recueil des cours, Tome. 184, 1984 (Ⅰ), p. 257.

② 参见龚刃韧著：《国家豁免问题的比较研究》，北京大学出版社 1994 年版，第 259 页。

③ Nancy B. Turk, French and US Courts Define Limits of Sovereign Immunity in Execution and Enforcement of Arbital Awards, Arbitration International, Vol. 17, No. 3, 2001, p. 341.

并在两家银行扣押了其政府债券和股权。卡塔尔从巴黎大审法院获得的和在上诉中从巴黎上诉法院获得的判决都拒绝了卡塔尔要求撤销裁决的要求，但是认为卡塔尔并未放弃其执行豁免。根据法国法，被 Creighton 公司扣押的财产应免于扣押，该决定是根据 1984 年法国最高法院在 Eurodif v. Iran 案中确立的规则："作为一个原则性问题，外国国家享有的执行豁免，仅在以下条件下可以不予考虑，即若被扣押的财产是用于或拟用于经济或商事私法行为且该行为是争议产生的事由。"换言之，被控制的财产被用于或拟用于引起争议产生的商事行为或项目。巴黎大审法院和巴黎上诉法院都认为在本案中，Creighton 公司没有提供证明卡塔尔已经放弃执行豁免的证据，同意仲裁并不足以证明该项放弃。另外，上诉法院认为 Creighton 公司没有提供足够的证据证明被扣押的财产被卡塔尔用于与医院有关的商业活动。Creighton 公司向法国最高法院提起上诉。2000 年 7 月 6 日，最高法院推翻了上诉法院的判决，认为通过签订 ICC 仲裁协议，卡塔尔默示放弃了其执行豁免。最高法院的决定是根据支配仲裁的 1988 年 ICC 仲裁规则第 24 条第 2 款：同意将争议提交 ICC 进行仲裁，则双方当事人可以被认为同意不延迟地执行最后裁决，且放弃寻求任何形式上诉的权利。法国最高法院认为，和主权国家签订合同的对方当事人若要确定该主权国家不寻求仲裁裁决执行的豁免，应满足如下条件：准备在法国根据 ICC 规则或类似规则进行仲裁；该主权国家在法国拥有财产。① 该决定和美国立法和美国法院解释的立场相同。②

（二）仲裁与法院地国的联系

有些国家国内法院并不重视有关仲裁和法院地国的联系。如英国和澳大利亚在其各自的国家豁免法律中，均未对有关仲裁裁决承认和执行诉讼中的商业行为、仲裁地、国际条约适用等问题作出任何限制性的要求。荷兰法院也只是强调诉讼事由的性质，而不重视有关仲裁与荷兰之间的领土联系。③

另外一些被请求承认与执行仲裁裁决的国内法院，往往要考察该仲裁与本国的联系，来确定该外国是否放弃了在本国法院的豁免，进而决定是否对该裁决进行承认与执行。

在司法实践中，美国法院往往通过分析仲裁争议与美国是否存在"最低

---

① Cass. 1e civ., 6 July 2000.

② Nancy B. Turk, French and US Courts Define Limits of Sovereign Immunity in Execution and Enforcement of Arbital Awards, Arbitration International, Vol. 17, No. 3, 2001, p. 327.

③ 龚刃韧著：《国家豁免问题的比较研究》，北京大学出版社 1994 年版，第 368 页。

联系”，美国法院对该争议是否存在诉讼标的管辖权、属人管辖权来确定对针对外国国家的仲裁裁决的承认与执行。在 Creighton v. Qatar 案中，1994 年 Creighton 公司向美国华盛顿特区法院提起诉讼要求承认在法国作出的 ICC 裁决。特区法院根据《纽约公约》第 5 条驳回起诉。1997 年当其上诉在法国最高法院未决时，Creighton 公司又向哥伦比亚区法院提起诉讼要求美国法院执行巴黎上诉法院的判决和仲裁裁决。联邦地区法院支持卡塔尔的抗辩，认为法院不具备对卡塔尔的属人管辖权。法院认为：首先应确定法院对案件是否有诉讼标的管辖权，《外国主权豁免法》提供了对外国国家行使诉讼标的管辖权的唯一根据，该法明文规定的外国不享有豁免的例外情况。然后，法院必须分析它对一个外国国家是否具有属人管辖权，法院认为它必须确定关于该特定合同关系，卡塔尔是否和美国之间有特定“最低联系”，以决定法院是否对卡塔尔有属人管辖权。而 Creighton 公司无法证明卡塔尔和美国之间有最低联系，地区法院驳回了起诉。Creighton 公司上诉。1999 年，美国联邦地区上诉法院维持了地区法院判决，地区上诉法院讨论了《外国主权豁免法》是否适用于一方当事人为外国国家的仲裁。上诉法院认为，根据《外国主权豁免法》，它仅在外国国家根据《外国主权豁免法》第 1605 ~ 1607 条规定或适用任何国际协定不享有豁免时，对针对外国国家提起的民事诉讼拥有诉讼标的管辖权。地区上诉法院关于卡塔尔国家豁免的决定的关键，及在《外国主权豁免法》规定的国家豁免例外情况下是否存在该国家豁免，其答案都在于该特定国家是否为某国际公约（如《纽约公约》）的成员。卡塔尔未加入《纽约公约》，但是上诉法院判决认为：毫无疑问，《纽约公约》适用于 Creighton 公司在法国获得的针对卡塔尔的裁决，该裁决在美国法院也是可以执行的。这是因为仲裁双方的住所与该公约的适用无关，关键因素是裁决的地点。如果该地点位于《纽约公约》成员国内，则其他公约成员国都有义务承认与执行该裁决。1978 年《外国主权豁免法》第 1605 条第（a）款第（6）项规定：如果仲裁协议或仲裁裁决是根据对美国生效的要求承认与执行仲裁裁决的条约或国际协定而作出的，则在要求确认根据仲裁协议作出的仲裁裁决的诉讼中，作为当事人的外国国家将不能在美国法院主张管辖豁免。地区上诉法院据此认为它对卡塔尔有诉讼标的管辖权。但是，法院同时认为，卡塔尔同意在法国进行仲裁并不表示放弃在美国法院对其属人管辖权提出异议。最后，上诉法院分析了双方的合同，根据“最低联系”原则认为，不是《纽约公约》成员国的卡塔尔并未意图在合同中利用美国法律并且未准备冒将自己拉入美国法院诉讼的危险。

在 S. & Davis International, Inc. v. Yemen, the Republic of, Ministry of

Supply and Trade 案①中，原告在伦敦获得了针对也门政府贸易和供应部的裁决，在美国寻求该裁决的执行。美国法院在该案中认为，尽管美国和英国都是《纽约公约》成员国，但也门不是；仅仅同意在公约成员国仲裁，并不证明必定在美国放弃主权豁免。然而和 Creightons 案不同的是，法院最后确实发现根据双方当事人的合同，该案和美国有足够的联系。

在 Liechtenstein company v. Guinea 案中，瑞士联邦法院认为 Liechtenstein 公司取得的针对几内亚政府的裁决要在瑞士获得执行，必须要求“引起争议的法律关系和瑞士领土之间有必要联系”。最终因为原告在瑞士有住所，仲裁裁决获得执行。在 1980 年“利比亚诉利美石油公司案”中，尽管仲裁地是在瑞士，但是瑞士联邦最高法院仍认为仅有这一事实并不能提供诉讼事由与瑞士之间有法律联系的充分证据，因此，判决下级法院为执行仲裁裁决而发出的扣押令无效。②

（三）关于大使馆银行账户

关于使馆银行账户的执行豁免，1961 年《维也纳外交关系公约》没有明确规定。随着西方各国在执行豁免方面采用限制主义，也曾出现扣押或冻结使馆账户的“令人惊恐的趋向”。但是，那些允许执行扣押外国使馆银行账户的个别法院判例不仅没有得到广泛支持，反而却为多数国家的判例所否认。③ 例如，英国《国家豁免法》对外国大使馆银行账户的执行豁免未作规定，而英国最高上诉法院认为：外国大使宣称该大使馆在伦敦银行的账户不用于商业目的，即可作为对该问题的充足证明，除非有相反证明账户大部分仅仅被用于商业目的。④ 这实际上使对外国使馆银行账户的执行几乎成为不可能。

在近期的 Noga v. Russian Federation 案⑤中，即使俄罗斯联邦在合同中放弃了执行豁免，即使俄罗斯联邦不能主张豁免以撤销一个与仲裁有关的自己败诉的判决，但是最终法国巴黎上诉法院于 2000 年 8 月 10 日仍确认俄罗斯大使

---

① 218 F. 3d 1292.

② P. D. Trooboff, Foreign, State Immunity: Emerging Consensus on Principles, Recueil des cours, Tome. 200, 1986 (V), p. 388.

③ 参见龚刃韧著：《国家豁免问题的比较研究》，北京大学出版社 1994 年版，第 381~384页。

④ Alcom Ltd. v. Republic of Columbia and others [1984] A. C. 580.

⑤ Nancy B. Turk, French and US Courts Define Limits of Sovereign Immunity in Execution and Enforcement of Arbital Awards, Arbitration International, Vol. 17, No. 3, 2001, pp. 330~331.

馆银行账户享有执行的外交豁免权。

在该案中，1991 年，一家瑞士公司，Noga 公司与当时的苏联签订了一项贷款协议，1992 年该公司又与俄罗斯政府签订了一项新的贷款协议。在 1991 年的合同第 14 条和 1992 年的合同第 15 条中规定：双方在争议协商不成的情况下，提交斯德哥尔摩国际商会仲裁，争议的解决适用瑞士法；仲裁裁决将是最终的，对双方当事人都有约束力。"双方放弃对仲裁裁决的上诉，且借贷方在有关本协议的仲裁裁决的针对它的执行中放弃任何豁免权利。"俄罗斯联邦在 1991 年合同第 8 条和 1992 年合同第 9 条中保证它在有关本协议规定的义务上，遵守民商法律；借方的借贷行为、根据协议履行其义务的行为构成私法上的商业行为；在有关借方根据本协议的义务的诉讼、执行、扣押或其他司法程序中，借方不得就其自身或其财产、收入主张任何豁免。由此，俄罗斯联邦明示放弃了它对诉讼、执行、扣押的任何豁免。1997 年，位于斯德哥尔摩的仲裁庭先后作出两个裁决，裁定由俄罗斯联邦支付给 Noga 公司 27 294 500 美元。1998 年 6 月，俄罗斯联邦向斯德哥尔摩初审法院起诉，就裁决赔偿数额提出异议被驳回后，又向瑞典上诉法院上诉，上诉法院于 1999 年 3 月再次确认了裁决的赔偿数额。2000 年 3 月 15 日，巴黎大审法院就裁决在法国的执行发布了执行令。5 月 18 日，Noga 公司扣押了俄罗斯联邦在巴黎的欧洲商业银行的存款。2000 年 6 月 20 日，俄罗斯联邦驻法国大使馆、驻法国商务办公室、在 UNESCO 的常驻代表团联合在巴黎大审法院向 Noga 公司提起诉讼，要求取消对其财产的扣押。2000 年 7 月 17 日，巴黎大审法院支持扣押，俄罗斯联邦上诉。Noga 公司要求巴黎上诉法院确认俄罗斯联邦政府已经放弃了管辖和执行豁免。上诉法院注意到俄罗斯联邦在和 Noga 公司的合同中放弃了所有它根据习惯国际法和国际公约所享有的豁免。但是，巴黎上诉法院认为俄罗斯作为 1961 年《维也纳公约》成员国，公约中对成员国的外交权利作了规定，对于其他公约未规定的事项应仍根据国际习惯法。在公约的前言中，指出了公约所规定的特权和豁免的目的，即保证外交人员能够有效地行使代表他们各国国家职能，完成外交使命。法院认为，享有这些豁免的并不限于外交人员和外交机构，还包括成员国为行使其外交职能而必需的财产。法院认为俄罗斯联邦，虽然放弃了所有权利和豁免，却并未表示其有明确的意愿，对于 Noga 公司放弃其所有的免于执行的外交豁免以至于妨碍大使馆在法国的代表职能的行使。上诉法院指出，《维也纳公约》第 25 条要求成员国给予外国使馆所有它行使职能完成使命必需的设施，法院认为这就包括成员国必须保护外国使馆为行使其在该国的公共职能而必需的银行账户的义务。上诉法院撤销了扣押措施并命令

Noga公司支付30 000法郎的诉讼费用。巴黎上诉法院最终确认：尽管被告俄罗斯联邦共和国不能援引主权豁免来避免关于它与Noga公司的仲裁裁决的执行，在法国以俄罗斯大使馆的名义只用于使馆在法国的公共事业的存款及用于在UNESCO的长期事务的财产都因外交豁免而免于执行。

2000年2月15日布鲁塞尔上诉法院在Leica AG v. Central Bank of Iraq and the State of Iraq案①中也根据《维也纳公约》第25条作出了相同的结论。Leica AG，一家瑞士公司，1997年扣押了一家比利时银行中伊拉克驻比利时大使馆的账户。布鲁塞尔上诉法院根据第25条认为，大使馆的银行账户必须在所驻国享有豁免，此项外交豁免只在该使馆银行账户中的存款是"外交职能或使命的行使所必需的"这一条件下才被承认。澳大利亚最高法院、英国上议院和荷兰法院都曾对有关公约第25条的问题表示了相同的观点。巴黎上诉法院和许多欧洲法院一样保护用于在成员国的公共职能所必需的外国国家财产的豁免权。② 这一立场和美国关于《外国主权豁免法》和维也纳公约的解释保持了一致。

## 实验项目一：申请人的诉讼代理人的任务和程序

### 一、实验目的

通过本实验项目的实验，使得学生了解申请承认与执行国际商事仲裁裁决与申请执行国内仲裁裁决的不同之处，了解实务操作中作为诉讼代理人申请承认与执行国际商事仲裁裁决的过程，理解申请承认与执行国际商事仲裁裁决的意义及重要性，熟悉并能运用我国法律和司法解释关于申请承认与执行国际商事仲裁裁决及申请财产保全的相关规定。

### 二、实验原理

当事人申请我国法院承认与执行国际商事仲裁裁决，依据我国有关规定，必须符合一定的条件，亦即必须由当事人提出申请、当事人申请承认与执行的仲裁裁决必须是具有约束力的裁决、当事人必须在法定期限内提出申请和当事

---

① Brussels Court of Appeal, 8th Chamber, 15 February 2000.

② Nancy B. Turk, French and US Courts Define Limits of Sovereign Immunity in Ececution and Enforcement of Arbital Awards, Arbitration International, Vol. 17, No. 3, 2001, p. 342.

人必须向有管辖权的人民法院提出申请，有关法院才会受理申请。其中，当事人为仲裁中的申请人和被执行人，申请人和被执行人以外的人，除非是诉讼代理人或法定代表人，无权提出申请；具有约束力的裁决，一般指有关裁决名义上具有终局性且未被裁决作出地国或仲裁可适用法律所属国的主管机关撤销；申请执行的法定期限，不分自然人与法人，皆为2年，申请执行时效的中止、中断，适用法律有关诉讼时效中止、中断的规定，期间的起算日为仲裁裁决规定履行期间的最后一日，如果规定分期履行的，为规定的每次履行期间的最后一日；申请人须提出书面申请（申请人为外国一方当事人的，申请书须为中文文本），并附裁决书正本（外国仲裁机构作出的裁决书还需认证）；有管辖权的法院，为被执行人住所地或者财产所在地的中级人民法院。此处的中级人民法院，是指依最高人民法院《关于涉外民商事案件诉讼管辖若干问题的规定》第1、3条所确定的法院，亦即省会、自治区首府、直辖市所在地的中级人民法院、经济特区、计划单列市中级人民法院、最高人民法院指定的其他中级人民法院，亦即"集中管辖"确定的中级人民法院。另据有关司法解释，申请我国法院承认和执行在另一缔约国领土内作出的仲裁裁决，是由仲裁裁决的一方当事人直接向被执行人住所地或者其财产所在地的中级人民法院申请，对于当事人的申请应由我国下列地点的中级人民法院受理：被执行人为自然人的，为其户籍所在地或者居所地；被执行人为法人的，为其主要办事机构所在地；被执行人在我国无住所、居所或者主要办事机构，但有财产在我国境内的，为其财产所在地。

对于我国涉外仲裁机构作出的发生法律效力的仲裁裁决，当事人请求执行的，如果被执行人或者其财产不在中华人民共和国领域内，当事人应直接向有管辖权的外国法院申请承认和执行。如被请求承认与执行地国是《纽约公约》成员国，由于我国已加入《纽约公约》，当事人可依照公约规定直接向该国申请承认和执行上述裁决；如被请求承认与执行地国非《纽约公约》成员国，但与我国签订有承认与执行仲裁裁决双边条约或存在互惠关系，当事人可依照双边条约规定或直接向该国申请承认与执行上述裁决；如被请求承认与执行地国即为《纽约公约》成员国，也与我国签订有相互承认与执行仲裁裁决的双边司法协助条约，根据《纽约公约》第7条的规定，当事人申请承认与执行一般应优先适用双边条约的规定；如被请求承认与执行地国与我国既不存在有关条约，也不存在互惠关系，当事人依我国规定仍可直接向该国申请承认与执行上述裁决，只是裁决能否被承认与执行。

作为申请人的诉讼代理人，必须了解我国的有关规定，结合上述条件提出执行仲裁裁决的申请，有关法院才会受理申请，从而才能有效维护当事人的权利，而不至于申请被法院驳回。

另外，因从仲裁裁决作出，到一方当事人届期不履行裁决从而另一方当事人决定申请承认与执行国际商事仲裁裁决，直至最终法院作出承认与执行国际商事仲裁裁决的裁定且开始强制执行，往往有较长的时间，为了切实保障另一方当事人的合法权益得以实现，结合民事诉讼法有关财产保全的规定，我们认为，在国际商事仲裁裁决作出后，如因情况紧急，不立即申请财产保全将会使另一方当事人的合法权益受到难以弥补的损害的，另一方当事人可以在申请承认与执行国际商事仲裁裁决前向人民法院申请采取财产保全措施；在法院受理承认与执行国际商事仲裁裁决申请后，作出裁定前，如果因被执行人的行为或者其他原因，使判决不能执行或者难以执行的，申请人可以申请法院采取财产保全措施，作出财产保全的裁定。至于有管辖权的法院，依据有关规定，可为被执行人住所在地或被申请保全的财产所在地的中级人民法院。作为申请人的诉讼代理人，应密切注意被执行人的有关情况，必要时及时提出财产保全申请，以避免申请人的合法权益难以得到实现。

本实验项目的重点在于申请承认与执行国际商事仲裁裁决的条件和程序。

## 三、实验要求

1. 认真研读本项目实验案例素材，掌握案情；

2. 熟悉本实验项目法律文件素材中有关申请承认与执行国际商事仲裁裁决及申请财产保全的规定；

3. 根据案情制作有关承认与执行仲裁裁决的申请书、《诉前财产保全申请书》及《诉讼财产保全申请书》。

4. 了解本实验项目实验过程。

## 四、实验素材

### （一）法律文件素材

主要为《承认和执行外国仲裁裁决公约》、《关于我国加入〈承认和执行外国仲裁裁决公约〉的决定》、《中华人民共和国仲裁法》、《中华人民共和国民事诉讼法》等法律，及《最高人民法院关于适用〈中华人民共和国仲裁法〉若干问题的解释》、《最高人民法院关于适用〈中华人民共和国民事诉讼法〉若干问题的意见》、《最高人民法院关于执行我国加入的〈承认及执行外国仲裁裁决公约〉的通知》、《最高人民法院关于涉外民商事案件诉讼管辖若干问题的规定》等司法解释。

（二）案例素材

## 德国旭普林国际有限责任公司与无锡沃可通用工程橡胶有限公司申请执行国际商会国际仲裁院仲裁裁决案（以下简称“旭普林案”）之一①

2000年12月22日，德国旭普林国际工程有限责任公司（Zublin International GmbH，简称旭普林公司）与中国无锡沃可通用工程橡胶有限公司（Wuxi Woco-Tongyong Bubber Engineering Co.，简称沃可公司）签署了由旭普林公司总承包沃可公司位于无锡新区的新厂房（一期）工程承包合同。本案合同采用的是FIDIC（国际咨询工程师联合会）示范合同文本，合同附件中规定通过仲裁解决争议的条款所使用的语言是：“Arbitration：15.3 ICC Rules，Shanghai shall apply.”

因双方在合同的履行中就最终的结算工程款问题发生了争议，2002年10月10日，沃可公司就其与旭普林公司之间的工程承包合同纠纷向无锡市高新技术开发区人民法院（以下简称开发区法院）起诉。在举证期限届满前，沃可公司将违约之诉变更为侵权之诉。旭普林公司认为，双方合同中含有仲裁条款，因双方履行工程承包合同而产生的争端，包括与合同有关的侵权争议，均应通过国际商会仲裁裁决，法院不具有司法管辖权。沃可公司则认为，双方没有签署合同附件，且附件中的仲裁条款只约定了仲裁规则和仲裁地点，未约定仲裁机构，故该条款属于无效仲裁条款。开发区人民法院认定对此案有管辖权。2003年2月20日，开发区法院对本案有管辖权的裁定得到无锡市中级人民法院的确认。

2003年4月23日，旭普林公司向国际商会国际仲裁院提出仲裁申请。沃可公司对仲裁庭的管辖权提出异议。同年4月29日，旭普林公司又向无锡市新区人民法院提出确认该仲裁协议效力的请求。根据最高人民法院《关于人民法院处理与涉外仲裁及外国仲裁事项有关问题的通知》中规定的报告制度，开发区法院将此案层报无锡市中级人民法院和江苏省高级人民法院，后者上报给最高人民法院。2004年9月2日，开发区法

① 本案引自赵秀文主编：《国际商事仲裁案例解析》，中国人民大学出版社2005年版，第2~3页。该案引发法学界对国际商会仲裁院推荐的仲裁协议在我国的效力以及国际商会仲裁院在我国作出的裁决的性质的热议。

院依据最高人民法院（2003）民四他字第23号批复的精神作出（2004）新民二初字第154号民事裁定，认定上述仲裁协议无效，理由是："在当事人没有约定确认仲裁条款效力准据法的情况下，根据确认仲裁条款效力准据法的一般原则，应当按照仲裁地的法律予以认定，即本案应当根据我国法律确认所涉仲裁条款的效力。根据我国仲裁法的有关规定，有效的仲裁条款应当同时具备仲裁的意思表示、仲裁的事项和明确的仲裁机构三个方面的内容。本案所涉仲裁条款从字面上看，虽然有明确的仲裁的意思表示、仲裁规则和仲裁地点，但并没有明确指出仲裁机构。因此，应当认定该仲裁条款无效。

另一方面，ICC仲裁院仲裁庭根据仲裁庭"管辖权/管辖权原则（The doctrine of competence-competence）"和ICC仲裁规则的规定，于2003年11月10日作出部分裁决（Partial Award on Jurisdiction），确认其对双方当事人之间的争议有管辖权。于是仲裁庭根据ICC仲裁规则的规定继续进行仲裁程序，在上海对双方当事人争议的实体问题进行了开庭审理，沃可公司参加了本案实体问题的审理，并且提出了书面答辩意见。仲裁庭于2004年3月30日作出了ICC第12688/TE/MW裁决（以下根据行文需要有时会简称ICC裁决），裁决沃可公司向旭普林公司支付合同规定的工程欠款及相应的利息，以及相关费用并承担本案仲裁费。

由于沃可公司未能履行该裁决，旭普林公司请求无锡市中级人民法院承认与执行该ICC裁决。

（三）法律文书样式素材

## 承认与执行外国仲裁裁决申请书

申请人：名称

住所地：

法定代表人（或主要负责人）：姓名、职务、电话等

委托代理人：

被执行人：名称

住所地：

法定代表人（或主要负责人）：姓名、职务、电话等

请求事项：

（写明要求承认和执行的涉外仲裁裁决的内容）

事实和理由：

（写明纠纷情况、仲裁机构、仲裁经过和裁决结果，以及请求承认和执行的理由和依据）

此致

____________人民法院

申请人：（签章）

年　月　日

附：经公证认证的裁决书原本及中文翻译件及相关证据材料____份

## 诉讼财产保全申请书

申请人：名称
住所地：
法定代表人（或主要负责人）：姓名、职务、电话等
被执行人：名称
住所地：
法定代表人（或主要负责人）：姓名、职务、电话等
请求事项：
请求人民法院对被执行人的下列财产进行诉讼保全：
1. ……
2. ……（说明财产的位置、数量、金额等情况）
事实与理由：

此致

____________人民法院

申请人：名称（加盖公章）
法定代表人（或主要负责人）：
（签名或盖章）
年　月　日

附：有关证据及材料。

## 五、实验过程

### 实验环节一：申请承认与执行涉外仲裁裁决

步骤 1：详细了解旭普林案之一案情；
步骤 2：对申请结果进行初步判断，确定有无胜诉可能；
步骤 3：签署委托代理合同、授权委托书，接受申请人委托；
步骤 4：拟写《承认与执行 ICC 第 12688/TE/MW 裁决申请书》；
步骤 5：准备证据材料；
步骤 6：准备 ICC 裁决书的正本（如需认证，进行认证）；
步骤 7：准备被执行人沃可公司的经济状况或财产状况的有关资料；
步骤 8：在申请执行的期限内选择有管辖权的人民法院（依本实验项目案例即为无锡市中级人民法院）提出申请。

（实验环节中的步骤并非绝对依序进行，部分步骤可以乱序，下同）

### 实验环节二：申请诉前财产保全

步骤 1：拟写《诉前财产保全申请书》；
步骤 2：准备证据材料；
步骤 3：准备沃可公司的经济状况或财产状况的有关资料；
步骤 4：要求旭普林公司准备担保物或寻找担保人；
步骤 5：向无锡市中级人民法院提出申请；
步骤 6：如果法院裁定采取保全措施，在法院采取保全措施后十五日内申请承认与执行仲裁裁决。

### 实验环节三：申请诉讼财产保全

步骤 1：拟写诉讼财产保全申请书；
步骤 2：向无锡市中级人民法院提出申请；
步骤 3：根据法院的命令要求旭普林公司提供财产担保。

## 六、扩展思考

1. 在我国，申请承认与执行国际商事仲裁裁决与申请执行无涉外因素的仲裁裁决的联系与区别。

2. 仲裁裁决的一方当事人在申请执行仲裁裁决前，依据我国有关规定，能否向有管辖权的法院申请诉前财产保全？在申请承认与执行国际商事仲裁裁决后，至法院强制执行前，能否向法院申请诉讼财产保全？

3. 如何确定仲裁裁决的国籍？试评我国有关规定。

## 实验项目二：被执行人诉讼代理人的任务和程序

### 一、实验目的

通过本实验项目的实验，使得学生了解，在实务操作中作为被执行人的诉讼代理人，面对申请人的承认与执行国际商事仲裁裁决申请时，其可以采取的合法的防守反击策略，理解不予承认与执行国际商事仲裁裁决的意义，熟悉并能运用我国缔结或加入的国际条约、我国法律和司法解释关于不予承认与执行国际商事仲裁裁决和撤销国际商事仲裁裁决的规定。

### 二、实验原理

为了阻却或延缓申请人申请承认与执行国际商事仲裁裁决后可能带来的法院强制执行裁决的后果，被执行人可以采取的措施有提供担保、与申请人达成和解协议、提出执行异议，申请法院不予承认与执行国际商事仲裁裁决，在国际商事仲裁裁决为中国涉外仲裁裁决的情况下，因我国法院对中国涉外仲裁裁决享有撤销权，被执行人还可依据有关规定申请法院撤销涉外仲裁裁决。需要指出的是，对于外国仲裁裁决，虽依据对《纽约公约》有关规定的解释，如外国仲裁裁决是依据我国法律作出的，我国法院享有撤销权，但因我国对之没有明确规定相应的管辖法院及程序，我国法院撤销外国仲裁裁决还于法无据，因此被执行人无法申请撤销依据我国法律作出的外国仲裁裁决。

所谓中国涉外仲裁裁决，依据最高人民法院《关于人民法院处理涉外仲裁及外国仲裁案件的若干规定（征求意见稿）》第38条规定，是指中国国际经济贸易仲裁委员会及其分会、中国海事仲裁委员会以及依照《仲裁法》规定组建的仲裁委员会作出的具有涉外因素的仲裁裁决。在实践中，判断仲裁裁决是否具有涉外因素，基本上采取的是最高人民法院《关于贯彻执行〈中华人民共和国民法通则〉若干问题的意见（试行）》中规定的标准。依该标准，凡民事关系的一方或者双方当事人是外国人、无国籍人、外国法人的；民事关系的标的物在外国领域内的；产生、变更或者消灭民事权利义务关系法律事实发生在外国的，均为涉外民事关系，相应地，有关仲裁裁决即属于涉外仲裁裁决。对于中国涉外仲裁裁决，法院在执行时作为内国裁决对待，将适用我国的有关规定，而不适用《承认与执行仲裁裁决公约》的有关规定。

根据我国有关规定，对中国涉外仲裁裁决，被执行人提出证据证明仲裁裁决有下列情形之一的，亦即当事人在合同中没有订有仲裁条款或者事后没有达成书面仲裁协议的、被执行人没有得到指定仲裁员或者进行仲裁程序的通知，或者由于其他不属于被执行人负责的原因未能陈述意见的、仲裁庭的组成或者仲裁的程序与仲裁规则不符的、裁决的事项不属于仲裁协议的范围或者仲裁机构无权仲裁的，经人民法院组成合议庭审查核实并履行“报告制度”后，裁定不予执行。另外，一方当事人申请执行裁决，另一方当事人申请撤销裁决的，人民法院应当裁定中止执行——此种情况下，被执行人应提供财产担保。人民法院裁定撤销裁决的，应当裁定终结执行。

关于外国仲裁裁决的承认与执行，由于我国参加了1958年《纽约公约》，并与一些国家缔结了有关承认与执行仲裁裁决的双边司法协助协议，人民法院应当依照上述公约以及我国有关规定，或者依据互惠原则办理。

对于被执行人而言，如果申请人的申请不符合《纽约公约》上述规定或我国缔结或参加的国际条约的规定，或我国与有关国家既没有共同缔结或参加的条约，也不具备互惠关系的，被执行人亦可以据之提出执行异议或不予承认与执行外国仲裁裁决的申请。

显然，上述都为被执行人阻却或延缓申请人申请执行涉外仲裁裁决后可能带来的法院强制执行裁决的后果提供了依据。作为被执行人的诉讼代理人，应当了解上述规定，并采取相应措施，以维护被执行人合法的权利。

另外，由于中国涉外仲裁裁决与外国仲裁裁决在我国的不予承认与执行及在我国的撤销的依据有所不同，作为被执行人的诉讼代理人在提出有关申请时，还须对仲裁裁决的性质有所认识，才能有的放矢。前面已谈及对中国涉外仲裁裁决的认定，对于外国仲裁裁决的认定，详见本章实验项目三的实验原理。

本实验项目的重点在于我国对国际商事仲裁裁决不予承认与执行的条件与程序。

## 三、实验要求

1. 认真研读本实验项目案例，掌握案情；

2. 熟悉本实验项目法律文件素材中有关拒绝承认与执行涉外仲裁裁决及撤销涉外仲裁裁决的规定；

3. 根据案情制作《不予执行仲裁裁决申请书》、《撤销仲裁裁决申请书》。

4. 了解本实验项目实验过程。

## 四、实验素材

(一) 法律文件素材

《纽约公约》、《关于我国加入〈承认和执行外国仲裁裁决公约〉的决定》以及我国与一些国家缔结的有关承认与执行仲裁裁决的双边协议等国际条约，《中华人民共和国仲裁法》、《中华人民共和国民事诉讼法》等法律，及《最高人民法院关于适用〈中华人民共和国仲裁法〉若干问题的解释》、《最高人民法院关于适用〈中华人民共和国民事诉讼法〉若干问题的意见》、《关于贯彻执行〈中华人民共和国民法通则〉若干问题的意见（试行）》、《最高人民法院关于执行我国加入的〈承认及执行外国仲裁裁决公约〉的通知》等相关司法解释。

(二) 案例素材

同旭普林案之一。

(三) 法律文书样式素材

### 不予执行仲裁裁决申请书

申请人：名称

地址：

法定代表人（或主要负责人）：姓名、职务、电话等

委托代理人：

被执行人：名称

地址：

法定代表人（或主要负责人）：姓名、职务、电话等

请求事项：

事实与理由：

此致

__________人民法院

申请人：名称（加盖公章）
法定代表人（或主要负责人）：
（签名或盖章）
年　月　日

## 五、实验过程

实验环节一：申请不予执行涉外仲裁裁决

步骤1：详细了解旭普林案之一案情；
步骤2：对申请结果进行初步判断，确定有无胜诉可能；
步骤3：签署委托代理合同、授权委托书，接受申请人沃可公司委托；
步骤4：拟写《不予执行ICC第12688/TE/MW裁决申请书》；
步骤5：准备证据材料；
步骤6：准备ICC裁决的正本（如需认证，进行认证）；
步骤7：向受理旭普林公司申请的人民法院提交不予执行申请书。

实验环节二：申请撤销涉外仲裁裁决

步骤1：拟写《撤销ICC第12688/TE/MW裁决申请书》；
步骤2：准备证据材料；
步骤3：准备ICC裁决的正本；
步骤4：向受理旭普林公司申请的人民法院提交撤销申请书；
步骤5：要求沃可公司提供财产担保。

## 六、扩展思考

1. 在我国，申请撤销中国涉外仲裁裁决与申请不予承认与执行外国仲裁裁决的联系与区别。

2. 在我国，申请不予承认与执行外国仲裁裁决与申请不予执行国内仲裁裁决的联系与区别。

# 实验项目三：法院的任务和程序

## 一、实验目的

通过本实验项目的实验，主要使学生了解法院如何审查并受理承认与执行国际商事仲裁裁决的申请，受理后又如何审查国际商事仲裁裁决并最终作出是否承认与执行国际商事仲裁裁决的裁定，熟悉并能运用我国参与或缔结的国际条约、我国法律和司法解释关于承认与执行国际商事仲裁裁决的相关规定。

## 二、实验原理

对于法院而言，收到申请人承认与执行国际商事仲裁裁决申请书后，首先应组成合议庭审查申请人的申请是否符合申请条件。对于不符合申请条件的申请，应裁定驳回申请。对于符合申请条件的申请，予以受理并对有关国际商事仲裁裁决进行审查，以确定是否承认与执行该国际商事仲裁裁决。

因我国对外国仲裁裁决和中国涉外仲裁裁决的承认与执行有不同的审查标准，法院必须首先明确仲裁裁决的国籍，才能进行进一步的审查。尽管在理论上，有学者将我国仲裁裁决分为内国裁决、外国裁决以及“非本国裁决”，①但比较而言，在承认和执行裁决领域，各国多通过立法将仲裁裁决同特定国家的法律体系联系起来，使其具有特定的国籍，以便进行协助和监管。对被申请承认与执行裁决地国而言，一般都将当事人申请执行的裁决分为外国裁决和内国裁决。正如我国将涉外的仲裁裁决分为外国仲裁裁决和中国涉外仲裁裁决，对于外国仲裁裁决，根据《纽约公约》等国际条约或协议，或者根据互惠原则来审查是否承认与执行；对于中国涉外仲裁裁决，则根据我国国内有关法律规定来确定是否执行。

一般而言，对于仲裁裁决国籍的认定，各国立法及有关公约大多采取领域标准，即裁决作出地标准，亦即看裁决作出地国与被申请承认与执行地国是否是同一国家，如果是同一国家，被申请承认与执行地国通常认为该裁决属于内国裁决，除非被申请承认与执行裁决地国依据有关法律或解释，不认为该裁决

① 参见赵秀文：《从旭普林公司案看我国法院对国际商事仲裁的监督》，载《时代法学》2007年第6期；赵秀文：《论〈纽约公约〉项下的非本国裁决——从德国旭普林公司案引发的思考》，载《仲裁与法律》第106辑，法律出版社2007年版。

属于内国裁决；如果不是同一国家，被申请承认与执行地国通常认为该裁决属于外国裁决。少数国家出于特定原因和考虑，采取所谓的“非内国裁决标准”，将在本领域内作出的又在本国承认与执行的裁决认定为非内国裁决，在承认与执行该裁决时适用有关承认与执行外国仲裁裁决的法律规定。《纽约公约》除采纳了领域标准外，在第1条第1款里也采纳了“非内国裁决标准”：“在一个国家请求承认和执行一项仲裁裁决而这个国家不认为它是国内的裁决时，也适用本公约”。我们认为，对于“非内国裁决”，依据对公约的文义解释及系统解释，承认与执行地国应视为外国仲裁裁决予以承认与执行。

在我国，尽管将涉外仲裁裁决区分为外国仲裁裁决和中国涉外仲裁裁决，但区分标准并非单一且混同：先有法律规定以裁决作出地为标准（此标准为《全国人民代表大会常务委员会关于我国加入〈承认及执行外国仲裁裁决公约〉的决定》所确定），后又有法律规定以仲裁机构所在地为标准（此标准为《民事诉讼法》确定），即位于外国的仲裁机构作出的仲裁裁决为外国仲裁裁决。采取不同的标准，对同一涉外仲裁裁决可能作出不同的认定，如外国仲裁机构在我国作出的裁决，既可被认定为外国裁决，也可被认定为内国裁决，从而导致仲裁裁决国籍的难以确定和法律适用上的困难。在实践中如何解决该问题，还有待立法及司法实践上的突破。我们认为，上述两个标准的确立，都依据的是我国法律，对于法院而言，依据哪个标准来确定涉外仲裁裁决的国籍，在法律适用上，似乎要考虑到“新法优于旧法”、“特殊法优于普通法”的原则。时间上，《民事诉讼法》为新法，《全国人民代表大会常务委员会关于我国加入〈承认及执行外国仲裁裁决公约〉的决定》为旧法。适用对象上，《全国人民代表大会常务委员会关于我国加入〈承认及执行外国仲裁裁决公约〉的决定》专门适用于外国仲裁裁决，为特别法，《民事诉讼法》并非专门适用于外国仲裁裁决，为普通法。根据法律适用的原则，在特别法和普通法的关系上，一般不发生新法优于旧法的问题，只适用特别法优于普通法的原则即可。因此，我国法院似乎应以裁决作出地为标准来判断国际商事仲裁裁决的国籍。

法院在确定国际商事仲裁裁决的国籍后，则区分外国仲裁裁决和中国涉外仲裁裁决对国际商事仲裁裁决进行审查，并最终决定是否承认与执行。尽管对两者在审查时有所区分，但涉及法律适用时，法院都将考虑到可适用于仲裁程序的法律的确定、可适用于仲裁协议的法律的确定以及可适用于争议实质问题的法律的确定。根据我国有关规定，仲裁协议的准据法首先依当事人约定的法律，如果当事人没有约定适用的法律也没有约定仲裁地或者仲裁地约定不明的，适用法院地法。可见我国对仲裁协议准据法的确定的顺序依次以降是当事人约定的法律、仲裁地法及法院地法。对仲裁程序的法律适用，我国没有明确规定，但实践中是以仲裁地法作为准据法，这也与各国通行做法相符。对于争议实质问题的法律适用，在本实验项目中暂不考虑，因其多由仲裁庭在审理中考虑，而法院在承认与执行涉外仲裁裁决阶段，主要考虑的是仲裁协议的法律适用及仲裁程序的法律适用。

对于中国涉外仲裁裁决，法院无须承认或认可，而是直接依据我国有关规定进行审查。有关管辖法院、申请执行期限、不予执行的情形，一方当事人申请执行裁决而另一方当事人申请撤销裁决的情形，前已述及，此处不再赘述。在有关申请符合申请执行的条件的情况下（包含被执行人提出证据证明不予仲裁裁决有不予执行的情形以及申请不予执行仲裁裁决的情况），如仲裁裁决不具备不予执行的情形，法院将裁定予以执行；如认为仲裁裁决具备不予执行的情形，在经报告制度确定的程序后（后面详述），如最高人民法院也认为具备不予执行的情形，法院将裁定不予执行。如法院认为有关申请不符合申请执行的条件，欲驳回申请，在经报告制度确定的程序后，如最高人民法院也认为有关申请不符合申请执行的条件，法院将裁定驳回申请，不予执行；否则，法院将予以执行。

对于外国仲裁裁决，法院需要先确定是否承认，然后再裁定是否执行。需要强调的是，对于外国仲裁裁决，我国法院没有撤销的权力。相关的承认与执行可以区分为以下情形：

（1）如果申请人本国或裁决作出地国既没有同我国订立有关承认与执行仲裁裁决的协定，也非我国为成员国的国际公约的成员国，法院应根据互惠原则决定是否承认与执行。如果存在互惠关系，法院审查后认为不违反中国缔结或参加的条约及我国的有关规定，应当裁定承认其效力，并依照有关规定的程序予以执行；如果认为不存在互惠关系，欲拒绝承认与执行外国仲裁裁决的，在经报告制度确定的程序后，如最高人民法院也认为应拒绝承认与执行，法院将拒绝承认与执行；否则，予以承认与执行。

（2）由于我国是《纽约公约》成员国，并与一些国家签订了有关承认与执行仲裁裁决的双边司法协助协议，如申请人的申请符合这两项公约或有关协议规定的条件，法院将依据公约或有关协议的规定办理。此处主要讲述《纽约公约》下的承认与执行。依据我国有关司法解释，对于符合《纽约公约》规定的执行仲裁裁决申请，法院应审查其是否具备《纽约公约》第五条第一、二两项所列的情形（详见前述），如果认为不具备，应当裁定承认其效力，并且依照民事诉讼法规定的程序执行；如果认定具备，或者根据被执行人提供的证据证明具有第五条第一项所列的情形之一的，应当裁定驳回申请，拒绝承认及执行。需要注意的是，我国在作出加入《纽约公约》的决定的同时，作出了两项保留声明：①中华人民共和国只在互惠的基础上对在另一缔约国领土内作出的仲裁裁决的承认和执行适用该公约；②中华人民共和国只对根据中华人民共和国法律认定为属于契约性和非契约性商事法律关系所引起的争议适用该公约。根据有关司法解释，所谓“契约性和非契约性商事法律关系”，具体指由于合同、侵权或者根据有关法律规定而产生的经济上的权利义务关系，例如货物买卖、财产租赁、工程承包、加工承揽、技术转让、合资经营、合作经营、勘探开发自然资源、保险、信贷、劳务、代理、咨询服务和海上、民用航空、铁路、公路的客货运输以及产品责任、环境污染、海上事故和所有权争议等，但不包括外国投资者与东道国政府之间的争端。对于不符合上述保留的仲裁裁决的申请，将不适用《纽约公约》的规定。

无论是中国涉外仲裁裁决，还是外国仲裁裁决，在当事人申请承认与执行或申请不予承认与执行时，法院如经审查核实认定执行有关仲裁裁决将违背我国社会公共利益的，亦应裁定不予承认与执行。司法实践上，法院在下列情形下可认为承认与执行仲裁裁决违背社会公共利益：承认与执行仲裁裁决违反中国宪法的基本规定，有损国家统一和民族团结；有损中国主权和安全；违反中国相关部门法的基本原则；违背中国缔结或参加的国际条约所承担的义务，违反国际法上公认的公平正义原则等。①

以上为法院在申请人提交承认与执行涉外仲裁裁决申请书后大致的处理过程及方式。还需注意的是，为了避免法院在承认与执行涉外仲裁裁决的过程中不严格依照法律、随意扩大司法审查的范围从而拒绝承认与执行仲裁裁决以致妨碍我国涉外仲裁的发展、影响我国司法在国际上的信誉，最高人民法院通过有关司法解释确立了涉外仲裁中的报告制度，涉及国际商事仲裁协议、不予执行中国涉外仲裁裁决、承认与执行外国仲裁裁决及撤销涉外仲裁裁决。其中不予执行涉外仲裁裁决的报告制度的相关规定如下：凡一方当事人向人民法院申请执行我国涉外仲裁机构裁决，或者向人民法院申请承认和执行外国仲裁机构的裁决，如果人民法院认为我国涉外仲裁机构裁决具有民事诉讼法规定的不予

---

① 参见肖永平著：《法理学视野下的冲突法》，高等教育出版社 2008 年版，第 224~225 页。

执行情形之一的，或者申请承认和执行的外国仲裁裁决不符合我国参加的国际公约的规定或者不符合互惠原则的，在裁定不予执行或者拒绝承认和执行之前，必须报请本辖区所属高级人民法院进行审查；如果高级人民法院同意不予执行或者拒绝承认和执行，应将其审查意见报最高人民法院。待最高人民法院答复后，方可裁定不予执行或者拒绝承认和执行。

法院在处理上述相关事项时，应严格遵照“报告制度”进行报告。

本实验项目的重点在于仲裁裁决国籍的认定、仲裁协议的法律适用、仲裁协议效力的认定、《纽约公约》在我国的适用以及我国涉外仲裁中的报告制度。

## 三、实验要求

1. 仔细研读旭普林案，掌握有关案情；

2. 熟悉本实验项目法律文件素材中有关仲裁协议效力认定、仲裁协议的法律适用、仲裁裁决的承认与执行等的有关规定，熟悉我国最高人民法院规定的报告制度；

3. 制作《承认与执行涉外仲裁裁决申请裁定书》、《驳回执行涉外仲裁裁决申请裁定书》、《不予执行涉外仲裁裁决申请裁定书》及《拒绝承认与执行涉外仲裁裁决申请裁定书》。

4. 了解本实验项目实验过程。

## 四、实验素材

### （一）法律文件素材

《纽约公约》、《关于我国加入〈承认和执行外国仲裁裁决公约〉的决定》、我国与一些国家缔结的有关承认与执行仲裁裁决的双边条约、《中华人民共和国仲裁法》、《中华人民共和国民事诉讼法》等法律，及《最高人民法院关于适用〈中华人民共和国仲裁法〉若干问题的解释》、《最高人民法院关于适用〈中华人民共和国民事诉讼法〉若干问题的意见》、《最高人民法院关于执行我国加入的〈承认及执行外国仲裁裁决公约〉的通知》、《最高人民法院关于人民法院处理与涉外仲裁及外国仲裁事项有关问题的通知》、《最高人民法院关于人民法院撤销涉外仲裁裁决有关事项的通知》等相关司法解释。

（二）案例素材

**【案例 1】**

## 旭普林案之二①

2004 年 8 月 30 日，无锡市中级人民法院受理了旭普林公司请求承认与执行该 ICC 裁决的申请，并于 2006 年 7 月 19 日作出《中华人民共和国江苏省无锡市中级人民法院民事裁定书[(2004) 锡民三仲字第 1 号]》(以下简称为《民事裁定书》)。该《民事裁定书》驳回了旭普林公司申请法院承认与执行该 ICC 裁决的诉讼请求，其主要理由是该 ICC 裁决所依据的仲裁协议根据我国法律为无效仲裁协议。

该《民事裁定书》指出："本院经审查认为，本案系承认与执行国外仲裁裁决案，我国系《1958 年纽约公约》的缔约国，且根据《1958 年纽约公约》第一条规定，本公约对于经仲裁裁决承认及执行地所在国认为非内国裁决者，亦适用之。本案被申请承认和执行的仲裁裁决系国际商会国际仲裁院作出，通过其总部秘书处盖章确认，应被视为非内国裁决。且双方当事人对适用《1958 年纽约公约》均无异议，因此本案应当适用《1958 年纽约公约》。根据《最高人民法院关于执行我国加入的〈承认及执行外国仲裁裁决公约〉的通知》第四条的规定，我国有管辖权的人民法院接到一方当事人的申请后，应对申请承认及执行的仲裁裁决进行审查，如果认定具有《1958 年纽约公约》第五条第二项所列情形之一的，或者根据被执行人提供的证据证明具有第五条第一项所列的情形之一的，应当裁定驳回申请，拒绝承认及执行。本案中被执行人沃可公司已举证(无锡) 新区法院 (2004) 新民二初字第 154 号民事裁定书，证明被申请承认和执行的国际商会国际仲裁院在我国上海作出的第 12688/TE/MW 号仲裁裁决所依据的仲裁条款已被我国法院认定无效，故该裁决具有《1958 年纽约公约》第五条第一项所列（甲）情形，不应得到承认和执行。据此，依照《1958 年纽约公约》第 5 条第 1 项、《最高人民法院关于执行我国加入的〈承认及执行外国仲裁裁决公约〉的通知》第 4 条、〈中华人民共和国民事诉讼法〉第 269 条的规定，裁定如下：

驳回申请人旭普林公司的申请……

---

① 本案引自赵秀文：《从旭普林公司案看我国法院对国际商事仲裁的监督》，载《时代法学》2007 年第 6 期，第 5 页。

## 附一：德国旭普林国际有限责任公司与无锡沃可通用工程橡胶有限公司申请确认仲裁协议效力案①

### 无锡高新技术产业开发区人民法院
### 民事裁定书

（2004）新民二初字第154号

申请人：德国旭普林国际有限责任公司（以下简称“旭普林公司”）。国内联系地址：上海市虹桥路1519号虹桥迎宾馆12号楼2楼。

法定代表人：福克·尤诺维奇。

委托代理人：赵斌，北京市同达律师事务所上海分所律师。

委托代理人：季诺，北京市同达律师事务所上海分所律师。

被执行人：无锡沃可通用工程橡胶有限公司（以下简称“沃可公司”）。

法定代表人：沃尔夫，该公司董事长。

委托代理人：冯骏，江苏无锡金汇入律师事务所律师。

……

申请人旭普林公司称：其与无锡沃可通用工程橡胶有限公司（以下简称“沃可公司”）于2000年12月签订了一份建筑工程合同，约定由其总承包沃可公司在无锡高新技术产业开发区新建的工业厂房工程，双方的建筑工程合同采用了菲迪克《简明合同格式》示范文本，其中含有仲裁条款。该仲裁条款之约定合法有效，并且适用之仲裁事项包括与合同有关的原、被告之间的任何争端。现请求确认其与沃可公司于2000年12月签订的建筑工程合同中的仲裁条款合法有效，并确认该仲裁条款适用之仲裁事项包括与合同有关的原、被告之间的任何争端。

……

2000年12月12日，原告旭普林公司与被告沃可公司签订一份合同，约定由旭普林公司总承包沃可公司位于无锡新区的新厂房（一期）工程，在“合同协议附件”中，约定了“Arbitration：15.3 ICC Rules，Shanghai shall apply”（“仲裁：15.3应适用国际商会规则，上海”），其中“15.3”在该协议附件中被列为“副条款”。合同签订后，旭普林公司总承包了沃

① 本案例来源于“北大法律信息网”：http：//vip.chinalawinfo.com/Case/displaycontent.asp？gid=117490315，最后访问时间：2009年3月24日。

可公司合同项下的建设工程，但双方对合同的履行产生争议。因争议的解决涉及双方对合同中仲裁协议效力的不同理解而导致的是否应由法院主管的问题，旭普林公司遂向无锡高新技术产业开发区人民法院提起诉讼。诉讼中，沃可公司表示其拒绝就该仲裁条款与旭普林公司达成任何补充协议。

……

本院经审查认为：在2000年12月12日旭普林公司与沃可公司签订的建筑工程合同中，约定了仲裁条款“Arbitration：15. 3ICC Rules，Shanghai shall apply”（“仲裁：15. 3应适用国际商会规则，上海”），在当事人没有约定确认仲裁条款效力准据法的情况下，根据确认仲裁条款效力准据法的一般原则，应当按照仲裁地的法律予以认定，即本案应当根据中华人民共和国的法律确认所涉仲裁条款的效力。

根据《中华人民共和国仲裁法》的有关规定，有效的仲裁条款应当同时具备仲裁的意思表示、仲裁的事项和明确的仲裁机构三个方面的内容；仲裁条款对仲裁事项或者仲裁机构没有约定或者约定不明确的，当事人可以补充协议，达不成补充协议的，仲裁条款无效。

从本案所涉仲裁条款的内容上看，虽然有明确的仲裁的意思表示、仲裁规则和仲裁地点，但并没有明确指出仲裁机构；又因沃可公司已表示不会与旭普林公司就原仲裁条款中未约定过的仲裁机构达成补充协议，故本案所涉仲裁条款应认定无效。

关于旭普林公司请求确认仲裁条款适用之仲裁事项包括与合同有关的原、被告之间的任何争端的问题，因该项请求的成立须以存在有效的仲裁条款为前提，本案中因仲裁条款应认定无效，故该项请求已失去得以支持的基础，对仲裁事项范围的确定亦已不具有法律意义。

……

依照《中华人民共和国民事诉讼法》第140条第1款第（11）项、《中华人民共和国仲裁法》第16条、第18条、第20条第1款之规定，裁定如下：

德国旭普林国际有限责任公司与无锡沃可通用工程橡胶有限公司于2000年12月签订的建筑工程合同中的仲裁条款无效。

审判长：姚风华

审判员：张海宏

审判员：季　骁

二〇〇四年九月二日

## 附二：最高人民法院关于德国旭普林国际有限责任公司与无锡沃可通用工程橡胶有限公司申请确认仲裁协议效力一案的请示的复函

（2004年7月8日　［2003］民四他字第23号）

江苏省高级人民法院：

你院［2003］苏民三立他字第006号《关于德国旭普林国际有限责任公司与无锡沃可通用工程橡胶有限公司申请确认仲裁协议效力一案的请示》收悉。经研究，答复如下：

同意你院倾向性意见。

本案当事人在合同中约定了仲裁条款“Arbitration：ICC Rules，Shanghai shall apply”。在当事人没有约定确认仲裁条款效力准据法的情况下，根据确认仲裁条款效力准据法的一般原则，应当按照仲裁地的法律予以认定，即本案应当根据我国法律确认所涉仲裁条款的效力。

根据我国仲裁法的有关规定，有效的仲裁条款应当同时具备仲裁的意思表示、仲裁的事项和明确的仲裁机构三个方面的内容。本案所涉仲裁条款从字面上看，虽然有明确的仲裁的意思表示、仲裁规则和仲裁地点，但并没有明确指出仲裁机构。因此，应当认定该仲裁条款无效。

此复

【案例2】

### 塞尔维亚共和国Hemofarm DD、MAG国际贸易公司及列支敦士登苏拉么媒体有限公司申请承认及执行国际商会仲裁院仲裁裁决一案①

一、基本案情

1995年12月22日，Hemofarm DD、MAG国际贸易公司与永宁公司签订《济南—海慕法姆制药有限公司合资合同》，成立济南—海慕法姆制药有限公司（以下称合资公司）。合同第58条约定：凡因执行本合同所发生的或与本合同有关的一切争议，双方应通过友好协商解决；如果协商

① 本案例转引自于喜富：《违反中国公共政策ICC仲裁裁决被拒绝承认及执行》，载《人民法院报》，2008年7月16日第5版。该案为自1995年我国对国际商事仲裁司法审查案件实行内部报告制度以来最高法院首次同意以公共政策理由不予承认和执行外国仲裁裁决。

不能解决，应提交巴黎国际商会仲裁院，根据该会的仲裁程序暂行规则进行仲裁。2000年4月，苏拉么媒体有限公司加入合资公司，成为公司股东。

2002年8月6日，永宁公司向济南中院起诉合资公司，要求给付租金并返还部分租赁财产。合资公司对法院管辖权提出异议，主张有关租赁争议应根据合资合同第58条约定提交国际商会仲裁解决。济南中院审查认为，永宁公司所诉纠纷是其与合资公司因资产租赁使用而产生的纠纷，而合资合同中的仲裁条款约束的是合资公司的各投资主体，合资公司不是投资主体，本案不适用合资合同中的仲裁条款，故裁定驳回合资公司的管辖异议。诉讼中，永宁公司向法院提交了财产保全申请，并提供了担保，济南中院准许了申请并查封了合资公司部分银行存款和产品。永宁公司最终获得了胜诉判决。2003年1月17日，永宁公司向济南中院起诉合资公司，要求支付土地租金并返还部分租赁土地，最终获得了胜诉判决。2003年8月2日，永宁公司向济南中院起诉合资公司，要求支付新欠租金并返还部分租赁财产。合资公司提出管辖权异议，主张租赁争议应当根据合资合同中的仲裁条款提交国际商会仲裁解决，被法院裁定驳回。后永宁公司撤诉。2004年9月，永宁公司就撤诉案件向济南中院重新起诉，要求合资公司支付欠付租金，并最终获得胜诉判决。

2004年9月3日，Hemofarm DD、MAG国际贸易公司、苏拉么媒体有限公司作为共同申请人向国际商会仲裁院提起仲裁申请，认为永宁公司拒绝依据合资合同第58条的要求解决其与共同申请人之间与合资合同有关的争议，在中国法院提起并维持诉讼，违反了对共同申请人的合同上和中国法上的义务；永宁公司提起第一起诉讼，申请财产保全和强制执行，导致合资企业最终不能维持正常运营和合资公司价值的实质性降低。共同申请人请求仲裁庭裁决永宁公司赔偿投资损失10764514美元及利润损失2000余万美元；裁决合资公司不应支付中国法院判决确定的租金；裁决责令永宁公司撤回在中国法院的诉讼请求；裁决永宁公司赔付共同申请人在中国诉讼中为合资公司抗辩花费的所有费用。

仲裁庭经审理认为：被申请人在第一起诉讼中从中国法院获得了财产保全裁定，对这些财产保全裁定的执行对共同申请人在合资合同项下的权利和利益造成了直接的、实质的和不利的影响，它们直接并最终导致合资公司终止运营及关闭。由于财产保全裁定，被申请人构成了对合资合同的违反，共同申请人有权依据合资合同第58条将它们向被申请人损害赔偿的请求提交国际商会仲裁院仲裁；提起土地租赁诉讼是对合资合同的违反，因为该争议本应当根据合资合同第58条提交国际商会仲裁院通过仲裁解决；导致合资公司最后终止的唯一、迅速、有效的原因是被申请人申请中国法院作出的特别是在第一起诉讼中作出的财产保全裁定。仲裁庭最终裁决永宁公司向三申请人支付损害赔偿金6458708.4美元，赔偿在中国法院的诉讼费用9509.55美元和其他费用1270472.99美元，仲裁费用295000美元。

二、济南中院和山东高院请示意见

裁决作出后，三申请人向济南中院提交承认及执行仲裁裁决申请书，永宁公司以仲裁裁决超出仲裁协议范围和当事人本次仲裁提交仲裁事项的范围、处理了依我国法律不可仲裁的事项、承认及执行该仲裁裁决违反我国公共政策为由，请求不予承认及执行。济南中院和山东高院审查认为，本案仲裁裁决由国际商会仲裁院作出，该仲裁机构位于法国，依据中国和法国共同参加的《承认及执行外国仲裁裁决公约》(《纽约公约》)，本案仲裁裁决应不予承认及执行。理由是：

(1) 该案仲裁裁决所处理的争议超出了仲裁协议约定的范围，符合《纽约公约》第5条第1款（丙）项规定的情形，应不予承认及执行。合资合同的签约主体是中外投资者，合同中的仲裁条款仅约束各投资主体；合资公司既不是合资合同的签约主体，也不是仲裁协议的签约主体，永宁公司与合资公司的争议，不受仲裁条款的约束。但在本次仲裁中，仲裁庭审理了永宁公司与合资公司之间的实体纠纷，对永宁公司与合资公司之间的租赁关系进行了审理和认定，并审理了永宁公司与合资公司之间的诉讼程序争议，甚至对永宁公司与合资公司之间已在中国法院进行的诉讼的诉讼费用负担问题进行了裁决。

(2) 仲裁庭裁决了依据我国法律不能通过仲裁解决的争议事项，依据《纽约公约》第5条第2款（甲）项，应不予承认及执行。依据我国《仲裁法》第2条，只有平等主体的公民、法人和其他组织之间的合同纠纷和财产权益纠纷可以仲裁。但本案仲裁庭审理并裁决了永宁公司向中国法院申请并获得财产保全的正当性和合法性问题，而该问题不属于平等主体之间的合同和其他财产权益纠纷，仲裁庭无权仲裁。仲裁庭还裁决了永宁公司与合资公司在中国法院进行诉讼的诉讼费用负担问题，而对该问题中国法院当然享有专属管辖权，仲裁庭无权仲裁。

(3) 承认及执行该仲裁裁决违反我国的公共政策，依据《纽约公约》

第5条第2款（乙）项的规定，应不予承认及执行。仲裁庭对永宁公司向人民法院申请财产保全的合法性、人民法院对土地租赁诉讼的管辖权进行审理，侵犯了中国的司法主权和中国法院的管辖权。另外，中国法院已经对永宁公司与合资公司之间的租赁关系进行审理并作出判决，并作出财产保全裁定和管辖异议裁定，但仲裁庭仍然进行审理，并认定财产保全申请不具有合法性以及中国法院对土地租赁诉讼不具有管辖权，否定了中国法院生效判决的既判力，也损害了中国的司法主权和中国法院的司法管辖权。

三、最高法院答复意见

对上述请示，最高法院作出（2008）民四他字第11号答复，认为：本案仲裁裁决系国际商会仲裁院作出，应根据我国加入的《承认及执行外国仲裁裁决公约》进行审查。Hemofarm DD、MAG国际贸易公司、苏拉么媒体有限公司与永宁公司在合资合同中约定的仲裁条款仅约束合资合同当事人就合资事项发生的争议，不能约束永宁公司与合资公司之间的租赁合同纠纷。国际商会仲裁院在裁决合资合同纠纷案件中，对永宁公司与合资公司之间的租赁合同纠纷进行了审理和裁决，超出了合资合同约定的仲裁协议范围。在中国有关法院就永宁公司与合资公司之间的租赁合同纠纷裁定对合资公司的财产进行保全并作出判决的情况下，国际商会仲裁院再对永宁公司与合资公司之间的租赁合同纠纷进行审理并裁决，侵犯了中国的司法主权和中国法院的司法管辖权。依据《承认及执行外国仲裁裁决公约》第5条第1款（丙）项和第2款（乙）项之规定，应拒绝承认及执行该仲裁裁决。

### （三）法律文书样式素材

## ××××人民法院
## 民事裁定书

（××××）×中民×仲审字第××××号

申请人：×××

委托代理人：×××

被执行人：×××

申请人×××申请执行仲裁裁决一案，本院于××××年××月××日受理后依法组成合议庭审理了本案。本案现已审理终结。

申请人×××述称：××××仲裁委员会于××××年××月××日作出〔××××〕××××裁字第××××号裁决书，被执行人至今仍未履行裁决，请求执行该仲裁裁决。

经审理查明，××××。

另查明，××××。

本院认为，××××。综上，依照××××的规定，裁定如下：

驳回××××关于执行××××仲裁委员会〔××××〕××××裁字第××××号裁决书的申请（或对××××仲裁委员会〔××××〕××××裁字第××××号裁决书予以执行）。

审判长　×××
审判员　×××
审判员　×××
××××年××月××日
书记员　×××

附：本裁定适用的法律条文

**××××人民法院**
**民事裁定书**

（××××）×民字第××号

申请人：×××

委托代理人：×××

被执行人：×××

申请人×××申请执行仲裁裁决一案，本院于××××年××月××日受理后依法组成合议庭审理了本案。本案现已审理终结。

申请人×××述称：××××仲裁机构于××××年××月××日作出的第××××号裁决书，被执行人至今仍未履行裁决，请求执行该仲裁裁决。

经审理查明，××××。

另查明，××××。

本院经审查认为，××××仲裁机构于××××年××月××日作出的第××××号裁决书，符合（或不符合）我国法律规定的承认和执行外国仲裁裁决的条件。根据《中华人民共和国民事诉讼法》第267条之规定，裁定如下：

对××××仲裁机构第×××号仲裁裁决予以承认和执行（或不予承认和执行）。

审判长　×××
审判员　×××
审判员　×××
××××年××月××日
书记员　×××

## 五、实验过程

实验环节一：审查申请人的申请是否符合申请执行的条件

步骤1：接收《承认与执行ICC第12688/TE/MW裁决申请书》，无论ICC裁决为中国涉外仲裁裁决或外国仲裁裁决，审查本院是否是被执行人沃可公司住所地或被执行的财产所在地中级人民法院，从而确认管辖权；

步骤2：审查申请书的形式是否符合要求，符合的，继续以下步骤；不符合的，要求申请人旭普林公司予以完善，旭普林公司不予以完善的，不予受理；

步骤3：审查旭普林公司与沃可公司是否为仲裁裁决中的当事人；

步骤4：审查ICC裁决的约束力；

步骤5：审查申请是否在申请执行期限内提出；

步骤6：申请不符合申请执行条件的，制定《驳回承认与执行仲裁裁决申请裁定书》，裁定驳回申请；申请符合申请执行条件的，予以受理，并进行以下实验环节。

实验环节二：认定仲裁裁决的性质（国籍）

步骤1：确定ICC裁决的涉外因素；

步骤2：确定仲裁机构及裁决作出地等；

步骤3：认定ICC裁决的性质；

步骤4：如果认定为中国涉外仲裁裁决，进行实验环节三；如果认定为符合《纽约公约》规定的外国仲裁裁决，进行实验环节四之（一）；如果认定为不符合《纽约公约》规定但适用我国与相关国家缔结的有关承认与执行仲裁裁决的协议的，适用有关协议及我国法律的规定；如果认定为不符合上述两种情形的外国仲裁裁决，进行实验环节四之（二）。

实验环节三：中国涉外仲裁裁决在中国的执行

步骤1：由本院执行员向沃可公司发出执行通知，责令其在指定的期间履行；

步骤2：如沃可公司申请撤销ICC裁决，进行步骤3、4、5、6、7；如果沃可公司申请不予执行ICC裁决或提出证据证明ICC裁决具有法律规定不予执行的情形，进行步骤8；

步骤3：裁定中止执行，并责令沃可公司提供财产担保；

步骤4：组成合议庭审查核实，如认为ICC裁决不具有法定撤销的情形，裁定驳回撤销仲裁裁决的申请，并同时裁定恢复执行；

步骤5：如欲裁定撤销ICC裁决，履行报告制度，报请本辖区高级人民法院即江苏省高级人民法院进行审查；

步骤6：如江苏省高级人民法院不同意撤销ICC裁决，本院则裁定驳回撤销仲裁裁决的申请，并同时裁定恢复执行。如江苏省高级人民法院同意撤销ICC裁决，则由其向最高人民法院报告，本院等待最高人民法院答复；

步骤7：如最高人民法院同意撤销ICC裁决，本院裁定撤销仲裁裁决，并同时裁定终结执行；如最高人民法院答复不予撤销，本院裁定驳回撤销仲裁裁决的申请，并同时裁定恢复执行；

步骤8：组成合议庭审查核实，如认为应不予执行，在履行报告制度并经最高人民法院同意后，裁定不予执行ICC裁决，并制作《不予执行涉外仲裁裁决裁定书》；

步骤9：沃可公司如在指定履行期间既未申请撤销ICC裁决，亦未申请不予执行ICC裁决，或其申请撤销ICC裁决被驳回而恢复执行，或其不予执行ICC裁决的申请被驳回，或其提出的ICC裁决具有不予执行情形的证据未被法院采纳，且其逾执行通知指定的期限仍不履行ICC裁决，则由本院执行员采取强制执行措施。

## 实验环节四：外国仲裁裁决在我国的承认与执行

（一）适用《纽约公约》规定的外国仲裁裁决在我国的承认与执行

步骤1：依据《纽约公约》及我国有关规定，审查ICC裁决；

（1）审查仲裁条款的效力：

A. 依据行为能力的准据法，确定旭普林公司及沃可公司是否具有行为能力；

B. 确定旭普林案中仲裁条款的准据法；

C. 依准据法认定仲裁条款是否具有效力。

（2）审查程序的正当性：

A. 沃可公司是否未被给予指派仲裁员或仲裁程序的适当通知；

B. 沃可公司是否因不可归咎于自身的原因未能提出申辩。

（3）审查仲裁庭权限是否超越权限：

A. 裁决所处理的争议是否是交付仲裁的标的；

B. 裁决所处理的争议是否在仲裁协议条款规定的仲裁范围内。

（4）审查仲裁庭的组成或仲裁程序：

A. 确定旭普林公司与沃可公司间有无有关仲裁庭的组成、仲裁程序的协议，及在无协议的情况下确定裁决作出地国法律；

B. 依当事人协议，在无协议情况下，依裁决作出地国法律审查仲裁庭的组成或仲裁程序是否与其不符。

（5）审查仲裁裁决效力：

A. 仲裁裁决是否具有拘束力；

B. 仲裁裁决是否被裁决作出地国或裁决所依据法律的国家的主管机关撤销或停止执行。

（6）上述审查应由被执行人沃可公司提出要求和证据予以证明，本院不主动予以审查，以下审查由本院主动进行。

（7）争议事项是否属于我国仲裁范围。

（8）承认与执行仲裁裁决是否违反我国公共秩序。

步骤2：无论沃可公司是否提出证据证明ICC裁决有不予承认与执行的情形，法院如认为ICC裁决符合有关规定，应当裁定承认仲裁裁决效力，作出《承认与执行仲裁裁决裁定书》并进行步骤3；法院如认为ICC裁决不符合有关规定，欲拒绝承认与执行时，需进行步骤4、5、6；

步骤3：依照我国有关规定的程序执行；

步骤4：裁定拒绝承认与执行仲裁裁决前，履行“报告制度”，报请江苏省高级人民法院审查；

步骤5：如江苏省高级人民法院认为应承认与执行ICC裁决，则承认与执行仲裁裁决；如江苏省高级人民法院同意拒绝承认与执行ICC裁决，则由其报告最高人民法院，本院等待最高人民法院答复；

步骤6：如最高人民法院答复应承认与执行ICC裁决，本院则承认与执行仲裁裁决；如最高人民法院答复应拒绝承认与执行ICC裁决，本院则拒绝承认与执行仲裁裁决，并制作《拒绝承认与执行仲裁裁决裁定书》。（关于《拒绝承认与执行仲裁裁决书》的制作参考旭普林案之二案情介绍）

（二）不适用《纽约公约》及我国缔结或参加的其他有关公约的外国仲裁裁决在我国的承认与执行

步骤1：审查ICC国籍国，以及该国与我国在承认与执行仲裁裁决方面是否存在互惠。如有互惠，进行步骤2和3；如无互惠，进行步骤4。

步骤2：如ICC裁决不违反我国缔结或参加的条约或我国法律的有关规定的，裁定承认其效力，并制作《承认与执行仲裁裁决裁定书》。

步骤3：依据我国有关规定的程序予以执行。

步骤4：裁定拒绝承认与执行，并制作《不予承认与执行仲裁裁决裁定书》。

## 六、扩展思考

1. 依据我国有关规定，旭普林案中的ICC裁决的性质如何？其国籍如何确定？

2. 依据旭普林案中的仲裁协议，能否确定明确的仲裁机构？依据我国现行有关规定，该仲裁协议是否有效？为什么？

3. 依据我国现行有关规定，对上述ICC裁决，我国法院应否承认与执行？为什么？如何适用法律？

4. 对于我国仲裁机构在国外作出的仲裁裁决，其性质如何？如在我国承认与执行，如何适用法律？

5. 结合本实验项目案例二，你认为该案中ICC裁决处理的争议是否超出了仲裁协议的范围？依据我国法律，其处理的争议是否属于可仲裁事项？该ICC裁决是否违背了我国公共政策？我国是否应承认和执行该ICC裁决？

6. 评析我国涉外仲裁制度中的“报告制度”。

7. 我国有关承认与执行国际商事仲裁裁决的规定有无不足之处？如有，如何完善？

# 附录一：中华人民共和国仲裁法

（1994年8月31日第八届全国人民代表大会常务委员会第九次会议通过，1994年8月31日中华人民共和国主席令第三十一号公布，自1995年9月1日起施行）

## 第一章　总　　则

第一条　为保证公正、及时地仲裁经济纠纷，保护当事人的合法权益，保障社会主义市场经济健康发展，制定本法。

第二条　平等主体的公民、法人和其他组织之间发生的合同纠纷和其他财产权益纠纷，可以仲裁。

第三条　下列纠纷不能仲裁：

（一）婚姻、收养、监护、扶养、继承纠纷；

（二）依法应当由行政机关处理的行政争议。

第四条　当事人采用仲裁方式解决纠纷，应当双方自愿，达成仲裁协议。没有仲裁协议，一方申请仲裁的，仲裁委员会不予受理。

第五条　当事人达成仲裁协议，一方向人民法院起诉的，人民法院不予受理，但仲裁协议无效的除外。

第六条　仲裁委员会应当由当事人协议选定。

仲裁不实行级别管辖和地域管辖。

第七条　仲裁应当根据事实，符合法律规定，公平合理地解决纠纷。

第八条　仲裁依法独立进行，不受行政机关、社会团体和个人的干涉。

第九条　仲裁实行一裁终局的制度。裁决作出后，当事人就同一纠纷再申请仲裁或者向人民法院起诉的，仲裁委员会或者人民法院不予受理。

裁决被人民法院依法裁定撤销或者不予执行的，当事人就该纠纷可以根据双方重新达成的仲裁协议申请仲裁，也可以向人民法院起诉。

## 第二章　仲裁委员会和仲裁协会

第十条　仲裁委员会可以在直辖市和省、自治区人民政府所在地的市设立，也可以根据需要在其他设区的市设立，不按行政区划层层设立。

仲裁委员会由前款规定的市的人民政府组织有关部门和商会统一组建。

设立仲裁委员会，应当经省、自治区、直辖市的司法行政部门登记。

第十一条　仲裁委员会应当具备下列条件：

（一）有自己的名称、住所和章程；

（二）有必要的财产；

（三）有该委员会的组成人员；

（四）有聘任的仲裁员。

仲裁委员会的章程应当依照本法制定。

第十二条　仲裁委员会由主任一人、副主任二至四人和委员七至十一人组成。

仲裁委员会的主任、副主任和委员由法律、经济贸易专家和有实际工作经验的人员担任。仲裁委员会的组成人员中，法律、经济贸易专家不得少于三分之二。

第十三条　仲裁委员会应当从公道正派的人员中聘任仲裁员。

仲裁员应当符合下列条件之一：

（一）从事仲裁工作满八年的；

（二）从事律师工作满八年的；

（三）曾任审判员满八年的；

（四）从事法律研究、教学工作并具有高级职称的；

（五）具有法律知识、从事经济贸易等专业工作并具有高级职称或者具有同等专业水平的。

仲裁委员会按照不同专业设仲裁员名册。

第十四条　仲裁委员会独立于行政机关，与行政机关没有隶属关系。仲裁委员会之间也没有隶属关系。

第十五条　中国仲裁协会是社会团体法人。仲裁委员会是中国仲裁协会的会员。中国仲裁协会的章程由全国会员大会制定。

中国仲裁协会是仲裁委员会的自律性组织，根据章程对仲裁委员会及其组成人员、仲裁员的违纪行为进行监督。

中国仲裁协会依照本法和民事诉讼法的有关规定制定仲裁规则。

## 第三章　仲裁协议

第十六条　仲裁协议包括合同中订立的仲裁条款和以其他书面方式在纠纷

发生前或者纠纷发生后达成的请求仲裁的协议。

仲裁协议应当具有下列内容：

（一）请求仲裁的意思表示；

（二）仲裁事项；

（三）选定的仲裁委员会。

第十七条　有下列情形之一的，仲裁协议无效：

（一）约定的仲裁事项超出法律规定的仲裁范围的；

（二）无民事行为能力人或者限制民事行为能力人订立的仲裁协议；

（三）一方采取胁迫手段，迫使对方订立仲裁协议的。

第十八条　仲裁协议对仲裁事项或者仲裁委员会没有约定或者约定不明确的，当事人可以补充协议；达不成补充协议的，仲裁协议无效。

第十九条　仲裁协议独立存在，合同的变更、解除、终止或者无效，不影响仲裁协议的效力。

仲裁庭有权确认合同的效力。

第二十条　当事人对仲裁协议的效力有异议的，可以请求仲裁委员会作出决定或者请求人民法院作出裁定。一方请求仲裁委员会作出决定，另一方请求人民法院作出裁定的，由人民法院裁定。

当事人对仲裁协议的效力有异议，应当在仲裁庭首次开庭前提出。

## 第四章　仲裁程序

### 第一节　申请和受理

第二十一条　当事人申请仲裁应当符合下列条件：

（一）有仲裁协议；

（二）有具体的仲裁请求和事实、理由；

（三）属于仲裁委员会的受理范围。

第二十二条　当事人申请仲裁，应当向仲裁委员会递交仲裁协议、仲裁申请书及副本。

第二十三条　仲裁申请书应当载明下列事项：

（一）当事人的姓名、性别、年龄、职业、工作单位和住所，法人或者其他组织的名称、住所和法定代表人或者主要负责人的姓名、职务；

（二）仲裁请求和所根据的事实、理由；

（三）证据和证据来源、证人姓名和住所。

第二十四条　仲裁委员会收到仲裁申请书之日起五日内，认为符合受理条件的，应当受理，并通知当事人；认为不符合受理条件的，应当书面通知当事人不予受理，并说明理由。

第二十五条　仲裁委员会受理仲裁申请后，应当在仲裁规则规定的期限内将仲裁规则和仲裁员名册送达申请人，并将仲裁申请书副本和仲裁规则、仲裁员名册送达被申请人。

被申请人收到仲裁申请书副本后，应当在仲裁规则规定的期限内向仲裁委员会提交答辩书。仲裁委员会收到答辩书后，应当在仲裁规则规定的期限内将答辩书副本送达申请人。被申请人未提交答辩书的，不影响仲裁程序的进行。

第二十六条　当事人达成仲裁协议，一方向人民法院起诉未声明有仲裁协议，人民法院受理后，另一方在首次开庭前提交仲裁协议的，人民法院应当驳回起诉，但仲裁协议无效的除外；另一方在首次开庭前未对人民法院受理该案提出异议的，视为放弃仲裁协议，人民法院应当继续审理。

第二十七条　申请人可以放弃或者变更仲裁请求。被申请人可以承认或者反驳仲裁请求，有权提出反请求。

第二十八条　一方当事人因另一方当事人的行为或者其他原因，可能使裁决不能执行或者难以执行的，可以申请财产保全。

当事人申请财产保全的，仲裁委员会应当将当事人的申请依照民事诉讼法的有关规定提交人民法院。

申请有错误的，申请人应当赔偿被申请人因财产保全所遭受的损失。

第二十九条　当事人、法定代理人可以委托律师和其他代理人进行仲裁活动。委托律师和其他代理人进行仲裁活动的，应当向仲裁委员会提交授权委托书。

### 第二节　仲裁庭的组成

第三十条　仲裁庭可以由三名仲裁员或者一名仲裁员组成。由三名仲裁员组成的，设首席仲裁员。

第三十一条　当事人约定由三名仲裁员组成仲裁庭的，应当各自选定或者各自委托仲裁委员会主任指定一名仲裁员，第三名仲裁员由当事人共同选定或者共同委托仲裁委员会主任指定。第三名仲裁员是首席仲裁员。

当事人约定由一名仲裁员成立仲裁庭的，应当由当事人共同选定或者共同委托仲裁委员会主任指定仲裁员。

第三十二条　当事人没有在仲裁规则规定的期限内约定仲裁庭的组成方式或者选定仲裁员的，由仲裁委员会主任指定。

第三十三条　仲裁庭组成后，仲裁委员会应当将仲裁庭的组成情况书面通知当事人。

第三十四条　仲裁员有下列情形之一的，必须回避，当事人也有权提出回避申请：

（一）是本案当事人或者当事人、代理人的近亲属；

（二）与本案有利害关系；

（三）与本案当事人、代理人有其他关系，可能影响公正仲裁的；

（四）私自会见当事人、代理人，或者接受当事人、代理人的请客送礼的。

第三十五条　当事人提出回避申请，应当说明理由，在首次开庭前提出。回避事由在首次开庭后知道的，可以在最后一次开庭终结前提出。

第三十六条　仲裁员是否回避，由仲裁委员会主任决定；仲裁委员会主任担任仲裁员时，由仲裁委员会集体决定。

第三十七条　仲裁员因回避或者其他原因不能履行职责的，应当依照本法规定重新选定或者指定仲裁员。

因回避而重新选定或者指定仲裁员后，当事人可以请求已进行的仲裁程序重新进行，是否准许，由仲裁庭决定；仲裁庭也可以自行决定已进行的仲裁程序是否重新进行。

第三十八条　仲裁员有本法第三十四条第四项规定的情形，情节严重的，或者有本法第五十八条第六项规定的情形的，应当依法承担法律责任，仲裁委员会应当将其除名。

### 第三节　开庭和裁决

第三十九条　仲裁应当开庭进行。当事人协议不开庭的，仲裁庭可以根据仲裁申请书、答辩书以及其他材料作出裁决。

第四十条　仲裁不公开进行。当事人协议公开的，可以公开进行，但涉及国家秘密的除外。

第四十一条　仲裁委员会应当在仲裁规则规定的期限内将开庭日期通知双方当事人。当事人有正当理由的，可以在仲裁规则规定的期限内请求延期开庭。是否延期，由仲裁庭决定。

第四十二条　申请人经书面通知，无正当理由不到庭或者未经仲裁庭许可中途退庭的，可以视为撤回仲裁申请。

被申请人经书面通知，无正当理由不到庭或者未经仲裁庭许可中途退庭的，可以缺席裁决。

第四十三条　当事人应当对自己的主张提供证据。

仲裁庭认为有必要收集的证据，可以自行收集。

第四十四条　仲裁庭对专门性问题认为需要鉴定的，可以交由当事人约定的鉴定部门鉴定，也可以由仲裁庭指定的鉴定部门鉴定。

根据当事人的请求或者仲裁庭的要求，鉴定部门应当派鉴定人参加开庭。当事人经仲裁庭许可，可以向鉴定人提问。

第四十五条　证据应当在开庭时出示，当事人可以质证。

第四十六条　在证据可能灭失或者以后难以取得的情况下，当事人可以申请证据保全。当事人申请证据保全的，仲裁委员会应当将当事人的申请提交证据所在地的基层人民法院。

第四十七条　当事人在仲裁过程中有权进行辩论。辩论终结时，首席仲裁员或者独任仲裁员应当征询当事人的最后意见。

第四十八条　仲裁庭应当将开庭情况记入笔录。当事人和其他仲裁参与人认为对自己陈述的记录有遗漏或者差错的，有权申请补正。如果不予补正，应当记录该申请。

笔录由仲裁员、记录人员、当事人和其他仲裁参与人签名或者盖章。

第四十九条　当事人申请仲裁后，可以自行和解。达成和解协议的，可以请求仲裁庭根据和解协议作出裁决书，也可以撤回仲裁申请。

第五十条　当事人达成和解协议，撤回仲裁申请后反悔的，可以根据仲裁协议申请仲裁。

第五十一条　仲裁庭在作出裁决前，可以先行调解。当事人自愿调解的，仲裁庭应当调解。调解不成的，应当及时作出裁决。

调解达成协议的，仲裁庭应当制作调解书或者根据协议的结果制作裁决书。调解书与裁决书具有同等法律效力。

第五十二条　调解书应当写明仲裁请求和当事人协议的结果。调解书由仲裁员签名，加盖仲裁委员会印章，送达双方当事人。

调解书经双方当事人签收后，即发生法律效力。

在调解书签收前当事人反悔的，仲裁庭应当及时作出裁决。

第五十三条　裁决应当按照多数仲裁员的意见作出，少数仲裁员的不同意见可以记入笔录。仲裁庭不能形成多数意见时，裁决应当按照首席仲裁员的意见作出。

第五十四条　裁决书应当写明仲裁请求、争议事实、裁决理由、裁决结果、仲裁费用的负担和裁决日期。当事人协议不愿写明争议事实和裁决理由的，可以不写。裁决书由仲裁员签名，加盖仲裁委员会印章。对裁决持不同意见的仲裁员，可以签名，也可以不签名。

第五十五条　仲裁庭仲裁纠纷时，其中一部分事实已经清楚，可以就该部分先行裁决。

第五十六条　对裁决书中的文字、计算错误或者仲裁庭已经裁决但在裁决书中遗漏的事项，仲裁庭应当补正；当事人自收到裁决书之日起三十日内，可以请求仲裁庭补正。

第五十七条　裁决书自作出之日起发生法律效力。

## 第五章　申请撤销裁决

第五十八条　当事人提出证据证明裁决有下列情形之一的，可以向仲裁委员会所在地的中级人民法院申请撤销裁决：

（一）没有仲裁协议的；

（二）裁决的事项不属于仲裁协议的范围或者仲裁委员会无权仲裁的；

（三）仲裁庭的组成或者仲裁的程序违反法定程序的；

（四）裁决所根据的证据是伪造的；

（五）对方当事人隐瞒了足以影响公正裁决的证据的；

（六）仲裁员在仲裁该案时有索贿受贿，徇私舞弊，枉法裁决行为的。

人民法院经组成合议庭审查核实裁决有前款规定情形之一的，应当裁定撤销。

人民法院认定该裁决违背社会公共利益的，应当裁定撤销。

第五十九条　当事人申请撤销裁决的，应当自收到裁决书之日起六个月内提出。

第六十条　人民法院应当在受理撤销裁决申请之日起两个月内作出撤销裁决或者驳回申请的裁定。

第六十一条　人民法院受理撤销裁决的申请后，认为可以由仲裁庭重新仲裁的，通知仲裁庭在一定期限内重新仲裁，并裁定中止撤销程序。仲裁庭拒绝重新仲裁的，人民法院应当裁定恢复撤销程序。

## 第六章　执　　行

第六十二条　当事人应当履行裁决。一方当事人不履行的，另一方当事人可以依照民事诉讼法的有关规定向人民法院申请执行。受申请的人民法院应当执行。

第六十三条　被申请人提出证据证明裁决有民事诉讼法第二百一十七条第

二款规定的情形之一的，经人民法院组成合议庭审查核实，裁定不予执行。

第六十四条　一方当事人申请执行裁决，另一方当事人申请撤销裁决的，人民法院应当裁定中止执行。

人民法院裁定撤销裁决的，应当裁定终结执行。撤销裁决的申请被裁定驳回的，人民法院应当裁定恢复执行。

## 第七章　涉外仲裁的特别规定

第六十五条　涉外经济贸易、运输和海事中发生的纠纷的仲裁，适用本章规定。本章没有规定的，适用本法其他有关规定。

第六十六条　涉外仲裁委员会可以由中国国际商会组织设立。

涉外仲裁委员会由主任一人、副主任若干人和委员若干人组成。

涉外仲裁委员会的主任、副主任和委员可以由中国国际商会聘任。

第六十七条　涉外仲裁委员会可以从具有法律、经济贸易、科学技术等专门知识的外籍人士中聘任仲裁员。

第六十八条　涉外仲裁的当事人申请证据保全的，涉外仲裁委员会应当将当事人的申请提交证据所在地的中级人民法院。

第六十九条　涉外仲裁的仲裁庭可以将开庭情况记入笔录，或者作出笔录要点，笔录要点可以由当事人和其他仲裁参与人签字或者盖章。

第七十条　当事人提出证据证明涉外仲裁裁决有民事诉讼法第二百六十条第一款规定的情形之一的，经人民法院组成合议庭审查核实，裁定撤销。

第七十一条　被申请人提出证据证明涉外仲裁裁决有民事诉讼法第二百六十条第一款规定的情形之一的，经人民法院组成合议庭审查核实，裁定不予执行。

第七十二条　涉外仲裁委员会作出的发生法律效力的仲裁裁决，当事人请求执行的，如果被执行人或者其财产不在中华人民共和国领域内，应当由当事人直接向有管辖权的外国法院申请承认和执行。

第七十三条　涉外仲裁规则可以由中国国际商会依照本法和民事诉讼法的有关规定制定。

## 第八章　附　　则

第七十四条　法律对仲裁时效有规定的，适用该规定。法律对仲裁时效没有规定的，适用诉讼时效的规定。

第七十五条　中国仲裁协会制定仲裁规则前，仲裁委员会依照本法和民事诉讼法的有关规定可以制定仲裁暂行规则。

第七十六条　当事人应当按照规定交纳仲裁费用。

收取仲裁费用的办法，应当报物价管理部门核准。

第七十七条　劳动争议和农业集体经济组织内部的农业承包合同纠纷的仲裁，另行规定。

第七十八条　本法施行前制定的有关仲裁的规定与本法的规定相抵触的，以本法为准。

第七十九条　本法施行前在直辖市、省、自治区人民政府所在地的市和其他设区的市设立的仲裁机构，应当依照本法的有关规定重新组建；未重新组建的，自本法施行之日起届满一年时终止。

本法施行前设立的不符合本法规定的其他仲裁机构，自本法施行之日起终止。

第八十条　本法自1995年9月1日起施行。

# 附录二:《中华人民共和国民事诉讼法》(节选)

(1991年4月9日第七届全国人民代表大会第四次会议通过　根据2007年10月28日第十届全国人民代表大会常务委员会第三十次会议《关于修改〈中华人民共和国民事诉讼法〉的决定》修正)

第二百一十三条　对依法设立的仲裁机构的裁决，一方当事人不履行的，对方当事人可以向有管辖权的人民法院申请执行。受申请的人民法院应当执行。

被申请人提出证据证明仲裁裁决有下列情形之一的，经人民法院组成合议庭审查核实，裁定不予执行：

（一）当事人在合同中没有订有仲裁条款或者事后没有达成书面仲裁协议的；

（二）裁决的事项不属于仲裁协议的范围或者仲裁机构无权仲裁的；

（三）仲裁庭的组成或者仲裁的程序违反法定程序的；

（四）认定事实的主要证据不足的；

（五）适用法律确有错误的；

（六）仲裁员在仲裁该案时有贪污受贿，徇私舞弊，枉法裁决行为的。

人民法院认定执行该裁决违背社会公共利益的，裁定不予执行。

裁定书应当送达双方当事人和仲裁机构。

仲裁裁决被人民法院裁定不予执行的，当事人可以根据双方达成的书面仲裁协议重新申请仲裁，也可以向人民法院起诉。

第二百一十五条　申请执行的期间为二年。申请执行时效的中止、中断，适用法律有关诉讼时效中止、中断的规定。

前款规定的期间，从法律文书规定履行期间的最后一日起计算；法律文书规定分期履行的，从规定的每次履行期间的最后一日起计算；法律文书未规定履行期间的，从法律文书生效之日起计算。

## 第二十七章　仲　　裁

第二百五十五条　涉外经济贸易、运输和海事中发生的纠纷，当事人在合同中订有仲裁条款或者事后达成书面仲裁协议，提交中华人民共和国涉外仲裁机构或者其他仲裁机构仲裁的，当事人不得向人民法院起诉。

当事人在合同中没有订有仲裁条款或者事后没有达成书面仲裁协议的，可以向人民法院起诉。

第二百五十六条　当事人申请采取财产保全的，中华人民共和国的涉外仲裁机构应当将当事人的申请，提交被申请人住所地或者财产所在地的中级人民法院裁定。

第二百五十七条　经中华人民共和国涉外仲裁机构裁决的，当事人不得向人民法院起诉。一方当事人不履行仲裁裁决的，对方当事人可以向被申请人住所地或者财产所在地的中级人民法院申请执行。

第二百五十八条　对中华人民共和国涉外仲裁机构作出的裁决，被申请人提出证据证明仲裁裁决有下列情形之一的，经人民法院组成合议庭审查核实，裁定不予执行：

（一）当事人在合同中没有订有仲裁条款或者事后没有达成书面仲裁协议的；

（二）被申请人没有得到指定仲裁员或者进行仲裁程序的通知，或者由于其他不属于被申请人负责的原因未能陈述意见的；

（三）仲裁庭的组成或者仲裁的程序与仲裁规则不符的；

（四）裁决的事项不属于仲裁协议的范围或者仲裁机构无权仲裁的。

人民法院认定执行该裁决违背社会公共利益的，裁定不予执行。

第二百五十九条　仲裁裁决被人民法院裁定不予执行的，当事人可以根据双方达成的书面仲裁协议重新申请仲裁，也可以向人民法院起诉。

第二百六十四条　人民法院作出的发生法律效力的判决、裁定，如果被执行人或者其财产不在中华人民共和国领域内，当事人请求执行的，可以由当事人直接向有管辖权的外国法院申请承认和执行，也可以由人民法院依照中华人民共和国缔结或者参加的国际条约的规定，或者按照互惠原则，请求外国法院承认和执行。

中华人民共和国涉外仲裁机构作出的发生法律效力的仲裁裁决，当事人请求执行的，如果被执行人或者其财产不在中华人民共和国领域内，应当由当事人直接向有管辖权的外国法院申请承认和执行。

第二百六十七条　国外仲裁机构的裁决，需要中华人民共和国人民法院承认和执行的，应当由当事人直接向被执行人住所地或者其财产所在地的中级人民法院申请，人民法院应当依照中华人民共和国缔结或者参加的国际条约，或者按照互惠原则办理。

# 附录三：最高人民法院关于适用《中华人民共和国仲裁法》若干问题的解释

（法释〔2006〕7号）

中华人民共和国最高人民法院公告

《最高人民法院关于适用〈中华人民共和国仲裁法〉若干问题的解释》已于2005年12月26日由最高人民法院审判委员会第1375次会议通过，现予公布，自2006年9月8日起施行。

2006年8月23日

根据《中华人民共和国仲裁法》和《中华人民共和国民事诉讼法》等法律规定，对人民法院审理涉及仲裁案件适用法律的若干问题作如下解释：

第一条　仲裁法第十六条规定的“其他书面形式”的仲裁协议，包括以合同书、信件和数据电文（包括电报、电传、传真、电子数据交换和电子邮件）等形式达成的请求仲裁的协议。

第二条　当事人概括约定仲裁事项为合同争议的，基于合同成立、效力、变更、转让、履行、违约责任、解释、解除等产生的纠纷都可以认定为仲裁事项。

第三条　仲裁协议约定的仲裁机构名称不准确，但能够确定具体的仲裁机构的，应当认定选定了仲裁机构。

第四条　仲裁协议仅约定纠纷适用的仲裁规则的，视为未约定仲裁机构，但当事人达成补充协议或者按照约定的仲裁规则能够确定仲裁机构的除外。

第五条　仲裁协议约定两个以上仲裁机构的，当事人可以协议选择其中的一个仲裁机构申请仲裁；当事人不能就仲裁机构选择达成一致的，仲裁协议无效。

第六条　仲裁协议约定由某地的仲裁机构仲裁且该地仅有一个仲裁机构的，该仲裁机构视为约定的仲裁机构。该地有两个以上仲裁机构的，当事人可以协议选择其中的一个仲裁机构申请仲裁；当事人不能就仲裁机构选择达成一致的，仲裁协议无效。

第七条　当事人约定争议可以向仲裁机构申请仲裁也可以向人民法院起诉的，仲裁协议无效。但一方向仲裁机构申请仲裁，另一方未在仲裁法第二十条第二款规定期间内提出异议的除外。

第八条　当事人订立仲裁协议后合并、分立的，仲裁协议对其权利义务的继受人有效。

当事人订立仲裁协议后死亡的，仲裁协议对承继其仲裁事项中的权利义务的继承人有效。

前两款规定情形，当事人订立仲裁协议时另有约定的除外。

第九条　债权债务全部或者部分转让的，仲裁协议对受让人有效，但当事人另有约定、在受让债权债务时受让人明确反对或者不知有单独仲裁协议的除外。

第十条　合同成立后未生效或者被撤销的，仲裁协议效力的认定适用仲裁法第十九条第一款的规定。

当事人在订立合同时就争议达成仲裁协议的，合同未成立不影响仲裁协议的效力。

第十一条　合同约定解决争议适用其他合同、文件中的有效仲裁条款的，发生合同争议时，当事人应当按照该仲裁条款提请仲裁。

涉外合同应当适用的有关国际条约中有仲裁规定的，发生合同争议时，当事人应当按照国际条约中的仲裁规定提请仲裁。

第十二条　当事人向人民法院申请确认仲裁协议效力的案件，由仲裁协议约定的仲裁机构所在地的中级人民法院管辖；仲裁协议约定的仲裁机构不明确的，由仲裁协议签订地或者被申请人住所地的中级人民法院管辖。

申请确认涉外仲裁协议效力的案件，由仲裁协议约定的仲裁机构所在地、仲裁协议签订地、申请人或者被申请人住所地的中级人民法院管辖。

涉及海事海商纠纷仲裁协议效力的案件，由仲裁协议约定的仲裁机构所在地、仲裁协议签订地、申请人或者被申请人住所地的海事法院管辖；上述地点没有海事法院的，由就近的海事法院管辖。

第十三条　依照仲裁法第二十条第二款的规定，当事人在仲裁庭首次开庭前没有对仲裁协议的效力提出异议，而后向人民法院申请确认仲裁协议无效的，人民法院不予受理。

仲裁机构对仲裁协议的效力作出决定后，当事人向人民法院申请确认仲裁协议效力或者申请撤销仲裁机构的决定的，人民法院不予受理。

第十四条　仲裁法第二十六条规定的“首次开庭”是指答辩期满后人民法院组织的第一次开庭审理，不包括审前程序中的各项活动。

第十五条　人民法院审理仲裁协议效力确认案件，应当组成合议庭进行审查，并询问当事人。

第十六条　对涉外仲裁协议的效力审查，适用当事人约定的法律；当事人没有约定适用的法律但约定了仲裁地的，适用仲裁地法律；没有约定适用的法律也没有约定仲裁地或者仲裁地约定不明的，适用法院地法律。

第十七条　当事人以不属于仲裁法第五十八条或者民事诉讼法第二百五十八条规定的事由申请撤销仲裁裁决的，人民法院不予支持。

第十八条　仲裁法第五十八条第一款第一项规定的“没有仲裁协议”是指当事人没有达成仲裁协议。仲裁协议被认定无效或者被撤销的，视为没有仲裁协议。

第十九条　当事人以仲裁裁决事项超出仲裁协议范围为由申请撤销仲裁裁决，经审查属实的，人民法院应当撤销仲裁裁决中的超裁部分。但超裁部分与其他裁决事项不可分的，人民法院应当撤销仲裁裁决。

第二十条　仲裁法第五十八条规定的“违反法定程序”，是指违反仲裁法规定的仲裁程序和当事人选择的仲裁规则可能影响案件正确裁决的情形。

第二十一条　当事人申请撤销国内仲裁裁决的案件属于下列情形之一的，人民法院可以依照仲裁法第六十一条的规定通知仲裁庭在一定期限内重新仲裁：

（一）仲裁裁决所根据的证据是伪造的；

（二）对方当事人隐瞒了足以影响公正裁决的证据的。

人民法院应当在通知中说明要求重新仲裁的具体理由。

第二十二条　仲裁庭在人民法院指定的期限内开始重新仲裁的，人民法院应当裁定终结撤销程序；未开始重新仲裁的，人民法院应当裁定恢复撤销程序。

第二十三条　当事人对重新仲裁裁决不服的，可以在重新仲裁裁决书送达之日起六个月内依据仲裁法第五十八条规定向人民法院申请撤销。

第二十四条　当事人申请撤销仲裁裁决的案件，人民法院应当组成合议庭审理，并询问当事人。

第二十五条　人民法院受理当事人撤销仲裁裁决的申请后，另一方当事人申请执行同一仲裁裁决的，受理执行申请的人民法院应当在受理后裁定中止执行。

第二十六条　当事人向人民法院申请撤销仲裁裁决被驳回后，又在执行程序中以相同理由提出不予执行抗辩的，人民法院不予支持。

第二十七条　当事人在仲裁程序中未对仲裁协议的效力提出异议，在仲裁裁决作出后以仲裁协议无效为由主张撤销仲裁裁决或者提出不予执行抗辩的，人民法院不予支持。

当事人在仲裁程序中对仲裁协议的效力提出异议，在仲裁裁决作出后又以此为由主张撤销仲裁裁决或者提出不予执行抗辩，经审查符合仲裁法第五十八条或者民事诉讼法第二百一十三条、第二百五十八条规定的，人民法院应予支持。

第二十八条　当事人请求不予执行仲裁调解书或者根据当事人之间的和解协议作出的仲裁裁决书的，人民法院不予支持。

第二十九条　当事人申请执行仲裁裁决案件，由被执行人住所地或者被执行的财产所在地的中级人民法院管辖。

第三十条　根据审理撤销、执行仲裁裁决案件的实际需要，人民法院可以要求仲裁机构作出说明或者向相关仲裁机构调阅仲裁案卷。

人民法院在办理涉及仲裁的案件过程中作出的裁定，可以送相关的仲裁机构。

第三十一条　本解释自公布之日起实施。

本院以前发布的司法解释与本解释不一致的，以本解释为准。

# 附录四：中华人民共和国劳动争议调解仲裁法

（2007年12月29日第十届全国人民代表大会常务委员会第三十一次会议通过，自2008年5月1日起施行。）

目　　录



## 第一章　总　　则

第一条　为了公正及时解决劳动争议，保护当事人合法权益，促进劳动关系和谐稳定，制定本法。

第二条　中华人民共和国境内的用人单位与劳动者发生的下列劳动争议，适用本法：

（一）因确认劳动关系发生的争议；

（二）因订立、履行、变更、解除和终止劳动合同发生的争议；

（三）因除名、辞退和辞职、离职发生的争议；

（四）因工作时间、休息休假、社会保险、福利、培训以及劳动保护发生的争议；

（五）因劳动报酬、工伤医疗费、经济补偿或者赔偿金等发生的争议；

（六）法律、法规规定的其他劳动争议。

第三条　解决劳动争议，应当根据事实，遵循合法、公正、及时、着重调解的原则，依法保护当事人的合法权益。

第四条　发生劳动争议，劳动者可以与用人单位协商，也可以请工会或者第三方共同与用人单位协商，达成和解协议。

第五条　发生劳动争议，当事人不愿协商、协商不成或者达成和解协议后不履行的，可以向调解组织申请调解；不愿调解、调解不成或者达成调解协议后不履行的，可以向劳动争议仲裁委员会申请仲裁；对仲裁裁决不服的，除本法另有规定的外，可以向人民法院提起诉讼。

第六条　发生劳动争议，当事人对自己提出的主张，有责任提供证据。与争议事项有关的证据属于用人单位掌握管理的，用人单位应当提供；用人单位不提供的，应当承担不利后果。

第七条　发生劳动争议的劳动者一方在十人以上，并有共同请求的，可以推举代表参加调解、仲裁或者诉讼活动。

第八条　县级以上人民政府劳动行政部门会同工会和企业方面代表建立协调劳动关系三方机制，共同研究解决劳动争议的重大问题。

第九条　用人单位违反国家规定，拖欠或者未足额支付劳动报酬，或者拖欠工伤医疗费、经济补偿或者赔偿金的，劳动者可以向劳动行政部门投诉，劳动行政部门应当依法处理。

## 第二章　调　　解

第十条　发生劳动争议，当事人可以到下列调解组织申请调解：

（一）企业劳动争议调解委员会；

（二）依法设立的基层人民调解组织；

（三）在乡镇、街道设立的具有劳动争议调解职能的组织。

企业劳动争议调解委员会由职工代表和企业代表组成。职工代表由工会成员担任或者由全体职工推举产生，企业代表由企业负责人指定。企业劳动争议调解委员会主任由工会成员或者双方推举的人员担任。

第十一条　劳动争议调解组织的调解员应当由公道正派、联系群众、热心调解工作，并具有一定法律知识、政策水平和文化水平的成年公民担任。

第十二条　当事人申请劳动争议调解可以书面申请，也可以口头申请。口头申请的，调解组织应当当场记录申请人基本情况、申请调解的争议事项、理由和时间。

第十三条　调解劳动争议，应当充分听取双方当事人对事实和理由的陈述，耐心疏导，帮助其达成协议。

第十四条　经调解达成协议的，应当制作调解协议书。

调解协议书由双方当事人签名或者盖章，经调解员签名并加盖调解组织印章后生效，对双方当事人具有约束力，当事人应当履行。

自劳动争议调解组织收到调解申请之日起十五日内未达成调解协议的，当事人可以依法申请仲裁。

第十五条　达成调解协议后，一方当事人在协议约定期限内不履行调解协议的，另一方当事人可以依法申请仲裁。

第十六条　因支付拖欠劳动报酬、工伤医疗费、经济补偿或者赔偿金事项达成调解协议，用人单位在协议约定期限内不履行的，劳动者可以持调解协议书依法向人民法院申请支付令。人民法院应当依法发出支付令。

## 第三章　仲　　裁

### 第一节　一般规定

第十七条　劳动争议仲裁委员会按照统筹规划、合理布局和适应实际需要的原则设立。省、自治区人民政府可以决定在市、县设立；直辖市人民政府可以决定在区、县设立。直辖市、设区的市也可以设立一个或者若干个劳动争议仲裁委员会。劳动争议仲裁委员会不按行政区划层层设立。

第十八条　国务院劳动行政部门依照本法有关规定制定仲裁规则。省、自治区、直辖市人民政府劳动行政部门对本行政区域的劳动争议仲裁工作进行指导。

第十九条　劳动争议仲裁委员会由劳动行政部门代表、工会代表和企业方面代表组成。劳动争议仲裁委员会组成人员应当是单数。

劳动争议仲裁委员会依法履行下列职责：

（一）聘任、解聘专职或者兼职仲裁员；

（二）受理劳动争议案件；

（三）讨论重大或者疑难的劳动争议案件；

（四）对仲裁活动进行监督。

劳动争议仲裁委员会下设办事机构，负责办理劳动争议仲裁委员会的日常工作。

第二十条　劳动争议仲裁委员会应当设仲裁员名册。

仲裁员应当公道正派并符合下列条件之一：

（一）曾任审判员的；

（二）从事法律研究、教学工作并具有中级以上职称的；

（三）具有法律知识、从事人力资源管理或者工会等专业工作满五年的；

（四）律师执业满三年的。

第二十一条　劳动争议仲裁委员会负责管辖本区域内发生的劳动争议。

劳动争议由劳动合同履行地或者用人单位所在地的劳动争议仲裁委员会管辖。双方当事人分别向劳动合同履行地和用人单位所在地的劳动争议仲裁委员会申请仲裁的，由劳动合同履行地的劳动争议仲裁委员会管辖。

第二十二条　发生劳动争议的劳动者和用人单位为劳动争议仲裁案件的双方当事人。

劳务派遣单位或者用工单位与劳动者发生劳动争议的，劳务派遣单位和用工单位为共同当事人。

第二十三条　与劳动争议案件的处理结果有利害关系的第三人，可以申请参加仲裁活动或者由劳动争议仲裁委员会通知其参加仲裁活动。

第二十四条　当事人可以委托代理人参加仲裁活动。委托他人参加仲裁活动，应当向劳动争议仲裁委员会提交有委托人签名或者盖章的委托书，委托书应当载明委托事项和权限。

第二十五条　丧失或者部分丧失民事行为能力的劳动者，由其法定代理人代为参加仲裁活动；无法定代理人的，由劳动争议仲裁委员会为其指定代理人。劳动者死亡的，由其近亲属或者代理人参加仲裁活动。

第二十六条　劳动争议仲裁公开进行，但当事人协议不公开进行或者涉及国家秘密、商业秘密和个人隐私的除外。

### 第二节　申请和受理

第二十七条　劳动争议申请仲裁的时效期间为一年。仲裁时效期间从当事人知道或者应当知道其权利被侵害之日起计算。

前款规定的仲裁时效，因当事人一方向对方当事人主张权利，或者向有关部门请求权利救济，或者对方当事人同意履行义务而中断。从中断时起，仲裁时效期间重新计算。

因不可抗力或者有其他正当理由，当事人不能在本条第一款规定的仲裁时效期间申请仲裁的，仲裁时效中止。从中止时效的原因消除之日起，仲裁时效期间继续计算。

劳动关系存续期间因拖欠劳动报酬发生争议的，劳动者申请仲裁不受本条第一款规定的仲裁时效期间的限制；但是，劳动关系终止的，应当自劳动关系终止之日起一年内提出。

第二十八条　申请人申请仲裁应当提交书面仲裁申请，并按照被申请人人数提交副本。

仲裁申请书应当载明下列事项：

（一）劳动者的姓名、性别、年龄、职业、工作单位和住所，用人单位的名称、住所和法定代表人或者主要负责人的姓名、职务；

（二）仲裁请求和所根据的事实、理由；

（三）证据和证据来源、证人姓名和住所。

书写仲裁申请确有困难的，可以口头申请，由劳动争议仲裁委员会记入笔录，并告知对方当事人。

第二十九条　劳动争议仲裁委员会在收到仲裁申请之日起五日内，认为符合受理条件的，应当受理，并通知申请人；认为不符合受理条件的，应当书面通知申请人不予受理，并说明理由。对劳动争议仲裁委员会不予受理或者逾期未作出决定的，申请人可以就该劳动争议事项向人民法院提起诉讼。

第三十条　劳动争议仲裁委员会受理仲裁申请后，应当在五日内将仲裁申请书副本送达被申请人。

被申请人收到仲裁申请书副本后，应当在十日内向劳动争议仲裁委员会提交答辩书。劳动争议仲裁委员会收到答辩书后，应当在五日内将答辩书副本送达申请人。被申请人未提交答辩书的，不影响仲裁程序的进行。

### 第三节　开庭和裁决

第三十一条　劳动争议仲裁委员会裁决劳动争议案件实行仲裁庭制。仲裁庭由三名仲裁员组成，设首席仲裁员。简单劳动争议案件可以由一名仲裁员独任仲裁。

第三十二条　劳动争议仲裁委员会应当在受理仲裁申请之日起五日内将仲裁庭的组成情况书面通知当事人。

第三十三条　仲裁员有下列情形之一，应当回避，当事人也有权以口头或者书面方式提出回避申请：

（一）是本案当事人或者当事人、代理人的近亲属的；

（二）与本案有利害关系的；

（三）与本案当事人、代理人有其他关系，可能影响公正裁决的；

（四）私自会见当事人、代理人，或者接受当事人、代理人的请客送礼的。

劳动争议仲裁委员会对回避申请应当及时作出决定，并以口头或者书面方式通知当事人。

第三十四条　仲裁员有本法第三十三条第四项规定情形，或者有索贿受贿、徇私舞弊、枉法裁决行为的，应当依法承担法律责任。劳动争议仲裁委员会应当将其解聘。

第三十五条　仲裁庭应当在开庭五日前，将开庭日期、地点书面通知双方当事人。当事人有正当理由的，可以在开庭三日前请求延期开庭。是否延期，由劳动争议仲裁委员会决定。

第三十六条　申请人收到书面通知，无正当理由拒不到庭或者未经仲裁庭同意中途退庭的，可以视为撤回仲裁申请。

被申请人收到书面通知，无正当理由拒不到庭或者未经仲裁庭同意中途退庭的，可以缺席裁决。

第三十七条　仲裁庭对专门性问题认为需要鉴定的，可以交由当事人约定的鉴定机构鉴定；当事人没有约定或者无法达成约定的，由仲裁庭指定的鉴定机构鉴定。

根据当事人的请求或者仲裁庭的要求，鉴定机构应当派鉴定人参加开庭。当事人经仲裁庭许可，可以向鉴定人提问。

第三十八条　当事人在仲裁过程中有权进行质证和辩论。质证和辩论终结时，首席仲裁员或者独任仲裁员应当征询当事人的最后意见。

第三十九条　当事人提供的证据经查证属实的，仲裁庭应当将其作为认定事实的根据。

劳动者无法提供由用人单位掌握管理的与仲裁请求有关的证据，仲裁庭可以要求用人单位在指定期限内提供。用人单位在指定期限内不提供的，应当承担不利后果。

第四十条　仲裁庭应当将开庭情况记入笔录。当事人和其他仲裁参加人认为对自己陈述的记录有遗漏或者差错的，有权申请补正。如果不予补正，应当记录该申请。

笔录由仲裁员、记录人员、当事人和其他仲裁参加人签名或者盖章。

第四十一条　当事人申请劳动争议仲裁后，可以自行和解。达成和解协议的，可以撤回仲裁申请。

第四十二条　仲裁庭在作出裁决前，应当先行调解。

调解达成协议的，仲裁庭应当制作调解书。

调解书应当写明仲裁请求和当事人协议的结果。调解书由仲裁员签名，加盖劳动争议仲裁委员会印章，送达双方当事人。调解书经双方当事人签收后，发生法律效力。

调解不成或者调解书送达前，一方当事人反悔的，仲裁庭应当及时作出裁决。

第四十三条　仲裁庭裁决劳动争议案件，应当自劳动争议仲裁委员会受理仲裁申请之日起四十五日内结束。案情复杂需要延期的，经劳动争议仲裁委员会主任批准，可以延期并书面通知当事人，但是延长期限不得超过十五日。逾期未作出仲裁裁决的，当事人可以就该劳动争议事项向人民法院提起诉讼。

仲裁庭裁决劳动争议案件时，其中一部分事实已经清楚，可以就该部分先行裁决。

第四十四条　仲裁庭对追索劳动报酬、工伤医疗费、经济补偿或者赔偿金的案件，根据当事人的申请，可以裁决先予执行，移送人民法院执行。

仲裁庭裁决先予执行的，应当符合下列条件：

（一）当事人之间权利义务关系明确；

（二）不先予执行将严重影响申请人的生活。

劳动者申请先予执行的，可以不提供担保。

第四十五条　裁决应当按照多数仲裁员的意见作出，少数仲裁员的不同意见应当记入笔录。仲裁庭不能形成多数意见时，裁决应当按照首席仲裁员的意见作出。

第四十六条　裁决书应当载明仲裁请求、争议事实、裁决理由、裁决结果和裁决日期。裁决书由仲裁员签名，加盖劳动争议仲裁委员会印章。对裁决持不同意见的仲裁员，可以签名，也可以不签名。

第四十七条　下列劳动争议，除本法另有规定的外，仲裁裁决为终局裁决，裁决书自作出之日起发生法律效力：

（一）追索劳动报酬、工伤医疗费、经济补偿或者赔偿金，不超过当地月最低工资标准十二个月金额的争议；

（二）因执行国家的劳动标准在工作时间、休息休假、社会保险等方面发生的争议。

第四十八条　劳动者对本法第四十七条规定的仲裁裁决不服的，可以自收到仲裁裁决书之日起十五日内向人民法院提起诉讼。

第四十九条　用人单位有证据证明本法第四十七条规定的仲裁裁决有下列情形之一，可以自收到仲裁裁决书之日起三十日内向劳动争议仲裁委员会所在地的中级人民法院申请撤销裁决：

（一）适用法律、法规确有错误的；

（二）劳动争议仲裁委员会无管辖权的；

（三）违反法定程序的；

（四）裁决所根据的证据是伪造的；

（五）对方当事人隐瞒了足以影响公正裁决的证据的；

（六）仲裁员在仲裁该案时有索贿受贿、徇私舞弊、枉法裁决行为的。

人民法院经组成合议庭审查核实裁决有前款规定情形之一的，应当裁定撤销。

仲裁裁决被人民法院裁定撤销的，当事人可以自收到裁定书之日起十五日内就该劳动争议事项向人民法院提起诉讼。

第五十条　当事人对本法第四十七条规定以外的其他劳动争议案件的仲裁裁决不服的，可以自收到仲裁裁决书之日起十五日内向人民法院提起诉讼；期满不起诉的，裁决书发生法律效力。

第五十一条　当事人对发生法律效力的调解书、裁决书，应当依照规定的期限履行。一方当事人逾期不履行的，另一方当事人可以依照民事诉讼法的有关规定向人民法院申请执行。受理申请的人民法院应当依法执行。

## 第四章　附　　则

第五十二条　事业单位实行聘用制的工作人员与本单位发生劳动争议的，依照本法执行；法律、行政法规或者国务院另有规定的，依照其规定。

第五十三条　劳动争议仲裁不收费。劳动争议仲裁委员会的经费由财政予以保障。

第五十四条　本法自 2008 年 5 月 1 日起施行。

# 附录五：推荐的仲裁条款

**中国国际经济贸易仲裁委员会：**

“凡因本合同引起的或与本合同有关的任何争议，均应提交中国国际经济贸易仲裁委员会华南分会，按照申请仲裁时该会实施的仲裁规则进行仲裁。仲裁裁决是终局的，对双方均有约束力。”

**金融争议的示范仲裁条款：**

“凡当事人之间因本合同/交易发生的或与其有关的任何争议，均应提交中国国际经济贸易仲裁委员会华南分会按照金融争议仲裁规则进行仲裁。”

**北京仲裁委：**

“因本合同引起的或与本合同有关的任何争议，均提请北京仲裁委员会按照该会仲裁规则进行仲裁。仲裁裁决是终局的，对双方均有约束力。”

**武汉仲裁委：**

“因本合同引起的或与本合同有关的争议，双方同意提交武汉仲裁委员会，按申请仲裁时该会现行有效的仲裁规则进行仲裁。仲裁裁决是终局的，对双方均有约束力。”

**国际上常被推荐的仲裁协议：**

**英国伦敦国际仲裁院推荐的仲裁协议**

本合同发生的或与本合同有关的任何争议，包括合同的成立、有效性或终止等任何问题都根据《伦敦国际仲裁院仲裁规则》提交仲裁并作出最后裁决，该规则应被认为是通过关联并入了本条款。

**瑞典斯德哥尔摩商会仲裁院推荐的仲裁协议**

任何与本协议有关的争议，均应根据《斯德哥尔摩商会仲裁院规则》通过仲裁最终解决。

仲裁院并建议当事人可根据需要对条款作如下补充：

“仲裁庭应由……名成员或独任仲裁员组成”；

“协议规定的事项应受……法律的支配”；

“仲裁程序中应使用……语”。

**国际商会仲裁院推荐的仲裁协议**

所有产生于或与本合同有关的争议均应按照国际商会仲裁规则由依该规则指定的一名或数名仲裁员终审解决。

**美国仲裁协会推荐的仲裁协议**

由于或者关于本合同，或者违反本合同发生的任何争议或要求，都按美国仲裁协会的规则用仲裁方法解决，仲裁员作出的裁决，可以送请任何有管辖权的法院执行。

**联合国国际贸易法委员会推荐的仲裁协议**

由于本合同发生的与本合同有关任何争议、争端或请求，或有关合同的违约、终止、无效，应按现行有效的联合国国际贸易法委员会仲裁规则予以解决。

当事人可以补充：

“任命机构应为……（机构或个人的名称或全名）”；

“仲裁员人数应为……（一人或三人）”；

“仲裁地点应为……（城镇或国家）”；

“仲裁程序中所用的一种或多种语言应为……”

**解决投资争端国际中心推荐的仲裁协议**

当事人特此同意，将本协议有关的或因本协议发生的任何争议提交解决投资争端国际中心依《关于解决国家与他国国民之间的投资争端的公约》通过仲裁解决。

# 附录六：承认及执行外国仲裁裁决公约

（1958年6月10日订于纽约，该公约于1987年4月22日对中华人民共和国生效。）

第一条

一、仲裁裁决，因自然人或法人间之争议而产生且在声请承认及执行地所在国以外之国家领土内作成者，其承认及执行适用本公约。本公约对于仲裁裁决经声请承认及执行地所在国认为非内国裁决者，亦适用之。

二、“仲裁裁决”一词不仅指专案选派之仲裁员所作裁决，亦指当事人提请仲裁之常设仲裁机关所作裁决。

三、任何国家得于签署、批准或加入本公约时，或于本公约第十条通知推广适用时，本交互原则声明该国适用本公约，以承认及执行在另一缔约国领土内作成之裁决为限。任何国家亦得声明，该国唯于争议起于法律关系，不论其为契约性质与否，而依提出声明国家之国内法认为系属商事关系者，始适用本公约。

第二条

一、当事人以书面协定承允彼此间所发生或可能发生之一切或任何争议，如关涉可以仲裁解决事项之确定法律关系，不论为契约性质与否，应提交仲裁时，各缔约国应承认此项协定。

二、称“书面协定”者，谓当事人所签订或在互换函电中所载明之契约仲裁条款或仲裁协定。

三、当事人就诉讼事项订有本条所称之协定者，缔约国法院受理诉讼时应依当事人一造之请求，命当事人提交仲裁，但前述协定经法院认定无效、失效或不能实行者不在此限。

第三条

各缔约国应承认仲裁裁决具有拘束力，并依援引裁决地之程序规则及下列各条所载条件执行之。承认或执行适用本公约之仲裁裁决时，不得较承认或执行内国仲裁裁决附加过苛之条件或征收过多之费用。

第四条

一、声请承认及执行之一造，为取得前条所称之承认及执行，应于声请时提具：

（甲）原裁决之正本或其正式副本，

（乙）第二条所称协定之原本或其正式副本。

二、倘前述裁决或协定所用文字非为援引裁决地所在国之正式文字，声请承认及执行裁决之一造应备具各该文件之此项文字译本。译本应由公设或宣誓之翻译员或外交或领事人员认证之。

第五条

一、裁决唯有于受裁决援用之一造向声请承认及执行地之主管机关提具证据证明有下列情形之一时，始得依该造之请求，拒予承认及执行：

（甲）第二条所称协定之当事人依对其适用之法律有某种无行为能力情形者，或该项协定依当事人作为协定准据之法律系属无效，或未指明以何法律为准时，依裁决地所在国法律系属无效者；

（乙）受裁决援用之一造未接获关于指派仲裁员或仲裁程序之适当通知，或因他故，致未能申辩者；

（丙）裁决所处理之争议非为交付仲裁之标的或不在其条款之列，或裁决载有关于交付仲裁范围以外事项之决定者，但交付仲裁事项之决定可与未交付仲裁之事项划分时，裁决中关于交付仲裁事项之决定部分得予承认及执行；

（丁）仲裁机关之组成或仲裁程序与各造间之协议不符，或无协议而与仲裁地所在国法律不符者；

（戊）裁决对各造尚无拘束力，或业经裁决地所在国或裁决所依据法律之国家之主管机关撤销或停止执行者。

二、倘声请承认及执行地所在国之主管机关认定有下列情形之一，亦得拒不承认及执行仲裁裁决：

（甲）依该国法律，争议事项系不能以仲裁解决者；

（乙）承认或执行裁决有违该国公共政策者。

第六条

倘裁决业经向第五条第一项（戊）款所称之主管机关声请撤销或停止执行，受理援引裁决案件之机关得于其认为适当时延缓关于执行裁决之决定，并得依请求执行一造之声请，命他造提供妥适之担保。

第七条

一、本公约之规定不影响缔约国间所订关于承认及执行仲裁裁决之多边或双边协定之效力，亦不剥夺任何利害关系人可依援引裁决地所在国之法律或条约所认许之方式，在其许可范围内，援用仲裁裁决之任何权利。

二、1923年日内瓦仲裁条款议定书及1927年日内瓦执行外国仲裁裁决公约在缔约国间，于其受本公约拘束后，在其受拘束之范围内不再生效。

第八条

一、本公约在1958年12月31日以前听由任何联合国会员国及现为或嗣后成为任何联合国专门机关会员国或国际法院规约当事国之任何其他国家，或经联合国大会邀请之任何其他国家签署。

二、本公约应予批准。批准文件应送交联合国秘书长存放。

第九条

一、本公约听由第八条所称各国加入。

二、加入应以加入文件送交联合国秘书长存放为之。

第十条

一、任何国家得于签署、批准或加入时声明将本公约推广适用于由其负责国际关系之一切或任何领土。此项声明于本公约对关系国家生效时发生效力。

二、嗣后关于推广适用之声明应向联合秘书长提出通知为之，自联合国秘书长收到此项通知之日后第90日起，或自本公约对关系国家生效之日起发生效力，此两日期以较迟者为准。

三、关于在签署、批准或加入时未经将本公约推广适用之领土，各关系国家应考虑可否采取必要步骤将本公约推广适用于此等领土，但因宪政关系确有必要时，自须征得此等领土政府之同意。

第十一条

下列规定对联邦制或非单一制国家适用之：

（甲）关于本公约内属于联邦机关立法权限之条款，联邦政府之义务在此范围内与非联邦制缔约国之义务同；

（乙）关于本公约内属于组成联邦各州或各省立法权限之条款，如各州或各省依联邦宪法制度并无采取立法行动之义务，联邦政府应尽速将此等条款提请各州或各省主管机关注意，并附有利之建议；

（丙）参加本公约之联邦国家遇任何其他缔约国经由联合国秘书长转达请求时，应提供叙述联邦及其组成单位关于本公约特定规定之法律及惯例之情报，说明以立法或其他行动实施此项规定之程度。

第十二条

一、本公约应自第三件批准或加入文件存放之日后第90日起发生效力。

二、对于第三件批准或加入文件存放后批准或加入本公约之国家，本公约应自各该国存放批准或加入文件后第 90 日起发生效力。

第十三条

一、任何缔约国得以书面通知联合国秘书长宣告退出本公约。退约应于秘书长收到通知之日 1 年后发生效力。

二、依第十条规定提出声明或通知之国家，嗣后得随时通知联合国秘书长声明本公约自秘书长收到通知之日 1 年后停止适用于关系领土。

三、在退约生效前已进行承认或执行程序之仲裁裁决，应继续适用本公约。

第十四条

缔约国除在本国负有适用本公约义务之范围外，无权对其他缔约国援用本公约。

第十五条

联合国秘书长应将下列事项通知第八条所称各国：

（甲）依第八条所为之签署及批准；

（乙）依第九条所为之加入；

（丙）依第一条、第十条及第十一条所为之声明及通知；

（丁）依第十二条本公约发生效力之日期；

（戊）依第十三条所为之退约及通知。

第十六条

一、本公约应存放联合国档库，其中文、英文、法文、俄文及西班牙文各本同一作准。

二、联合国秘书长应将本公约正式副本分送第八条所称各国。